朱理鸿 ◎ 著

网络空间大学生社会责任感培育研究

本书获2021年湖南省高校优秀思想政治工作者项目（湘人才发〔2021〕9号，序号27）资助

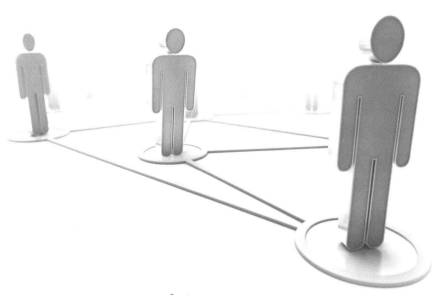

郑州大学出版社

图书在版编目（CIP）数据

网络空间大学生社会责任感培育研究／朱理鸿著. -- 郑州：郑州大学出版社，2024.3

ISBN 978-7-5773-0218-8

Ⅰ.①网⋯ Ⅱ.①朱⋯ Ⅲ.①大学生 - 社会责任 - 责任感 - 研究 - 中国 Ⅳ.①G641.6

中国国家版本馆 CIP 数据核字（2024）第 046764 号

网络空间大学生社会责任感培育研究
WANGLUO KONGJIAN DAXUESHENG SHEHUI ZERENGAN PEIYU YANJIU

策划编辑	孙理达	封面设计	王　微
责任编辑	郜　静	版式设计	王　微
责任校对	吴　静	责任监制	李瑞卿

出版发行	郑州大学出版社	地　　址	郑州市大学路 40 号（450052）
出 版 人	孙保营	网　　址	http://www.zzup.cn
经　　销	全国新华书店	发行电话	0371-66966070
印　　刷	河南大美印刷有限公司		
开　　本	710 mm×1 010 mm　1／16		
印　　张	15	字　　数	232 千字
版　　次	2024 年 3 月第 1 版	印　　次	2024 年 3 月第 1 次印刷

书　　号	ISBN 978-7-5773-0218-8	定　　价	45.00 元

自　序

人类已经进入互联网时代，网络走进千家万户，融入社会生活的方方面面，这既会影响人们的求知途径、思维方式、价值观念，也会影响人们对国家、社会和人生的看法①。习近平总书记于 2016 年 4 月 19 日在网络安全和信息化工作座谈会上的讲话中指出：要本着对社会负责、对人民负责的态度，依法加强网络空间治理，加强网络内容建设，做强网上正面宣传，培育积极健康、向上向善的网络文化，用社会主义核心价值观和人类优秀文明成果滋养人心、滋养社会，做到正能量充沛、主旋律高昂，为广大网民特别是青少年营造一个风清气正的网络空间。

随着信息技术和互联网络的发展，网络空间已经成为当代大学生日常生活的第二空间。在教育教学中，我们发现绝大部分大学生在现实生活中表现出比较强的社会责任感，能够以自己的实际行动承担和履行相应的社会责任，其言行都能够体现出强烈的社会责任感。但到网络空间后，其社会责任方面的表现就不尽如人意，诸如上网成瘾、网络谩骂、浏览不良网站、网络群体极化甚至网络犯罪等失范行为时有发生，特别是有一部分在现实生活中循规蹈矩的大学生，一进入网络或使用信息技术就表现得截然相反，难免发生违背道德准则和伦理规范的行为。为什么大学生在网络社会或信息社会中更容易产生失范行为呢？该如何引导和教育大学生正确上网和使用信息技术呢？如何教育和引导大学生在网络空间和虚拟空间保持正确的理性判断和价值选择呢？

---

① 本书编写组：《思想道德与法治》，高等教育出版社，2023 年版，第 168 页。

针对网络空间大学生社会责任感的培育问题，学界进行了很多的研究，也提出了很多有益的观点和可行的做法。有学者指出，"大学生社会责任感的形成是一个内化于心、外化于行的过程，提升和培养大学生社会责任感也是一个系统工程，需要多元主客体的交互，各个参与主客体在大学生社会责任感形成过程中占据着不同地位、发挥着不同作用，共同促进大学生社会责任感的形成"，"大学生社会责任感转化为具体的责任行为需要经过教化、内化、强化、外化、干预的过程，这一过程是培育大学生社会责任感的路径选择"[①]。也有学者指出，可以从增强高校思想政治理论课教育力度，拓展大学生参与社会实践活动广度，提升大学生公益性组织建设，加强大学生开展自我教育深度以及促进学校、家庭、社会合力育人效度等方面，积极探索当代大学生社会责任感培养的可行性路径[②]，具有理论指导和现实参考意义。但对其中的路径操作、教学流程及具体要求等并未做出细致的分析，还有进一步深入探索的必要。还有学者指出，大学生社会责任感的培育路径一是激发主体意识，实现自我教育，增强自我意识，强化自我教育，实现自我建构；二是优化培育内容，主要是明确认知、促进认同、达成行为；三是构建良好的社会环境，如弘扬优秀传统文化节、践行社会主义核心价值观、以民主法治为价值遵循、净化网络生态；四是优化培育方法，要完善教学方法、营造教学情境、延伸教学场域、创新培育载体、健全培育制度、强化宣传力度；五是要丰富社会实践活动，充实活动内容、拓展实践场所、完善活动形式；六是完善协同育人机制，如夯实家庭基础性作用、筑牢学校主渠道作用，坚持社会导向性作用，健全家庭、学校、政府和社会教育合力等。这提出了大学生社会责任感的一揽子培养路径，既有从大学生个体微观视角出发的路径考察，也有宏观视角的社会层面的路径考量，都比较切合大学生社会责任感培育的实践，特别是从社会环境构建的方面提到了要净化网络生态环境，也就是看到了网络环境对大学生社会责任感培育的不同影响，并且提出了要营造风

---

① 艾楚君、宋新：《大学生社会责任感生成机理及培育路径研究》，载《湖南科技大学学报（社会科学版）》，2017年第1期，第179-184页。

② 伍安春：《当代大学生社会责任感培养研究》，中国社会科学出版社，2020年版，第151页。

清气正的网络生态环境,这是网络环境下对大学生进行社会责任感培育必须解决的问题。同时提出了相应举措,如加强舆论引导,突出网络媒体的社会责任,创建充满责任感的网络环境,落实实名制,优化网络环境,引导网民文明上网,尤其要引导好大学生网民,以他们模范的网络行为带动周围的同学,为大学生社会责任感的形成创造和谐的网络局面。[①] 这些研究对大学生社会责任感的培育,尤其是网络空间大学生社会责任感的培育具有一定的指导意义。

以上观点主要是从大学生个人的修养层面来探析的,把大学生社会责任感的培育更多地看作是大学生个人道德修养的重要内容,没有从教育教学整体层面来推进;没有从实证的角度进行探索和验证,也没有形成一系列有效的机制和体系,只是从理论层面进行阐述说明而没有相应的实践支撑。特别重在阐释现实生活中的社会责任感培育,没有深入涉及网络空间社会责任感的培育问题,也没有区分清楚两者之间的界限。为此,我们认为网络空间大学生社会责任感的培育,需要在了解信息技术和网络空间发展演变状况的基础上,把握大学生网络空间社会责任感培育的内涵和现状,并按照网络空间大学生社会责任感培育的理论依据,总结相应方法再进行探索和实践,从而把握网络空间大学生社会责任感培育的内在规律,更好地促进和谐网络社会建设,为网络空间大学生社会责任感培育提供有效借鉴。

作为网络原住民的当代大学生,如何正确认识网络空间?如何有效培育网络空间的社会责任感?在网络空间社会责任感培育中要把握哪些理论依据和有效方法?以何种方式进行实践探索?围绕这些问题,本书第一章立足于网络空间的发展和特征,对于互联网产生的时代背景、技术背景、发展阶段,对 Web 1.0、Web 2.0 和 Web 3.0 各个阶段的界定和说明都做了一个大致的阐述,以期让读者能够更好地理解和领会网络及网络空间的内涵、网络空间的产生和形成、网络空间的本质和特征,并有助于理解和把握网络社会这个新的社会形态。第二章则重点介绍责任、社会责任感和网络空间社会责任感各概念之间的内涵,从责任的起源、特点和分类来分析社会责

---

① 杨晓华:《大学生社会责任感培育路径研究》,上海交通大学出版社,2020 年版,第 100-136 页。

任、社会责任感的内涵,同时在对比分析中说明网络空间是有责任的社会空间,进一步明确网络空间社会责任感的内涵和特征,从而说明网络空间社会责任感的形成更需要加强培育。第三章分析和明确网络空间大学生社会责任感培育的理论依据,主要有马克思主义关于社会责任感及其培育的相关理论、习近平关于大学生与网络空间社会责任的重要论述,以及体验教学理论、生活教育理论等网络空间大学生社会责任感培育的其他理论依据。第四章梳理网络空间大学生社会责任感培育的现状分析,在问卷调查与分析的基础上,分析网络空间大学生社会责任感培育的机遇与挑战。第五章归纳指出网络空间大学生社会责任感培育的有效方法,主要包括理论灌输法、体验学习法、实践教育法,并分析了各个方法的具体内容及运用时的相关注意事项。第六章总结了我们在网络空间大学生社会责任感培育上的实践路径,包括课程化、生活化和一体化等路径,对各路径的意义、要求和注意事项进行了探讨。第七章则是网络空间大学生社会责任感培育的教学实践,从教学准备、教学探索、教学资源建设与教学效果等方面梳理了相应的教学实践成果。

在教学实践探索过程中,我们认为加强网络空间大学生社会责任感的培育具有重要的理论和现实意义。在理论上,一是有利于阐明网络空间大学生社会责任感培育的相关规律,包括网络空间的发展特征、网络空间大学生社会责任感及其培育的内涵和特征、相关的理论依据、有效的培育方法和实践规律。对这些规律的探讨,既有助于加强对网络空间的认识和探讨,特别是对网络空间社会责任感的培育进行相应的理论阐释、更好地把握培育原则,也有助于阐明网络空间与现实生活空间的区别与联系,实现网络空间社会责任感培育与现实生活空间社会责任感培育的相辅相成、互相促进,更好地构建网上网下协同的思想政治教育工作机制。二是进一步丰富和把握思想政治教育理论在网络空间的运用,更好地加强对网络思政、网络空间的思想政治教育理论指导和实践引导。在实践上,一方面有利于大学生的成长成才。大学生作为时代新人,除了在现实生活空间要承担社会责任外,在网络空间同样要履行相应的责任。加强网络空间大学生社会责任感的培育,对于大学生网上网下的健全人格培育、更好地正确利用网络,特别是防范和避免网络失范行为,具有重要的实践意义。另一方面有利于加强网络空间社会责任感培育的课程化、生活化和一体化探讨,提升大学生网上网下社会责任感的培育,把握网络空间大学生社会责任感培育的实践效果,更好地提升思想政治教育的针对性和实效性。同时也有利于加强清朗的网络空间建设,作为网络空间建设的主要力量之一的大学生,在网络空间里履行相应的社会责任是建设清朗网络空间的重要内容。加强大学生网络空间社会责任感的培育,实现在网络空间自觉承担和主动履行相应的社会责任,对于网络空间的健康发展、清朗的网络空间建设、健康网络生态的打造和社会和谐稳定发展都具有重要作用。

在本书撰写和出版的过程中,学习参阅了部分专家学者的相关著作、论文,并吸收了很多有益的成果和见解,同时得到了很多同事、朋友及出版社各位老师的指点和帮助,也得到了部分学生的支持,在此一并致以诚挚的感谢。由于本人水平有限,书中仍存在很多不足之处,且本书只是本人多年来对网络空间大学生社会责任感培育的一点点探索和积累,虽有诸多不足,但尚可作为后续研究的一点积累和借鉴,算是小结以求教于方家。

湖南信息职业技术学院　朱理鸿

2024 年 1 月

目　录

第一章　网络空间及其发展认知

"互联网虽然是无形的,但运用互联网的人们都是有形的,互联网是人类的共同家园。让这个家园更美丽、更干净、更安全,是国际社会的共同责任。让我们携起手来,共同推动网络空间互联互通、共享共治,为开创人类发展更加美好的未来助力!"这是国家主席习近平于2015年12月16日在第二届世界互联网大会开幕式上讲话时对互联网的论述。今天,互联网已经作为重要的生活方式和工作方式全面融入了我们的生活中,人们尽情地享受着互联网信息技术带来的便利,一网在手,就可以解决衣食住行娱等各方面的事情。随着互联网技术的发展,我们身边形成了一个巨大无比的看不见的网络空间,人们几乎无时不网、无处不网。网络空间已经成为我们在现实生活空间之外的重要场域,甚至于我们身处网络空间的时间比现实生活空间的时间还要多。那么,网络空间这个场域是怎么形成的呢?网络空间又有哪些与现实生活空间不同的地方呢?

第一节　互联网的产生和发展

我们在了解网络空间的产生和发展之前,首先要了解互联网本身的产生和发展历程。互联网又名因特网,最早产生于美国,1969年美国所建成的阿帕网是世界上第一个采用分组交换技术建成的计算机网络,可以看作是互联网的前身。然而,互联网最初并不是为了便利人们的生活而产生的,作为技术工具的互联网,最早是当时"冷战"思维和军备竞争的产物。它成形于20世纪60年代,发展于80年代,之后则迎来了迅猛发展和综合应用的时期。今天,我们在考察和了解互联网的起源时,首先要了解其时代背景和技术背景,这样才能更好地理解互联网的孕育和产生。

一、互联网产生的时代背景

互联网可以说是二战后美苏争霸时代背景催生的产物,是"冷战"思维的直接衍生品和技术成果之一。在第二次世界大战中,美国作为主要参战国之一,为扼制法西斯扩张、最终结束第二次世界大战做出了贡献,也通过此次战争得到了巨大发展。经过第二次世界大战的刺激,再加上其本土没有作为主战场而遭到破坏,美国的工业和经济在二战期间不仅没有受到阻碍,反而得到了飞速发展。到二战结束时,美国经济位居全球第一,其国内生产总值占到了世界总量的56%,强大的经济力量也催生了空前强大的军事力量。因拥有强大的经济和军事实力,美国影响力大增,成为世界的主要领导者,战后的世界金融、经济、贸易等中心都转移到了美国,欧洲主要资本主义强国和日本都不得不依附于美国,美国的势力已经渗透到世界各地,取代了英国的世界霸主地位。

当时唯一能和美国抗衡的只有苏联,不幸的是苏联为二战的结束付出了惨重代价。为了打赢这场战争,苏联牺牲了14%的人口,且绝大多数是青壮年,同时1700座城镇和超过3.1万个工厂被夷为平地。然而,苏联因疆域广大,特别是其核心工业布局在远东而受战争影响不大,拥有强大的战时恢复能力;更主要的是战后的苏联,一反战前被西方国家普遍排斥、挤压的尴尬角色,将整个中东欧地区包括罗马尼亚、匈牙利、捷克斯洛伐克等变成了势力范围,为后来与美国的对抗和争霸奠定了基石。

二战后,美苏之间就开始了激烈的争夺和长期的冷战。美国依赖其强大的经济和军事实力,称霸世界的政治野心也日益膨胀,特别是杜鲁门总统上台后,推行强硬的杜鲁门主义。苏联在政治上、经济上和军事上采取了一系列措施极力反对美国的称霸行径。于是双方从地缘政治、军备竞赛等方面开始了相互制约、两极对峙的历程,所引发的矛盾和冲突逐渐变得不可调和,于是冷战开始了。除了在政治、经济上相互较量外,特别是军备竞赛方面更是不可开交,这也就促进了军事技术的研发和拓展,互联网技术就是在这样的时代背景下产生,并不断发展起来的。

二、互联网产生的技术背景

19世纪到20世纪初,随着社会的不断发展,人类在科学与技术领域取得了一系列重大突破。电的发明、电子元器件(二极管、三极管、晶体管)的发展,都推动了近代通信技术的发展。近代通信方式经历了有线电报、有线电话、无线电报的发展,也催生了电视、广播等近代媒体传播方式。计算机本身也同样经历了不断发展变化的历程,由最初的机械计算机发展到了晶体管计算机、集成电路计算机,特别是20世纪四五十年代电子信息技术的发展,为互联网的产生和发展奠定了技术基础。

二战后的冷战形势和对技术发展的渴求,为互联网技术的产生和发展提供了机遇和可能。随着军备竞赛的加剧,美苏两国都致力于发展本国的先进军事技术。美、苏分别于1952年和1953年成功试爆了氢弹,双方都拥有核威胁能力而构成了新的平衡。然而,两国又都在寻求研制更新式的武器以更好地牵制对方,苏联急切期望试制一颗能以氢弹打击美国本土的武器,却难以找到有效的推力和载荷相适应的推进器。于是锁定导弹作为载体,受阻后转向了卫星发射。苏联科学家在3个月内设计制造了"斯普特尼克"一号人造卫星,并在1957年10月4日发射成功。这在全世界引起了强烈反响,不仅标志着人类太空时代的新纪元,而且也导致了美国和苏联之间展开了激烈的太空争夺战。"斯普特尼克"事件可以说是二战后冷战的直接产物,也对世界互联网的催生起到重要作用。

"斯普特尼克"的成功发射,给美国上下带来了巨大的危机感。于是,美国军方组建了高级研究计划局,筹集充足资金,力图探索如何使得美国的军事指挥体系和控制体系能够有效分散于整个国家,同时又联成一个整体,即使一个地方遭受袭击仍能有效地指挥和控制,实现资源共享。这就催生了计算机实验网络——阿帕网,开始了互联网的研究和试用,也就是后来互联网的雏形。

　　随着包交换技术和通信技术的发展,1969 年美国实现了在斯坦福大学研究院、加州大学圣巴巴拉分校、加州大学洛杉矶分校和犹他州大学之间的四台主要的计算机的连接,也相当于建立了四个节点联系的实验网络,这就是阿帕网的原型。到 1971 年,最原始的阿帕网建造成功并投入正式运行。随着研究的深入,实现了电子邮件的畅通,开启了网络通信。虽然当时的网络传输能力只有 50Kbps,但是电子邮件的通信方式迅速兴起,并成为网络通信的主要形式,受到了用户的欢迎。于是,互联网络得以产生和应用,并且实现了日新月异的发展,不断完善并进入人们的日常生活之中。

　　当然,互联网的真正普及还要归功于"互联网之父"蒂姆·伯纳斯-李,他为了彻底打破信息存取的壁垒,就想利用当时的超文本技术建立一个全球范围的信息网。有一次,蒂姆·伯纳斯-李端着一杯咖啡,走在实验室走廊上经过怒放的紫丁香花丛,盛夏幽雅的花香伴随着醇香的咖啡味飘入实验室,刹那间蒂姆脑中灵感迸发:人脑可以透过互相连贯的神经传递信息(咖啡香和紫丁香),为什么不可以经由电脑文件互相连接形成"超文本"呢?于是,循着这一思路,他在 1990 年上线了第一款浏览器,取名"World Wide Web",即我们现在所常用的 WWW,也就是万维网。

　　也正因为有了万维网,可以让互联网用户通过 TCP/IP 协议快捷地接入浏览他人所创建的网页,为普通民众解决了接入互联网络的问题,也开启了互联网走向民用的大门。如此,互联网浪潮也就滚滚而来,为所有人所用的互联网也就应运而来,奠定了互联网开放性和共享性的基础,这可以说是互联网精神的核心要义。更为可贵的是蒂姆·伯纳斯-李放弃了对万维网的专利申请,无偿地把这一发明给全世界使用,也就为更多的普通民众进入互联网提供了便利。2012 年时,也因他的这一伟大发明和贡献,在伦敦夏季奥林匹克运动会开幕式上,蒂姆·伯纳斯-李被邀请在一台他当年开发出万维网的同型号计算机上敲出"This is for everyone"的文字并投映到体育场大屏幕,再一次高扬了这种开放共享的互联网精神。

　　在万维网的基础上,互联网的应用门槛大大降低,网景浏览器、微软浏览器的产生又进一步使得互联网更加亲民,特别是随着互联网商业的兴起,催生了一大批的互联网企业,也把更多的百姓卷入互联网的大潮。

三、互联网的发展分期

互联网不只是一个技术发展的产物,更是人类文明和社会发展的剪影,从某种意义上来说,互联网的发展是人类文明和社会发展的历史,同时也引起和主导了人类文明的发展过程和步伐。对于互联网的发展阶段,有很多种说法,有三阶段的划分,也有七阶段的划分,目前还没有定论。

有人认为互联网的发展可分为三个阶段,分别称之为 Web 1.0、Web 2.0 和 Web 3.0①,并分别提出了各个阶段的界定和相关说明。他们认为随着万维网的产生,互联网就进入了 Web 1.0 的阶段。此阶段的互联网所表现的特征可以称之为媒体属性,即大量使用静态的 HTML 网页来发布信息,并开始使用浏览器来获取信息,但这个是单向的信息传递。此时的互联网也就是 Web 1.0,主要是通过互联网技术和网页网站的构建把信息搬到互联网上,让人们通过互联网可以有效阅读和浏览大量的信息,增加人们信息获取的渠道,人们对这些信息只能阅读而不能添加或修改,互联网上的资源可以在一个一个的网页里比较直观地展示出来,而且资源之间可以任意链接。简单地说,Web 1.0 阶段互联网的作用相当于一座巨大的开放式图书馆,同时也具有以下几个特征:一是基本采用技术创新主导模式,信息技术的变革和使用对于网站的产生与发展起到了关键性的作用;二是以眼球经济为主,也就是依靠巨大的点击流量作为盈利和发展的基点,此时互联网的发展靠的是为数众多的用户和他们的点击率,还有就是以点击率为基础开展增值服务;三是由单一的网页网站向综合门户合流,同时出现大量的动态网站。Web 1.0 极大地推动了技术的创新和网络伦理的发展,大量的网站开始涌入人们的生活,同时也兴起了动态的交流网站,比如论坛等。

正因为 Web 1.0 是单向的媒体网站形式,人们在互联网上的活动只是一种被动的接收、浏览和读取活动,于是催生了互联网向更高的双向交流形式发展,特别是技术的进步让这种双向的交流成为可能之后,互联网就走向

---

① 周兴生、朱理鸿、陈艳芳:《网络伦理教程》,西安电子科技大学出版社,2019 年版,第 37 页。

Web 2.0 时代。这个时代的最大特征就是交互,或者说是社会交往,互联网走向了社会化的新阶段。正如千橡互动集团董事长兼首席执行官陈一舟所总结的:从知识生产的角度看,Web 1.0 的任务是将以前没有放在网上的人类知识,通过商业的力量放到网上去;而 Web 2.0 的任务是将这些知识通过整合每个用户浏览求知的力量,协作工作,把知识有机地组织起来,并在这个过程中继续将知识深化,同时产生新的思想火花。因此,我们从互联网内容生产的角度来看的话,Web 1.0 是以商业公司为主,把信息内容搬到互联网上而形成相应的网页或网站;而 Web 2.0 则是以用户为主,以简便随意的方式把新内容往网上搬。从交互的角度来看,Web 1.0 是以用户点击为主,网民在网上只是一个冲浪者,而不能控制和把握其内容和所接收的信息;而 Web 2.0 是以用户的相互交流运用为主,网民可以按自己的方式和需求生产相应的内容,可以说用户成了互联网的编织者,从上网"冲浪"到自己"织网",从信息消费者变为信息生产者,主客关系产生了新的转变。当然,这种转变所借助的是日益发展的互联网新技术,如 RSS(简易信息聚合)、Wiki(多人协作的写作系统)、Tag(开放分类)等。

　　Web 1.0 时代是只读的互联网,我们在互联网上所能做的就只是浏览网页信息,给互联网企业留下点击的流量,并不能留下自己的痕迹,充其量只是一个热衷的旁观者;Web 2.0 时代带给我们的是一个可读可写的新互联网,我们在互联网上可以通过自己的双手写下自己的内容,并且把自己的信息交给别人进行有效交换和交流,实现了主动参与,此时的网民就是一个互联网的参与者和书写者,互联网上的许多内容出自网民之手。每一个网民都是互联网的编织者,人人参与织就一张巨大无比的网。无论是 Web 1.0 还是 Web 2.0,它们都是在互联网这样一个大环境下,开展一个基于内容与交互的信息模式,Web 2.0 在表现形式上比 Web 1.0 丰富一些,加强了用户的参与度。如果说 Web 1.0 时代的人们的上网是冲浪,那么 Web 2.0 时代就是织网或造浪。随着互联网的发展,特别是每个网民都在马不停蹄地织网,互联网上的信息内容呈几何量级的增加。也正因为互联网如此迅猛地发展,人们想在互联网上找到自己所需要的精确信息的难度越来越大,那么,如何有效地帮助人们应对日益爆炸的信息量并精准地获得自己所需要的信息呢？经过 Web 1.0 和 Web 2.0 时代的发展后，互联网又会如何发展呢？其实就来到了 Web 3.0 时代。

Web 3.0 可以说是未来互联网的代名词，它是以移动互联网为基础的各种创新模式。在 Web 3.0 时代，网站内的信息可以直接和其他网站相关信息进行交互，通过第三方信息平台同时对多家网站的信息进行整合使用；用户在互联网上拥有自己的数据并能在不同网站上使用。这种互联网结合智能终端形成对整个世界的可感知网络，并会由此而产生很多新的应用，实现万物互联、信息共享，包括人类自己也只是互联网上的一个节点。可以说，Web 3.0 时代的信息是不请自来的，人们面对纷繁复杂的信息能够实现智能获取，那些你需要的信息会自动来到你的面前，而那些你淘汰的类似信息就不会在你的面前出现。借助大数据、云计算等技术，互联网对网民或用户的需求可以精准计算、主动提取，并加以分析处理、汇总整合，然后给出网民或用户所需要的精准信息。Web 3.0 时代的最大价值不是提供信息，而是提供基于不同需求的智能过滤器和综合需求满足的平台，而每一种过滤器都是基于一个用户需求，综合的平台则是基于用户的综合需要，从而给互联网带来新机会和新革命。

Web 1.0、Web 2.0 和 Web 3.0 的这种划分是从技术发展和互联网对用户需求满足的角度来进行的，有助于人们更好地理解互联网技术的发展理路和技术发展趋势。但这种划分难以说清楚各个阶段的界限问题，相互之间没有一个明确的划分界限也无法给出一个具体的划分标准，只是一种大致的划分。相对于这种划分的方式，方兴东等人给出另一个比较具体的划分方法，那就是以年代为界。

方兴东、钟祥铭、彭筱军在《全球互联网 50 年：发展阶段与演进逻辑》一文中，把 1969 年作为互联网的诞生元年，加上之前 10 年和 21 世纪 20 年代开始的 10 年，每 10 年一期，可划分为七个阶段①：第一阶段是 20 世纪 60 年代的基础技术阶段，以计算机广域网和数字通信技术的成熟为标志，尤其是

①　方兴东、钟祥铭、彭筱军：《全球互联网 50 年：发展阶段与演进逻辑》，载《互联网天地》，2019 年第 7 期，第 4—25 页。

包交换技术的突破,为互联网前身——阿帕网的诞生奠定了基础;第二阶段是20世纪70年代的基础协议阶段,最大的突破就是TCP/IP的诞生,使得不同计算机和不同网络之间互联成为大势所趋;第三阶段是20世纪80年代的基础应用阶段,全球各种网络如雨后春笋一般冒出,并且通过电子邮件、网络论坛等应用的普及,促成了互联网在全球的联网,TCP/IP和NSFNE成为协议大战和网络大战的胜出者;第四阶段是20世纪90年代的Web 1.0阶段,万维网诞生和商业化浪潮推动着互联网走向大众,开启了以浏览器、门户和电子商务等应用为主的互联网发展第一次投资热潮;第五阶段是21世纪头10年的Web 2.0阶段,主要以博客、社交媒体等的兴起为标志,网民成为互联网内容的生产主体;第六阶段是21世纪10年代的移动互联应用阶段,随着智能手机的全面崛起,移动互联网成为新一轮扩散的主力军,更深入地改变着人们的日常生活;第七阶段就是21世纪20年代开启的智能物联阶段,随着5G应用的展开,全球进入万物互联的新阶段。虽然这种以10年为一个阶段进行划分的模式不尽准确甚至有机械划分的嫌疑,但这能给我们以明显的时间概念和时代代入感,使我们对整个互联网发展历史的把握更具概括性和条理性,有助于我们形成比较清晰的互联网发展历史演变体系。

当然,除此之外,还有很多种对互联网发展阶段的划分模式和方法,无论怎样划分,其目的都是帮助我们更好地理解和掌握互联网的发展历程,同时每一种划分方式也都有其相对合理的地方。

四、互联网在中国的发展历程

自互联网诞生起,我国政府和人民就以积极的态度迎接和拥抱互联网时代的到来。20世纪80年代中后期,我国的科研人员和学者就积极尝试利用互联网。中国互联网发展的第一件标志性事件是1986年8月25日,中国科学院高能物理研究所的吴为民在北京710所的一台IBM-PC机上,通过卫星链接远程登录到日内瓦欧洲核子研究中心一台机器上,向位于日内瓦的诺贝尔奖获得者杰克·斯坦伯格(Jack Steinberger)发出了一封电子邮件。

此后的 1987 年 9 月,王运丰教授等在北京计算机应用技术研究所建成一个电子邮件节点,并于 9 月 20 日向德国成功发出了一封电子邮件,邮件内容为"Across the Great Wall we can reach every corner in the world(越过长城,走向世界)"。1990 年 11 月 28 日,中国的顶级域名".CN"完成注册,从此在国际互联网上中国有了自己的身份标识。在 1992 年、1993 年国际互联网年会等场合中国曾多次提出接入国际互联网的要求;1994 年,我国被允许接入国际互联网。1994 年 4 月 20 日,北京中关村地区教育与科研示范网接入国际互联网的 64K 专线得以开通,实现了与国际互联网的全功能连接。这标志着我国正式接入国际互联网,并成为第 77 个被国际正式承认的真正拥有全功能互联网的国家。这一年也就成为我国的"互联网元年"。正如我国互联网奠基人胡启恒院士所说:中国的互联网不是八抬大轿抬出来的,而是从羊肠小道走出来的。1994 年作为中国科学院负责 NCFC 项目的副院长,胡启恒院士领导和促成了中国接入国际互联网的工作,使 NCFC 网成为将全球互联网带进中国的第一条全功能链接,并在 1997 年获得授权在中国科学院组建中国互联网络信息中心(CNNIC),为国家顶级域名".CN"提供注册服务①。

自 1994 年我国接入国际互联网,在三十年的时间里,互联网便给中国带来了非常巨大甚至可以说是翻天覆地的变化,实现了从无到有、从弱到强的快速发展,与我们的生活、学习、工作等方面以及社会的发展进步紧密融合并服务我国广大互联网络用户,成为国家和社会蓬勃发展所不可或缺的要素,发挥着不可估量的作用,其发展速度、影响的深远程度和业态的丰富程度可以说是世界上任何一个国家都不可比拟的。

在开始接入国际互联网的前几年,我国都是凭借为数不多的 PC 机实现与国际互联网的连接。作为最初的信息检索工具,主要应用者都是来自学术和科研机构,互联网还没能进入到寻常百姓的日常生活应用之中。随着时间的推移和互联网技术不断发展,各类上网工程和网络系统纷纷建成,"政府上网工程""全国高校招生系统""校校通""一网通"和网上银行服务

---

① 中国自动化学会:《"口述历史"系列访谈——我国互联网先驱:胡启恒院士》,(2021-06-09)[2023-03-22]. http://imap. caa. org. cn/article/199/1958. html。

等日渐推行,我国互联网的发展越来越迅速。互联网在社会生活的各个领域都发挥着越来越重要的作用,各类网络新媒体、新业态随着互联网的发展而进入人们的生活。网络舆论、网络整治、绿色上网也开始成为互联网上的主题,政府也频频出手,建立互联网技术规范和网络法律法规,规范和引领网络行业的发展和网民的生活,确保网络空间的健康有序。

从 1997 年 11 月开始,中国互联网络信息中心坚持发布《中国互联网络发展状况统计报告》,到 2023 年 8 月已经发布了 52 次。数据显示:1997 年10 月 31 日,我国上网计算机数为 29.9 万台,其中直接上网计算机 4.9 万台,拨号上网计算机 25 万台,我国上网用户数为 62 万,其中大部分用户是通过拨号上网,直接上网与拨号上网的用户数之比约为 1∶3。截至 2023 年6 月,我国网民规模达 10.79 亿人,较 2022 年 12 月增长 1109 万人,互联网普及率达 76.4%。在网络基础资源方面,我国域名总数为 3024 万个;IPv6 地址数量为 68 055 块/32,IPv6 活跃用户数达 7.67 亿;互联网宽带接入端口数量达 11.1 亿个;光缆线路总长度达 6196 万公里。在移动网络发展方面,移动电话基站总数达 1129 万个,其中累计建成开通 5G 基站 293.7 万个,占移动基站总数的 26%;移动互联网累计流量达 1423 亿 GB,同比增长 14.6%;移动互联网应用蓬勃发展,国内市场上监测到的活跃 App 数量达 260 万款,进一步覆盖网民日常学习、工作、生活。在物联网发展方面,三家基础电信企业发展蜂窝物联网终端用户 21.23 亿户,较 2022 年 12 月净增 2.79 亿户,占移动网终端连接数的比重为 55.4%,万物互联基础不断夯实①。

对于中国互联网发展历程的分期,有多种不同的看法。如陈建功、李晓东以互联网应用方向的变迁为划分依据,把中国互联网的发展历程比较简单地归结为引入期、商业价值发展期、社会价值凸显期等三个阶段②。从时间上来说,1980—1994 年算是第一个阶段,这个阶段里互联网主要是作为信息检索和信息通信的工具,以实现与世界互联网的全功能接入为主要目

---

①　中国互联网络信息中心:《第 52 次〈中国互联网络发展状况统计报告〉》,(2023–08–28)[2023–12–06]. https://www.cnnic.net.cn/n4/2023/0828/c88-10829.html.

②　陈建功、李晓东:《中国互联网发展的历史阶段划分》,载《互联网天地》,2014 年第 3 期,第6–14 页。

的,集中在学术和科研机构的应用,正式拉开中国互联网应用的帷幕并迅速向民间应用转移。第二个阶段是商业价值发展期,时间是从 1994 年到 2006 年。互联网基础设施和骨干网络建成后,推动了互联网的蓬勃发展。网络广告、网络游戏、网络搜索、电子商务等互联网商业模式兴起并日趋成熟,一大批本土互联网企业如网易、百度、阿里巴巴等迅速崛起、发展壮大,逐步走上良性的可持续发展道路。第三个阶段则是从 2006 年以来的社会价值凸显期,互联网从原来的第四媒体逐渐占据主流地位,网民规模迅速扩大,人们对互联网的依赖程度也不断增强。同时互联网在社会生活中被广泛应用并深入影响着人们的日常生活,特别是随着 4G、5G 技术的应用,互联网所组成的网络空间已经成为人们重要的第二生活空间,也逐步形成了网络社会。

根据何心巨、代锐等人的理解,中国互联网的发展大致可分为三个阶段①:第一个发展阶段为 1994 年到 2000 年,这是中国互联网门户网站兴起和发展的阶段。在这个阶段里,互联网企业如雨后春笋般地冒出来,如 1997 年的网易,1998 年的搜狐、腾讯以及新浪,1999 年的阿里巴巴集团,2000 年的百度公司相继成立,由中国互联网行业的先行者发展成为龙头企业,引领互联网技术的融合发展,也催生了如电子商务、移动支付与数字服务为主体的互联网产业生态。这一发展阶段既是中国互联网发展的启蒙阶段,也是中国互联网的革新与突破的阶段。第二个发展阶段为 21 世纪前 10 年,主要表现为社交化、娱乐化与便民化的典型特征与发展趋势。2002 年博客网成立,体现了互联网社交化的端倪。2003 年的非典疫情使得网上聊天、购物、打游戏、读小说成为人们的日常生活部分,进而推动了互联网更快、更广地普及和向更深层次发展的应用方向,如京东的电子商务让京东迅速成长为电商平台的佼佼者,腾讯于 2003 年 5 月推出 QQ 游戏平台,短时间内就成长为当时全国最大的休闲游戏平台。网上办公、网购、网游逐渐成为互联网行业的主流应用,互联网真正融入了人们的日常生活,凸显了其社

---

① 何心巨、代锐等:《中国元宇宙的发展与治理——对比中国互联网发展历史》,载《产业经济评论》,2023 年第 2 期,第 183—197 页。

交、娱乐、便民的三大典型特征,促进了互联网生态的全面发展。第三个发展阶段为自 2011 年至现在的移动互联网时代,这个阶段的标志性事件是2011 年小米 MIUI、微信等移动软件产品的发布。由于智能手机的普及与高速网络通信技术的出现,自小米 MIUI、微信发布后,苏宁易购、快手短视频、腾讯视频等软件产品相继问世,拉开了移动互联网时代的帷幕。涵盖社交、娱乐、生活服务等方面的互联网多样化应用生态初步形成并持续发展,4G、5G 技术相继应用,微信、支付宝、淘宝和抖音逐渐成为中国互联网应用生态里的重要一极,促进了互联网移动化、终端设备便捷化、网络通信技术高速化,在推动中国互联网向更广、更深层次迈进和发展的同时,形成了网络空间这个第二生活空间,构建了网络社会这一新的社会形态,深刻地改变了社会政治、经济、文化和人们的生产与生活方式。

第二节　网络空间的产生和网络社会的形成

互联网的发展增强了人们之间的联系和联结,也催生了网络空间,形成了网络社会。网络空间是如何产生的? 网络空间与现实生活空间有什么不同? 有哪些特征? 要弄清这些问题,我们首先要明确网络和网络空间的内涵。

一、网络和网络空间

"网"是一个象形字,是一种用绳线等编织而成的,把水中的鱼捕捞起来或者把空中的飞鸟拦截捉住的工具,因而有渔网、撒网的说法,后来引申为形状像网的东西和像网一样纵横交错的组织或系统。"网"就由捕鱼狩猎的一种常用工具,扩大到指像网一类的有形或无形的东西,如有形的蜘蛛网、排球网等,无形的法网、情网等,这时的"网"的含义就变成了堕入其中就要受到拘束、限制或折磨的事物。现在常用的网络最主要的含义就是指这种无形但又给人以限制的事物,也指像网一样的组织或系统,如情报网、关系网等。"络"的本义是指以十字交叉的方式结合成的网,也指所结成的网状物、网状东西。可见,"网"和"络"两个字的本义是基本相同的,组合成为一个词则在其本义基础上发生了演变和发展。可以说网络是人类发展史上最重要的发明之一,促进和提高了科学技术本身和人类自身社会的发展和演进。

在现代汉语中,"网络"一词最早用于电学,本来是一个专用名词,《现代汉语词典》(1993年版)解释为:"在电的系统中,由若干元件组成的用来使电信号按一定要求传输的电路或这种电路的部分,叫网络。"这种意义用到了数学定义上,在数学中认为网络是一种图,并赋予了具体的物理含义。从某种相同类型的实际问题中经抽象而产生出来的某种模型,就称其为什么类型的网络,如通信网络、物流网络等。在计算机领域中,网络是信息传输、接收、共享的虚拟平台,通过它把各个点、面、体的信息联系到一起,从而实现这些资源的共享。

今天,我们认为网络既指像网状一样的东西,如神经网络、社会网络,也指在专业学习领域中由若干元器件或设备等连接成的网状的系统,或指由许多互相交错的分支所组成的系统;但更多的是指计算机网络,即一些相互独立而又以通信线路相互连接的、通过相应信息技术实现的以共享资源为目的的计算机的集合,也就是在各个不同的地方、不同的人将自己的计算机或其他形式的终端通过有线或无线的方式相互联系、相互联通的通信系统。

什么是空间呢? 从哲学上来说,空间是物质存在和发展的一种基本的客观形式,也指物体存在、运动的场所或场域,由长度、宽度和高度等三维特性所表现,也是物质运动的表现形式。马克思认为,世界是客观存在的物质空间,空间和时间是客观存在的基本表现形式。空间的存续不以人的意志为转移,具有独立的客观规律性。空间是一切生产和一切人类活动的要素。所有的物质都要在一定的空间内存在和运动,空间是人类生存与发展的重要场所,也是人们进行社会劳动实践的重要场域。马克思还重点论述了自然空间、社会空间和历史空间。他认为自然空间是人类存在与发展的第一空间,是人在客观世界得以存续的基础空间;社会空间是人在自然界从事生产和生活方面的活动和处理一定的社会关系所形成的空间,是人类社会实践活动的体现;历史空间则是人类进行精神交往和生产的产物。

网络空间又称赛博空间、电脑空间等,这个词最早来源于加拿大的科幻作家威廉·吉布森,他在1984年写下了一部著名的长篇科幻小说《神经漫游者》(Neuromancer)。小说的主角叫凯斯,是一个出色的网络独行侠,他受雇于某跨国公司,被派到全球电脑网络构成的空间里,潜入跨国企业的信息中心窃取机密情报。他是如何进入这个电脑网络构成的空间里的呢?作者在小说中描绘的是他要进入这个巨大的空间,并不需要乘坐飞船或火箭,也不要跋山涉水经历千辛万苦,只需在自己的大脑神经中植入插座,然后接通电极,就能使自己的神经系统挂到全球计算机网络上。这样他就能感知电脑网络,把握各种高速流动的信息并掌握网络中的一切。在这个电脑网络中,他超越了自己肉体的束缚,以意识漫游的方式体会到了进入电脑创意空间后的神奇感觉,并使用各种匪夷所思的人工智能与软件为自己服务。吉布森把这个空间取名为"赛博空间"(Cyberspace),也就是所说的"网络空间"。他是这样描述的:网络空间由交易、关系和思想构成,它们像一道永恒的波浪,在我们的交流之网上部署着。我们的世界无处不在又无处可寻,我们的世界不是肉体存在的世界。我们正在创造一个新世界,人人都可以进入这个世界,而不必考虑由种族、经济、武力、出生地而带来的特权或偏见。这就预示了20世纪90年代电脑网络世界里的生态,也告诉人们这种可以进行社会生活和社会交往的虚拟空间正在进入人们的现实生活中,人们将无法阻挡地进入这个虚拟的网络世界里开展生活和工作。

今天,我们将以互联网技术和终端设备为基础,进行人与人、人与社会不断相互交往活动的虚拟性空间称为网络空间。这个空间是通过互联网技术将地理位置不同的且具有独立功能的多个计算机或终端联系起来而形成的,这是基本的物理前提。同时这种联系是通过通信设备和线路而连接的,其中运行的也主要是以信息和数据为主体,依靠相应的软件(网络协议、信息交换方式及网络操作系统等)进行运作,从而达到网络资源共享、实现人与人的社会交往目的。

毫无疑问,网络空间在今天已经成为我们生活中的重要组成部分。我们在这个虚拟的空间尽情地生活着,更有甚者则沉迷在这个网络空间而不能自拔。那么,虚拟的网络空间又是如何产生的呢?

二、网络空间的产生

网络空间是随着互联网的发展而产生的,在网络空间产生和发展的过程中,首先是要有计算机网络这个基本的物质技术条件,其次是要有网民这个网络空间活动的主体,然后还需要人们在这个虚拟的空间里开展各种类型的社会交往活动,让其真正成为人们所熟悉并使用的场域才能成为真正意义上的生活空间。

互联网的产生和发展前文已经详述。其实,在互联网技术产生的同时,特别是当阿帕网的研究者们把斯坦福大学研究院、加州大学圣巴巴拉分校、加州大学洛杉矶分校和犹他州大学的计算机联网的那一瞬间开始,我们就可以说网络空间已经开始形成和存在了。只不过当时人们关注的重点是信息联通和资源共享,是共享硬件处理能力、相关软件和相应数据而确保沟通联系的进行,对于阿帕网所带来的网络空间及后来的发展还没有明确的认识。

其实,网络空间的形成和发展,真正依靠的力量是网民。中国互联网络信息中心在2023年8月发布的第52次《中国互联网络发展状况统计报告》显示:截至2023年6月,我国网民规模达10.79亿,互联网普及率达76.4%。这里的网民是指过去半年内使用过互联网的6周岁及以上我国居民。按使用上网终端的不同网民可分为手机网民、电脑网民,其中手机网民是指过去半年通过手机接入并使用互联网的网民,电脑网民是指过去半年通过电脑接入并使用互联网的网民。按居住地的不同网民又可划分为农村网民和城镇网民,农村网民是指过去半年主要居住在我国农村地区的网民,城镇网民则指过去半年主要居住在我国城镇地区的网民。

"网民"一词最早是由美国学者米切尔·霍本(Michael Hauben)提出来的,他本意是用这个名词来指那些非以地理区域为依据所形成的具有社区意识的相互发生行为联系的一群网络使用者。他对网民一词有两种解释:

一种是泛指任何一位网络使用者,只要是使用了终端设备登上了互联网,使用了网络,不管这个使用者使用网络的意图如何,就可称其为网民。在这里,网民只是一种对发生了上网这种行为的人的称呼或代号,是对上网的人的这种行为动作发生状态的客观描述,是不含有价值判断的。另一种则是用来指称特定的对广大网络社会(或环境)具有强烈关怀意识的,而且愿意与其他具有相同网络关怀意识的使用者一起共同合作,以集体努力的方式建构一个对大家都有好处的网络社会的一群网络使用者,客观地说这种意义比较接近原创者的意图。从这种含义可以看出,"网民"这个词是具有积极含义的词,它意味着并非所有的网络使用者或登录上网的人都能够称为"网民"。登录上网是网民的表层意思,只有那些登录上网后并且具有一定的特征与特质的网络使用者,才可以真正称为"网民"。这里的网民也不只是一个单独使用者的称呼,更多的则是指特定人群的群体性称呼语。实际上,会使用或曾使用过互联网的人可以说是网民,对于作为网络空间行为主体的网民来说,还包含有很多的要义,也可作多种不同的理解。从行为状态来看,凡是使用计算机和互联网的人都可以称之为网民,但从行为实际效果来看,网民这个概念主要是从网络使用者的行为效果来阐释的,只有那些在自我意识、使用网络的态度、网络活动特征以及行为效果等表现出一定特征的使用者才可以被称为"网民"。

1998年7月,中国科技名词审定委员会公布的第二批56个信息科技名词中,首次出现了"网民"这一确定的称呼,意指"互联网的用户"。这是第一次明确认定的"网民"一词的中文含义。在"网民"一词诞生的1998年,我国的网民数量仅为117.5万。到2008年,也就是"网民"一词诞生10年之后,中国互联网络信息中心发布的数据显示中国接入宽带的网民数量已达2.14亿,居世界之首。这一数量标志着我国网民人数规模已正式超越美国,成为全球第一互联网大国。时至今日,中国网民的人数超过10亿,已经较1998年增长了近1000倍。

随着信息技术的发展和互联网服务的推陈出新,特别是从Web 1.0到Web 2.0再到Web 3.0的演变,再加上移动上网的实现给人们上网带来越来越便捷的体验,互联网服务除了原有的网络通信之外,各种形式如网络游戏、网络购物、网络教育、网络金融等也在满足人们的各种需求。于是越来越多的人被互联网的魅力所吸引,不同年龄阶段、不同文化层次和不同需求爱好的人都纷纷成了网络空间的活跃分子,网民的数量规模也不断扩大,且形成了不同的网络社群。这使得网络空间日益成为人们现实生活之外的、极其重要的第二生活空间。部分人群甚至沉溺于网络空间,不愿直面甚至完全脱离了现实生活空间,成为网络空间的"常住人口"。网民就把互联网从最初单纯作为通信(电子邮件曾为首选应用)的工具,发展出多项服务如网页浏览、网络游戏等,再发展成为特定的社会生活和虚拟互动空间。互联网的游戏娱乐特性已经逐渐淡化,工具性和服务性在明显上升,网络空间的积极参与和成员互动成了主旋律。[①]

在网络空间里,人们进行交往、发表言论和文章、表达意见和看法,不仅创造了生活的第二空间,也引领着社会生产生活的变革,极大地拓展了人类生存和生活的空间与场域。那么,作为人类第二生活空间的网络,其特征到底是什么? 我们又该如何来看待和使用网络空间呢?

三、网络空间的特征

学界对于网络空间有多种不同的观点。有的学者把网络空间分为三个层面:客体性的技术空间、主体性的体验空间和主体间性的交往空间[②]。客观技术意义上的网络空间是一个为各节点之间进行通信联系的通信场,通过算法和协议,以数字脉冲的形式编码、贮存、传递与解码,实现对世界的数字化描述。同时,网络空间又是主观体验层面上的感知场,通过浏览网页并结合相关知觉经验来实现对世界的感知,成为自我与他人"照面的场所"。其实,这种照面实际上就是人们之间的社会交往,只不过是借助超文本参与虚拟的言谈和交往。这种划分揭示了网络空间的技术属性、主体属性和社会交往属性,但又把三者机械地割裂开来了。有的学者把网络空间看作是

---

① 郭玉锦、王欢:《网络社会学》,中国人民大学出版社,2017年版,第31页。
② 孙海峰:《网络空间的三重内涵》,载《国际新闻界》,2006年第12期,第63—66页。

现实空间的次生空间①,综合网络空间的生成、运作机理、现有治理方式及与现实互动等方面分析,认为网络空间并不是独立于现实空间而独立存在的空间,而是一个由现实社会空间所衍生出来的次生空间。它是与现实空间进行着各种数据、技术、思想交换而形成和发展的。把网络空间看作是现实空间的衍生品,一方面揭示了网络空间与现实空间的映射关系,指出网络空间不是脱离现实空间而独立存在的场域,也明确指出了网络空间与现实空间的联系与区别;另一方面,又简单地把二者界定为主与次的关系,其实两者难以有主次之分的。网络空间固然可以是现实空间的反映,也可以是未来空间的想象,网络空间还会反过来影响和成就现实空间,两者更应该是相辅相成的关系。

马克思主义认为,时间和空间是运动着的物质的存在形式,一切物质都是在一定的时空中存在。时间是物质运动过程的持续性、顺序性,其特点是一维性;空间是运动着的物质的伸张性、广延性,其特点是三维性。时间和空间同物质运动的不可分离表明了时间和空间的客观性。恩格斯也曾指出一切存在的基本形式是空间和时间,时间以外的存在像空间以外的存在一样,是非常荒诞的事情。因此,网络空间也是物质的存在形式,同时网络空间的产生也是人类改造世界的实践活动的产物,虽然是无形的甚至是虚拟的存在,但同样是在人类社会实践的基础上形成的,而且在网络空间里,人们所进行的人与人、人与社会的交往活动也同样是人类的实践活动。因此,网络空间从本质上来看是人类社会实践活动的产物,是人类社会活动的实践场所,是一种客观的物质存在方式。

网络空间同样是人类的社会空间,只不过有其自身特点。我们认为网络空间主要有虚拟性、开放性和社会性三个特征。

第一,网络空间具有虚拟性的特征。这也是网络空间最为明显的特征。这种虚拟性主要表现在网络空间场域的虚拟性、网络空间表达方式的虚拟性和网络空间身份的虚拟性。网络空间不同于现实的物理空间,我们无法像在现实生活中出入一个可形可见的物理空间一样出入或触摸到网络空间

的形和影,也不能像现实物理空间一样用长、宽、高等维度来进行测量和描绘。它存在于电子计算机和上网终端设备之间,对于现实的人来说,是一个虚拟无形、不可见但确实存在的空间。这个空间在场域上只是一种虚拟的存在,但它是实实在在存在的一个空间,并且与人的现实生活空间息息相关,我们不能因为网络空间的虚拟性而否定这个空间的存在。当然,这个空间也不是存在于人们的主观头脑之中的主观意象和想象空间,不能陷入主观主义的假象和设想。"从网络空间的物理构成来看,它对现实空间具有依附性。软的方面要求有 TCP/IP 协议和计算机技术;硬的方面要求网络有数据交换线、电缆电路、用户终端计算机等,存在于现实空间中的这些设备延伸到哪,网络空间也就延伸到哪,在一个没有这些硬件设施的偏僻之地,即使现有的网络技术再完备,我们也无法看见网络空间出现在这些地方。相反,只有有了现实空间中的这些设施,网络空间才能真正出现。"①而这种依托软硬件而出现的网络空间也是以一种虚拟的方式出现在我们面前。

网络空间是以信息符号、数字化的形式和虚拟化的方式而构建起来的。互联网和网络空间是由数字 1 和 0 作为最基本的代码而构成的,这些简单的字节通过各种组合所形成的不同代码,通过网络的转换就能够生成文本、图像、声音和视频,进而实现信息和资源的传播共享。在这个空间里,传统交流的语音及肢体语言等都以数字化符号的方式进行传递。在现实生活空间中,表情达意的语言和文字是人们主要的交流方式,同时肢体语言也起着非常重要的作用;可是在网络空间中,人们的交流方式主要依靠的是符号化的表达,从以语言为中心转向以视觉为中心,大量的信息依靠视觉的感受而被接受,通过视觉信息的加工处理而传达,虽然现在有了语音软件,但经过电子信息的转换和传达后,也是有很大不同的。人们在网络空间通过符号、图像和声音所表达的意思,也因网络空间的存在而有着很多不同之处,即在网络空间里网民获得信息、经验和知识的途径被前所未有地视觉化、图像化和感性化了,这促使网民凭借视觉体验去认识和理解世界。而且,在网络空间所呈现的部分信息、图片和现象,也因凭借网络的虚拟表现而并不是真正的

①　邓晔、阳永恒:《"网络空间"新论》,载《法制与社会》,2013 年第 6 期,第 182–183 页。

样子,再加上诸如美颜等技术加工手段的使用,从而使得网络空间所传递和表达的内容有着一定的加工痕迹和人为烙印,从而增加了虚拟的因素。日常生活中所谓的"眼见为实"往往在网络空间里变得不那么确定了,也更增加了网络空间的虚拟性。这种图像化的网络存在形式、信息化的表达交流方式,使得网络空间明显具备和增强了虚拟性的特征。

还有,在网络空间里,人与人之间的交往也因借助互联网信息技术而具有虚拟性,在网络中进行交流互动的双方通过网络媒介进行信息传递,网络活动参与者的个人信息在网络空间中隐匿了,更多情况下不知道对方的真实情况。正如曾经非常流行的一句话所说的"在互联网上,没有人知道你是一条狗",此话虽然荒诞,但也真实地刻画出了互联网的虚拟性特征。

第二,网络空间具有开放性的特征。首先,网络空间具有开放性的边界。网络空间是一种虚实结合的新型空间,是一个无形的、不确定的空间形态,与传统上我们所认知的海、陆、空、天等实体空间是不同的,也就是说作为虚拟的空间是开放的,同时作为互联网的组成部分,这个网络空间也没有行政疆域的限制,而且网民在这个网络空间(除专属网络空间外)里随意穿行也不需要有特别的通行许可。可见网络空间是一个开放的全新的空间。其次,网络空间具有开放性的内容。网络空间里的内容只要符合相关的基本要求,就能以电子信息和符号的方式呈现在网络里,同时还可以根据实际的需要加工和创造,形成新的网络内容和信息。据不完全统计,平均每天上传到网络上的文字高达 1.5 亿,互联网上一天会产生 5 亿条推文、发送 3200 亿封电子邮件,在 Facebook 上会有 4PB 的数据创建,其中包含 3.5 亿的照片以及 1 亿小时的视频,每天会有 50 亿次的搜索应用……随着整个互联网行业飞速发展,数据量会越来越大。这些数据的增长就是网络空间内容的不断增长,也说明了网络空间的开放和包容。最后,网络空间具有技术架构的开放性。这得益于互联网信息技术自身的开放性。信息传输技术和 TCP/IP 网络运行协议的技术架构,使得网络空间无限拓展技术实现成为可能。互联网信息技术的革新是非常迅速的,有一种说法认为互联网信息技术的更新周期在 18 个月左右。只要掌握了互联网思维再加上人们的创新,人们结合对互联网的应用需求,就能够不断创造新的应用场景和技术产品。从原来的 QQ 空间,到现在的微信、微博、抖音、快手,到今后的元宇宙等,实质上都是通过技术革新的手段在不断更新和拓展人们的网络空间,或者从不同的方面开发新的应用技术手段和场景,从而给人们的网络空间做进一步的拓展。特别是 2020 年以来,网络学习空间、网络交往空间、网络办公空间等都是随着人们的实际需求通过信息技术的开放性革新而实现的,同时也拓展了人们的网络空间。所以说,互联网信息技术自身的开放让网络空间的不断拓展成为可能,也就决定了网络空间开放性的突出特征。

互联网是一个开放的网络,这个网络使用可无限延展的路由器技术,而且能够通过 TCP/IP 接入互联网,更为重要的是只有开放的网络才是互联网[①]。这种开放还可以从以下四个方面来认识。

(1)对所有的用户都是开放的。互联网对所有的用户都持开放的态度,即对每一个用户来说,从来不强迫进入或登录,也不强迫连接到其系统上,只要具备登录上网的基本条件和配置就允许所有用户进行广泛连接,实现上网。

(2)对所能提供的信息服务是开放的。凡是需要使用互联网信息服务的,只要在依法依规的范围内,不论是个人还是集体,也不论是商业需要还是学术需要,都可以享受互联网的相应信息服务,无一例外地提供开放、可利用的信息服务。

(3)对信息内容的生产者和提供者是开放的。互联网对凡是愿意提供合法信息的生产者和提供者都是开放的。在网络面前,每个人所提供的合法信息内容可以成为整个互联网的一部分,特别是在人人都有麦克风、个个都是新媒体的今天,所有的合法内容只要愿意分享就都能够成为网络内容的一部分。

(4)对未来的改进是开放的。互联网是可以持续进行改进和创新发展的,可无限制地改进新技术、增加新服务,而不是限制在已有服务中。互联网作为一个开放的系统,每一个局部的、单独的网络都可以根据自己的需要来进行设计,可以有自己的接口、有自己的用户环境,只要在接入互联网时

---

① 郭玉锦、王欢:《网络社会学》,中国人民大学出版社,2017 年版,第 10 页。

遵循 TCP/IP 协议即可。

第三,网络空间具有社会性特征。网络空间的社会性首先体现在网络空间对人们的社会生活各个方面产生了重要影响,也在社会生活的各个层面引起了重大变化。

互联网的大规模应用,特别是网络空间融入人们的社会生活,引起了人类社会的巨大变化。网络日益广泛和深度渗入人类的通信、文化、经济、政治等社会生活领域,特别是日常生活中,人们通过网络或在网络空间不仅可以交流信息,而且可以进行各种类型的社会经济和文化活动,网络空间的交流和交往成为人与人最重要的生活方式之一。移动支付、数字货币的兴起,加深了人们对网络的依赖程度,形成了无处不网、无人不网的生活新形态。第 52 次《中国互联网络发展状况统计报告》(以下简称《报告》)显示:截至 2023 年 6 月,我国手机网民规模为 10.76 亿,较 2020 年 12 月新增手机网民 1109 万,网民中使用手机上网的比例为 99.8%。截至 2023 年 6 月,即时通信、网络视频、短视频用户规模分别达 10.47 亿人、10.44 亿人、10.26 亿人,用户使用率分别为 97.1%、96.8%、95.2%。可见,总体规模超过 10 亿的我国网民,开启"十四五"数字经济发展新篇章,为推动我国经济高质量发展提供强大内生动力,加速我国数字新基建建设,打通国内大循环,促进数字政府服务水平提升。数字消费带来经济新增长,如医疗健康、二次元、电竞等特定领域消费需求不断发展。

《报告》也指出 2023 年上半年,我国个人互联网应用持续发展,多类应用的用户规模获得增长。其中,网约车、在线旅行预订、网络文学、网络音乐的用户规模较 2022 年 12 月分别增长 3492 万人、3091 万人、3592 万人、4163 万人,增长率分别为 8.0%、7.3%、7.3%、6.1%。这说明网络空间成为人们社会生活中日益重要的组成部分,互联网在人们的生活中已经是一个无可替代的重要角色,也深深地融入了人们的日常社会生活。

网络空间的社会性还体现在网络空间行为主体的社会性。2015 年12 月 16 日,国家主席习近平在第二届世界互联网大会开幕式上的讲话中指出:网络空间是虚拟的,但运用网络空间的主体是现实的。这就说明网络空间不论如何发展,其中起主要作用还是其行为的主体,即具有社会性的人,也就是具有自我认知和主体能动性的网民。在网络空间中,无论人们的交往方式如何变化,作为网络主体的网民都是处在现实社会空间中的人。网络设备是人创造的,网络信息是人发布的,计算机程序也是人研发的,网络购物也必须通过现实社会的人的传递才能完成整个交易。网络活动必须通过现实社会的人的参与,才能产生实实在在的影响。在这个网络活动过程中,人们会把自己的社会主体性表现和影响到网络空间,如网络设备的制造是依据人的社会需要来创造的,网络信息也依据网民的社会性。

今天的网络空间已经远不只是一个信息交流的空间,这个空间已经成为人们生活于其中的重要生存空间,只不过这个生存空间具有虚拟性,但人们在这个空间里的交往,实际上是现实社会中的人通过网络空间这个场所进行交往而已,就是人们现实社会生活在网络空间的映射和呈现。人们在网络空间所进行的社会交往形式、所遵循的基本原则与现实社会生活空间里并无二样,只不过是通过计算机之间的协同运作而实现,是现实社会的人互动交流的新场域。网络空间是人类实实在在地生活于其中的虚拟生存空间,在这个空间里把现实世界中可感触到的物理性时间和空间,转化成了一种非线性的数字化呈现方式。这就形成了网络生存的高度"数字化"及"虚拟化",也称为"数字化生存"或"虚拟生存",其实就是人们在网络空间中展开的社会现实生活的自制和翻印。因此,网络空间因现实生活的数字化表现而具有了社会性的特点。

网络空间属于社会空间,也因其强烈社会性特点而被称为"网络社会"。人们将他们对现实社会的理解和认识投射到电脑网络上,借此获得一种对拟想新奇事物的感觉,可见,网络社会其实就是人们所生活的现实社会的隐喻,也是现实社会生活在网络空间的映射而形成的新型社会形态。

网络社会是现实社会的虚拟形式,其实就是人们的社会生活从现实的生活空间拓展到了虚拟的网络空间,是现实社会生活的衍生和反映,二者之间是紧密联系不可分割的。那么,网络社会与现实社会有着什么样的关联呢?一是网络社会与现实社会具有内在的关联性,"从本质上看,网络社会是现实社会发展的必然产物,与现实社会具有不可分割的渊源关系,是现实社会在新的历史条件下的历史延续","从根本上说,网络社会仍然属于人类社会的范畴,具有人类社会的共性和本质属性,决不能脱离人类社会的发展轨道,变革、创新都是相对于现实社会而言的"。① 这就是说,网络社会虽然命名为社会形态,但它不是脱离社会现实的存在物,而是现实社会虚拟化的体现。这种虚拟化的社会有其现实的社会基础,特别是作为网络社会主体的网民就是现实的,即使是以数字、符号、代码的方式出现在网络中,但这个主体性的网民始终是现实社会中的人。虚拟化的表现方式并不能脱离和抹杀其社会身份、社会角色以及其年龄、性别、体形体貌等社会性特征,也不能完全脱离现实社会的政治生活、经济生活和精神文化生活,其在网络空间所表现的活动形式、联系方式等都是社会现实生活在网络空间的投影,也就是深深地烙上了社会现实生活的印记。二是网络社会是现实社会的补充和拓展。虽然在网络社会中,人们在借助相应的技术手段和设备设施后,所产生的行为和所营造的场景可能对现实社会有所超越并且会出现新的状况,但终究是从属于现实社会的。网络社会的生活只能是现实社会生活的有效补充,不可能完全取代现实社会及社会生活。作为网民,也不能只生活在网络社会中而不走向线下的现实生活空间,两者因现实的关联而不能隔离更不是相互隔绝的。

网络空间是亿万民众共同的精神家园。网络空间天朗气清、生态良好,符合人民利益;网络空间乌烟瘴气、生态恶化,不符合人民利益。作为亿万民众共同的精神家园的网络空间以及亿万民众所组成的网络社会,是一个公共的社会生活领域。在现实生活中,人们可以有自己无人可知的最隐秘的部分,但在网络空间或网络社会中,是没有隐私的,即使是使用了密钥技术给自己的网络空间设置密码,实际上也是没有隐私可言的。只要完成了登录上网,人们在网络空间中的所有言行都会被记录下来。网络社会也因其开放性的特征而成为公共生活的领域。网络社会也是公共的社会生活空间,同样需要我们遵守相应的社会公共秩序,也要承担相应的社会责任。这样才能更好地引领网络社会的正常有序发展,发挥网络社会的最

---

① 龚振黔:《网络社会与现实社会内在关系的哲学审视》,载《贵州大学学报(社会科学版)》,2019 年第 6 期,第 6–12 页。

大效应。

网络空间或者说网络社会中的社会责任到底有哪些？特别是作为大学生网民,又该如何培育自己在网络空间的社会责任感,更好地承担起相应的社会责任呢？为此,我们需要充分了解社会责任的内涵和要求来进一步分析与讨论。

第二章 网络空间大学生社会责任感培育的内涵把握

责任是一个神圣而庄严、平常而高贵的名词，是人们社会生活中的高频词汇。毫不夸张地说，责任伴随着每个人生命的始终，贯穿在人类全部的生命活动和社会行为之中。社会责任感是现实生活中社会个体成员的行为准则和基本遵循之一，那么在网络空间又是怎样的呢？网络空间中的社会责任感又有哪些特点？该如何进行培育呢？这些都是我们需要探讨的系列问题。

我们先来看一个案例：

大学生失物招领用中英双语竟遭"网暴"

2021年3月11日早上8点，电子科技大学的大一男生在教室座位抽屉里捡到一个平板电脑。当时，他发现设备设置为全英文，且电脑中的App也是纯英文的，因此判断失主可能是经管学院的外国留学生。基于这一推测，他发布了中英文失物招领，并在捡到平板电脑的座位留下了纸条，写上了自己的电话和QQ号。考虑到留学生可能看不到校内论坛的失物招领板块，他还在多个平台转发，几个小时后成功联系上了失主。

11日中午，他收到一个QQ好友申请，对方直接对其进行辱骂。于是11日14时，该男生在QQ空间发布了一篇文章解释整个事件，而从当晚开始，他收到更多人的私信骚扰。半夜，他在朋友的提示下登录学校论坛，在那里看到了让他非常崩溃的一幕，整个论坛几乎清一色地支持那个攻击他的账号，将所有的矛头都指向了他。甚至有人主观认定捡到平板电脑的同学是个女生，并讨论其失物招领的内容是否呈现出"媚态"，给他戴上了"崇洋媚外"的帽子;有人将其举动称为"舔狗行为",并猜测他是为了秀英语并趁机结交外国朋友;更有甚者,批判拾取者展示出了"某些中国人的劣根性"。不过,在一片指责声中,也有个别论坛用户表达了对拾取者行为的认可,在他们看来,这位学生发布双语启事只是出于热心。

这个学生在凌晨写下文章"揭露一些人的网络暴行",他解释称自己高考英语146分,使用英文是一件很轻松的事情,双语留言非常自然,他对此事的处理并不是"对外国人的特殊照顾""多管闲事"。他补充道,这是他第一次捡到东西,何况这款电子设备对学生来说是一笔不小的财产,热心的他不想冷漠对待,希望举手之劳可以改变这个世界一点点,为他人创造哪怕只是一点点惊喜,因为这可以点亮别人的一天。

随后,他建议,学校应该加强对论坛的管理,比如对发帖的审核,有必要封停一些违规账号。他称,目前论坛"充斥着种族歧视、性别歧视,以及各种攻击性言论",并直言,"今天受害者是我,但我不希望明天会有新的受害者"。当该事件引发的争议持续发酵后,有人质疑当事人两度在空间发文且批评论坛风气的言论,有煽动舆论攻击学校论坛之嫌,并指出该男生曾"删除论坛站长评论"还"拒绝加好友"。

对此,当事人再次发文称,他理解并支持学校论坛的正常运行,论坛上某些言论失之偏颇并不代表论坛本身有问题。同时,他否认自己曾"删除论坛站长评论"和"拒绝加好友",并解释是因为学生工作的原因没有看到。该男生称,希望发表"不当言论"的论坛用户不要再做此类事情,也希望大家宽以待人,不要进行人身攻击。

虽然事件已经过去,但是我们应该思考一件拾金不昧的好事为何变成了一个网络暴力事件,在这个事件中又透露出一些什么样的信息。众所周知,英语是国际通用语言之一,使用英语交流是我们与外国人进行交流的常态,其本身谈不上崇洋媚外。这位同学从平板电脑的使用习惯上能对失主的信息有一定判断,可见他是个有心之人;用中英双语写招领启事主要为了方便失主、方便他人,也说明他是个有社会责任感的人。在书写这则中英双语招领启事时,他内心想的应该是如何让失主尽快找到自己,结果却遭遇如此网暴,这说明网暴者们没有认识到此事的积极意义,反而言语攻击,将自己的不良情绪代入这起拾金不昧的事件。这么做,不仅伤害到了拾金不昧者,也影响了网络空间的良好氛围,给其他网民造成了道德上的困扰和思想上的困惑。我们更应该用思考代替盲从,用理性沟通代替情绪表达,用自己负责任的网络行为去塑造一个理性和谐的网络空间公共舆论场。作为大学生,我们在网络空间也应该跟在现实空间一样,要有理性的思维和良好的社会责任感。

第一节　责任和社会责任感

责任是伦理学中一个比较古老的概念范畴,也是一个核心概念,对它的理解从来就是多种多样的。目前,对“责任”一词的内涵还没有统一说法,不同学者从各自角度给出了多种解释。那么,责任的内涵到底是什么? 如何才能更好地理解和把握责任的内涵呢?

一、责任

(一)责任的起源

责任是从哪里来的? 是人生下来就具有的,还是在后天的社会生活中形成的呢? 要更好地认知责任的内涵,我们首先要探究责任的来源。对此,目前大致有以下几种观点:

一是责任来源于自然的观点。这一观点认为责任的产生是由于人的本性,来源于自然。这在芝诺创立古雅典斯多葛学派之时就做了初步的论述。斯多葛学派认为宇宙是一个统一的整体,存在着一种支配万物的普遍法则,他们称之为“自然法”,也叫“逻各斯”“世界理性”等。这种普遍法则作为自然的必然性渗透和弥漫于宇宙万物之中,是宇宙秩序的创造者、主宰者。芝诺认为与自然相一致的生活,就是道德的生活,自然指导我们走向作为目标的道德。因此,根据自然法,每个人享有平等的权利,并相应地赋有平等的义务和责任。责任来源于这种支配宇宙统一整体的自然法则。西塞罗指出自然法来自自然,来自统治宇宙的上帝的理性,与自然相吻合,适用于所有的人,是稳定的、恒久的,以命令的方式召唤履行责任,以禁止的方式阻止犯罪。人履行责任,只是自然法以命令的方式对人召唤的结果。这排斥了人的主观能动性和社会属性,把责任单纯看作是先天的东西,显然是唯心主义的观点,也无法真正说明责任的来源。

二是责任来源于契约的观点。契约论是在资本主义上升时期对国家起源进行论证时的学说。这个说法认为国家就是人们相互之间或人民同统治者之间相互订立契约的结果。在这个契约中,责任也就产生了,责任的产生也是由于人们之间所订立的契约,契约也就成为责任产生的基础和前提条件。这比斯多葛学派的观点有了进步。随着社会的发展,人作为一个独立、自由、平等的个体,当从事某种社会活动或某种社会职业时,实际上就是承担着相应的权利义务关系,这种权利义务关系实质上就是契约。这种责任自契约而来的观点,看到了责任中权利义务对等和客观实在的特性,有其正确的一面,但并不全面。

三是责任来源于身份的观点。这在柏拉图的《理想国》中表述比较详尽。柏拉图认为个人由于天赋的不同而分别适合于不同的工作。上帝在造人的时候,给有的人身上加入了黄金,这些人因此是最高贵的而成为统治者;给有的人身上加入了白银,因此他们只能是辅助者;给有的人身上加入了铜铁,因此他们是农民和技工等。个人应依据自己的天赋做适合自己的工作,而不能随便超越自己的本分去做与自己天赋不相称的工作。只有各据天赋、各尽其责,城邦和个人才会节制、和谐以及幸福。当他们超越自己本分时,就造成混乱、痛苦。个人及城邦责任的体现在于固守本分、各尽其责①。这就是说,责任来源于人的身份,不同身份的人负有不同的责任。这是以相对固化的思维明确责任的来源,主要目的是维护当时的等级社会,无

---

① 蒋文学:《论柏拉图〈理想国〉中的责任思想》,载《西华师范大学学报(哲学社会科学版)》,2005 年第 3 期,第 72-73 页。

疑具有明显的阶级局限性。

20 世纪中后期,西方学界对责任的起源有三种不同的构想①,即社会依存构想、进化与适应构想和文化依存构想。这三种构想分别从社会、进化和文化的视角审视责任起源并构建各自理论体系。其中,主流的观点是社会依存构想。这种构想认为个体所在的群体和社会是其生存的依赖,而特定的生态环境也是社会存在与维系的依赖。个体、社会与环境共同构成了一种联系紧密的依存关系,人们为了维护和巩固这种依存关系,于是就形成了相应的社会道德、伦理规范等。这种人际间的社会依存性就是责任的来源,是特定社会之于社会成员个体思想、行为方面的规定性。因此,责任既来源于这种社会依存性,同时又是这种社会依存得以发展的动力和基础。

在批判社会依存构想的基础上,产生了责任的进化与适应构想。这种构想认为责任是人类某些先天倾向在适应与选择历程中经过打磨和雕琢的产物,并且从家庭或家族责任、亲社会行为、内群体与群体外关系、层级与身份四个方面证明其本质。这种构想认为家庭责任(亲本责任)是人类责任的基本形式,此种责任形式最初来源于基因延续的本能驱动,是物种适应与进化的结果;对于那些没有亲缘关系的个体所表现的亲社会行为,部分原因决定于道德规范,更多的则是基于人类群体中普遍存在的互惠性以及其他倾向,也是人类自然属性进化与适应的结果。人类社会是以群体而存在的,特别强调对群体的忠诚,那些与群体利益相抵触的言行举止都被看成是不负责任甚至叛逆的。这就形成了群体内与群体外关系的不同,恰是这种不同反映了责任源起的进化与适应本质。每个人所处的层级体系与社会地位迥然不同,在维持这种层级体系和社会地位的过程中,责任就内化产生并形成与责任感相应的道德规则。显然,这种进化与适应构想只是从生物适应性特征来说明责任的起源,陷入了先天决定论而有明显的不足之处。

责任的文化依存构想反对责任的泛文化观和先天决定论取向,认为责任在很大程度上是人类建构起来的一种社会秩序构架。它涉及特定文化期

---

① 况志华、叶浩生:《西方学界关于责任起源的三种构想及其比较》,载《教育研究与实验》,2007 年第 4 期,第 53-58 页。

待的不成文的规定、言行举止的社会规范、行为的法律要求以及关于人际关系的个人层面的构想。多样性的文化存在决定了社会规范、习俗、法律以及自我观念的构建和形成;特定文化的教育、法律和宗教习俗通常会提供一种稳定的、为特定文化所赞许的层级理论的机制,其中也包括将责任归因于自我或者他人的方式,责任也是包含在内的重要内容,其他如社会习俗和社会成员之间的关系也塑造着责任、促成责任的起源与形成。

今天看来,这三种构想从社会存在、进化与适应和文化依存的角度对责任的起源进行了解释和阐述,客观地讲各自都有其合理的成分,但各自所存在的问题和不足也是很明显的。社会依存构想在强调人际互动和社会建构对于责任形成的决定作用时,忽视了责任的形成同样还有自然基础、生物基础以及文化差异性的张力和促进作用。文化依存构想强调个体责任的独特规定性来源于文化的差异性,但没有重视责任的"类"和"种"的相似性和延续性,把物种间和不同文化群体间的延续性和联系点都割断了,陷入了文化决定论的窠臼。而进化与适应构想在努力弥补前两种构想缺陷的同时,又不小心抹杀了人类的社会属性,把人类社会的道德、责任起源推向了生物决定论的极端。

我们认为责任起源于人的本质。马克思主义认为,人的本质不是一个抽象物,人的本质在其现实性上是一切社会关系的总和,这种关系既指物质关系,也包括建立在物质关系基础上的精神关系。因此,从根本上讲,责任来源于人的本质,在作为本质意义上的人所从事的社会分工中逐步形成的,这种本质意义上的责任不是先天具有的、不是来源于上帝规定的法则和人的自然属性,而是后天形成的,是由人在后天的自身行为和活动过程中所逐步确定的。"人的责任是由人的行为和活动的主体地位决定的,其实质是人要对自己的行为和活动及其后果承担责任。人是一种主体性的存在物,即人是现实世界的主体,现实世界是人的客体。人的主体性是构成人的本质的根本。正是这种主体地位使人的活动与动物的活动区别开来,即人的活动是一种既依照客观世界的本性来安排,又按照人的理性来设定的自由自觉的活动,可以说,人的主体地位使人的活动成为一种责任性的活动,就这个意义来说,人也是一种责任性的存在物。""人的责任从本质上讲是一种关系范畴,它发生于人与一切外部世界的现实关系中,而体现的却是人与人、人与自然、人与社会的各种关系。所谓人在改造自然和改造社会的活动中要对自己的行为及其后果承担责任,其实质就是要承担对自己、对他人、对自然、对社会的责任。"①

(二)责任的内涵

近年来,学界更多地从爱国主义、集体主义的角度对责任进行了探讨。如肖川在《教育的理想与信念》中认为:"责任一直和个人自由是相互联系的两个方面,只有当一个人能够如他所期望的那样从一开始就自由行动时,我们才能对实际上发生的事情追究责任,也就是说,自由意味着责任,责任要以自由为前提。"②宋晔认为:"责任就是为人者必须负责完成的任务,也是人之为社会性个体的根本,为人的道德。""责任是社会个体间联结的内在基础,具有丰富的道德内涵。就个体来讲,责任是一种基础性的道德品质,它为其他道德品质的形成和发展提供驱力和生长点,也为个体融入社会提供了可能性;就社会来讲,责任是其良性发展的基础,尤其是在人际交往的广度及深度方面快速发展的现代经济社会。"③沈晓阳认为:"责任是由一个人或一个团体的资格(包括作为人的资格和作为某种特定角色的资格)所赋予、并与此相适应的从事某些活动、完成某些任务,以及承担相应后果的法律的和道德的要求。"④他认为从这一定义来看,责任在其表现形式上包括两个方面的要求,其一是主体要履行某些职能,完成某些任务;其二是主体要承担相应的后果,接受社会检查。前一方面的要求可称为尽责(履行责任),后一方面的要求可称为问责(追究责任)。

崔欣伟在他的《学校责任教育论纲》一书中,对责任的概念进行了理念

---

① 聂海洋:《责任内涵的新阐释》,载《东北师大学报(哲学社会科学版)》,2009 年第 1 期,第 52-55 页。

② 肖川:《教育的理想与信念》,岳麓书社,2008 年版,第 293 页。

③ 宋晔:《责任生成的道德内涵及其实现机制》,载《南京师大学报(社会科学版)》,2003 年第 4 期,第 89-90 页。

④ 沈晓阳:《责任的伦理学分析》,载《湖州师范学院学报》,2005 年第 3 期,第 56-57 页。

研究和词源学分析,他指出英语中表示"责任"的词十分丰富,往往在不同语境中对应不同的单词,对 responsibility、obligation、duty、liability 等词进行了比较分析。他认为 responsibility 在应用伦理学中主要被用来表示前瞻性的道德责任,即在实施具体行为前顾及(可预知的)行为后果的责任;obligation 主要对应道德领域中主体与对象之间权利义务对称关系的责任,多"义务"之意;duty 主要对应社会领域中某职业或社会角色的职责;liability 往往对应法学领域中从已经发生的后果出发归咎出的回溯性的法律责任。但这几个词的基本含义是相同的,在翻译成汉语时,基本上都为"责任、负责、职责"等意思,与汉语中"责任"的解释相对照,除了汉语中有"因为过失而受处分"这层意思外,其余的含义基本相同。因此,他认为责任的含义可概括为:"主体自觉履行其社会角色要求的分内事,并对其履行情况和后果的担当。它包括三个方面,即明晰责任、履行责任和承担责任。"①以上定义都有其合理的地方。

　　我们可以从汉语中"责任"一词的发展对其内涵进行探讨。根据许慎的《说文解字》,"责"在古代汉语中最早是"索求"的意思,后来则有责任、职责的意思,可以归纳为职责、责备、责罚以及责求等主要意思。如《孟子·公孙丑下》记载:"有官守者,不得其职则去;有言责者,不得其言则去。"意思是:有官职的人,如果无法尽其职责就应该辞官不干;有进言责任的人,如果言不听、计不从,就应该辞职不干。这里的责是"职责"的意思。"任"在古代汉语中的含义比"责"丰富一些,有承担、担当和任用、胜任的意思。如《左传·成公二年》:"自今无有代其君任患者。""任患"即承受祸患、承担过失的意思,"任"就是承担、担当的意思。又如《汉书·张汤传》:"夫亲亲任贤,唐虞之道也。"这里的"任"就是"任用"的意思。由此可见,"责"与"任"的含义虽然在侧重点上有所区别,但大致意思是相同的。

　　"责任"一词连用最早出现在《新唐书·卷九十八列传第二十三》中,作者在为王珪、薛收等贤臣立传后,称赞道:"观太宗之责任也,谋斯从,言斯听,才斯奋,洞然不疑。"这句话的意思是:观察太宗担当的位置,是听从大臣

---

① 崔欣伟:《学校责任教育论纲》,中国社会科学出版社,2012 年版,第 18 页。

谋略,采纳谏臣的进言,激励人才,井井有条,清楚无疑。这里的"责任"指的是担当、应做的事。类似的用法还有《元史·武宗纪一》中的"是以责任股肱耳目大臣,思所以尽瘁赞襄嘉猷,朝夕入告,朕命惟允,庶事克谐",《续资治通鉴·宋英宗治平三年》中的"陛下能责任将帅,令疆场无事,即天下幸甚"等。

在现代汉语中,把"责"与"任"放在一起组成一个复合双音节词,《现代汉语词典》(第7版)对"责任"的解释为:①分内应做之事;②没有做好分内应做的事,因而应当承担的过失。显然,"分内应做之事"就是我们一般所理解的"应尽的责任",而由于没有履行好职责、完成好任务等,要相应地承担由此而产生的不利后果及其他惩罚,则是指我们通常所说的"应追究的责任"。这种解说在各种词典中都是具有代表性的说法。据此,可以进一步理解"分内之事"是指自己职责范围内的事。这个"分"即本分,指个人名分、身份地位和职责名义等,是个人出生后在社会上所具有的自然属性和社会属性的统一,是由人的自身行为及其活动而确定的。可见,责任与个人的社会角色是紧密联系的,不同的个人在社会中有不同的本分,也就要承担不同的责任。这种责任是社会规范要求其所承担与其社会角色相适应的行为,这是积极意义上的责任。反之,如个人行为不符合社会规范和要求,没有把自己的分内之事做好,那就要给予相应的谴责和制裁,这是负面意义上的责任,承担过失也是责任的体现。因此,现代汉语中的"责任",最普遍的含义是指与某一特定社会角色、某一组织机构及职位相关联的职责,做其应做之事以及未做该做之事而承担相应后果的统称。

为了更好地理解和掌握"责任"的内涵,我们要明确与之相关的基本要素:一是责任的主体行为者即责任人,就是责任的主动发起者或被动承担者。这个责任人既可以是作为社会个体而存在的社会成员个人,也可以是法人团体或社会组织。成为责任人的前提条件是要得到社会的认可,包括法律意义的认可和道德意义上的认可。二是责任的客体承受者,即对什么事承担责任,包括具体行为、行为后果、行为状态以及具体任务等,也就是责任人在履行责任过程中的行为对象。当然,责任的主体与客体在实际中不完全是截然分开的,也不一定非常明晰;但无论如何,这一对主体和客体的矛盾关系是客观存在的。三是对谁负责任的问题,即责任的具体领域范围。没有抽象的责任,只有具体的责任。任何责任主体所发生的责任行为,都是在一定的领域或范围内进行的。离开了特定的领域或范围,抽象的责任是不存在的,也是无法理解的。四是责任的规范或准则,也就是指应当承担责任的相关规定和具体要求,如工作流程、处理规则等。任何责任的产生和承担,都必须在明确的规定或准则下才能更好地履行和担当。如果没有公认的责任规范或准则,那么履行责任和承担后果也就没有了衡量的依据。这些要素都是作为个人或组织所承担责任时的基本条件,也是我们理解和阐述责任内涵的前提和要求。

　　责任主体在客观实际中除了以客观的责任规范或责任准则衡量其责任行为之外,还有主观体验的过程。如前文所说,责任来源于人的本质,而人的本质反映到人的认识中就是一个主观反映客观的过程,也是人的主观认知和心理体验的结果。"责任是一种内化了的思维方式和行为规范,是个体对自己或他人的行为及其结果的价值判断体系,是个体对行为、事件及其结果的主观体验。"[①]人们在履行责任过程中,不仅把责任作为一种内化的思维方式和行为规范,也作为一种道义准则,并且依照这种规范和准则来对社会现象、他人或自己的言行举止、日常生活事件及其结果做出相应的价值判断。在对责任行为、事件和现象做出价值判断时,就会形成相应的态度——积极的态度或消极的态度。这些积极或消极的态度在人的主观上,便会诱发相应的情感体验,可能表现为快乐、满足、价值感、成就感、同情心等,也可能表现为内疚感、罪责感、焦虑、愤怒等。此种责任不只是对分内之事的明晰认识,更是对责任的一种主观体验。可见,责任不仅是在客观上努力践行的历程,也是人们对责任情感的主观体验过程和结果。责任的积极情感体验也会对后续行为产生相应的影响,特别对事件或结果的责任认知和情感体验,将对责任主体、责任对象以及其他相关人员的情绪和行为产生影响,如快乐、满足、价值感、成就感等积极的责任情感体验;也可能激发个体

---

　　① 叶浩生:《责任内涵的跨文化比较及其整合》,载《南京师大学报(社会科学版)》,2009 年第 11 期,第 102–103 页。

的责任承担倾向,从而更好地履行好自己的职责,并在履责过程中得到良好的情感升华和心理体验。反之,消极的责任情感体验如内疚、愤怒、无助、罪恶感、对惩罚的担忧等,则可能导致责任的履行中止或变相履行,并产生其他的消极体验和不良后果。

从伦理学上来说,责任还是一种价值判断和自觉追求。责任来源于人的本质,但他的基础是人的道德。道德是人类社会中一种特殊的社会现象,也是维系人与人之间、个人与社会之间关系的行为规范的总和。责任从其产生之日起,就贴上了道德的标签,可以说,在现代社会,责任的履行可以依靠法律等其他手段来保障,但道德是最基本的保障。一个人要真实履行责任,只有在高尚道德的强烈作用和推动下,才能真正尽自己一切能力和手段履行自己应尽的责任并承担相应的后果。道德规范是相应责任的具体体现,是责任要求在道德要求上的具体表达。离开了道德的要求,责任就失去部分动力。如果没有对责任的自觉追求,人们履行责任的动力和动机就不会强烈。还有,对责任的道德判断和自觉追求往往会成为继续尽责的内在动力和外在驱动,责任履行、规范落实都来源于个体对责任的价值判断和自觉追求。因此,道义上的责任就是对自我分内之事的价值判断和自觉追求。具有良好的价值判断就能更好地履责担责,具备良好的自觉追求就能拼力尽责并承担更大的责任。

综上所述,我们认为"责任"的内涵如下:责任是对分内之事的认知、践行,是对自己实施的各种行为和活动负责并承担相应后果的心理状态;责任来源于人的本质,并与人们的社会角色紧密联系,同时也是人在社会活动中处理各种社会关系时所形成和逐步确立的行为规范体系和道德准则体系;责任是主观心理体验活动,也是自觉的价值判断和精神追求。

(三)责任的特点

责任是社会生活中一个重要的概念,它有特定的内涵,也具有相应的特点。作为社会成员要更好地承担责任,就需把握其特点。有学者认为责任具有客观性、主观性、强制性、自觉性、广泛性、规范性等不同特点①，是客观性和主观性的统一、强制性和自觉性的统一、广泛性和规范性的统一；也有学者认为主体性是责任范畴的首要特质，此外责任范畴还应当是自律性与他律性的统一，以及应然性与实然性的统一②。

　　责任的第一个特点是社会规定性，这种社会规定性主要表现在五个方面。第一，责任是随着社会的发展而产生的。责任不是先天固有的，而是随着人类社会的发展而产生于人们处理各种社会关系的过程中，这就超越了人类的自然属性而具有社会属性。当原始社会的先民有意识地进行社会分工和履行职责时，责任就产生了。如男人外出狩猎，女人则负责照看孩子，这就是最初的履职尽责。因此，作为道德概念的责任来源于社会的客观规定，这就决定了责任具有鲜明的社会属性。第二，责任随着社会的发展而发展。责任是基于自然和社会而随人类社会的发展而发展，也始终是受社会关系制约的。人们只能在社会提供的履责条件中进行选择而具有不同的个体责任，责任的内涵也随着社会发展而不断丰富，这是不以人的意志为转移的，因而体现其社会规定性。第三，每个人所承担责任的具体内容是由其社会角色决定的。工人有工人的责任、农民有农民的责任、教师有教师的责任，作为某种具体的社会角色就具有与其角色相适应的责任。这也是由社会发展的客观情况决定的。对于具体的个人来说，不可能承担抽象的责任或总体意义上的责任，只能在其社会关系和社会角色范围内承担与之相应的责任。第四，责任的履行受一定的社会客观条件的制约。离开了一定的社会客观条件和环境，任何个体或组织的责任也就失去了履行的基本条件，这样的责任是无法履行的。第五，责任的社会规定性也表现为责任的不可推卸。凡是有责任能力的社会个体都要对其行为和后果负责。在特定的社会条件下，作为社会成员的个体担负相应的责任，除非丧失了行为能力和履责能力，否则，责任是无法推卸的也是不可让渡的。

---

　　①　沈国祯：《浅析责任的涵义、特点和分类》，载《江西社会科学》，2001年第1期，第54—57页。
　　②　荀明俐、苗壮：《责任概念的语义与特质疏解及其公共性价值》，载《学术交流》，2016年第3期，第57—58页。

责任的第二个特点是主观体验性。虽然责任的产生、具体的内容和履责方式具有社会客观规定性,但责任又具有主观体验性的特征。一是责任的认知需要人的主观参与。只有通过人的主观意识才能形成对责任内容的主观认识,任何社会规定性的责任内容要转化为责任主体的行为都要经过其主观意识的认知和加工深化,并在其主观心理上对此责任做进一步的理解和把握,最终外化为自觉行为、转化为责任言行。二是责任履行需要依靠主观努力才能转化。任何道德规范的落实和执行都要以人的自觉精神为基础,离开了个人主观自觉,责任的落实和履行都会大打折扣。三是责任的效果往往能引起和强化人们的主观情绪体验。在履行责任的过程中,人们会产生愉快、高兴或消极、沮丧的心理感受,这些都是人们的主观情绪体验,并且会因这种情绪体验而影响后续责任的继续履行。

责任的第三个特点是价值判断性。在责任履行过程中,法律法规和道德准则发挥着重要作用,作为法律或规范意义上的条文将要求人们按相应要求履行自我责任,这是工具理性的要求。在客观实际的中,法律法规和道德准则会规范和要求人们形成正确的认识,并按照相关要求来忠实履行自己的责任,完成自我所处的社会角色所赋予的责任,但是要真正进一步转化为人们的自觉行为,真正能让人接受和履行,还需要有价值上的判断和要求。

(四)责任的分类

责任可从不同的角度分为不同的类别,有个人责任与集体责任、社会责任与自我责任、法律责任与道德责任等。

从承担责任主体来说,可以分为个人责任与集体责任。个人责任是指由个人作为承担责任的主体,作为某种社会角色的个人,相应地具有与其角色相适应的责任。集体责任是指由集体作为承担责任的主体,集体是由个人组成的,作为一个组织而存在的集体,必然承担相应的集体责任。集体责任不是个人责任的简单相加,也不能脱离个人责任而单纯地谈集体责任,可以说,集体责任是在个人责任基础上升华而来的责任,既有个人责任的内容,也具有超出单一的个人责任的内容。个人在集体中,既要承担个人的责任,又要承担相应的集体责任。面对集体责任与个人责任,要能把集体责任与个人责任有机地协调起来。个人承担自己责任的同时,又要承担集体责任分解落实到个人头上的具体内容,从而形成集体负责、个人担责的良好局面。既要反对那种把一切责任都推到个人身上,完全否认集体对个人行为的影响的观点;也要反对以集体所迫为借口而开脱个人责任的错误观点。

从责任的指向对象来说,可以分为社会责任与自我责任。社会责任就是指对社会负责,其责任指向对象是社会,即整个社会的层面。我们每个人都生活在一定的社会中,扮演着自己的社会角色,也享受着社会生活所带来的种种便利。因此,就需要根据自己在社会分工和社会交换中的地位和角色,承担起对社会的相应责任以更好地维护社会的运行、构建和谐的社会环境和社会生活。自我责任指向的是每一个个体。每个人都要承担自己所应负有的责任以维持自我存在,并实现自我发展、自我完善和自我价值。如敬畏生命、珍惜生命是我们每个人的自我责任,也是非常重要的自我责任,那就要珍惜和爱护好自己的生命,并在自己的生命里尽可能地为社会发展做出贡献。如果离开了自我生命个体的运行,就谈不上为社会尽责。当然,社会责任与自我责任也是有机统一的。如果离开个人具体的社会角色和自我责任来抽象地谈论对社会的责任就会造成责任的虚化,社会责任也就无法落实到具体的个人头上,最终就会造成作为社会成员都不承担具体责任,整个社会的责任也就无法落实,这其实就是不负责任的观点。相反地,如果仅仅把社会责任局限于个人的社会职业和家庭职责以及自我责任上,而认识不到存在普遍的对整个社会的责任,也会造成社会责任的庸俗化。对那些关系到社会普遍利益、需要全社会关心而又难以由某些具体个人完全负责的事情,就不会去履行责任、承担责任,社会责任的大厦也就必然会倾倒和瓦解。社会责任是对人的社会价值的肯定,自我责任是对人的自我价值的肯定,两者是有机统一的。每一个社会成员的自我责任应当服从和服务于社会责任,社会责任同时又兼顾所有社会成员的自我责任。

从责任的表现形式来说,可以分为法律责任与道德责任。由法律规定并按照法律规定必须承担的责任就是法律责任;不由法律规定而由道德要求的责任就称为道德责任。法律责任是由法律强制规定的社会成员必须承担的责任。法律责任的约束力强，一般是与惩罚联系在一起的，并且对所有的社会成员都起作用，也要求每个社会成员都遵守和承担相应的法律责任。道德责任主要是由道德所要求的，没有相应的强制机制，其约束力相对弱一些，不履行这些责任不会引起社会的损失或混乱，也不一定会遭到惩罚。它更多的是诉诸人内心的道德情感，依靠社会成员自身的崇高道德情感和发自内心的道德约束而得以实现。

二、社会责任

社会责任是从责任指向角度上对责任的一种分类。古希腊哲学家柏拉图最早系统地阐述了人的社会责任，《理想国》一书可说是承载其社会责任思想的经典著作。柏拉图认为，人之所以要建立城邦（国家），是因为我们每一个人不能单靠个人生产出自己需要的所有东西，于是，我们需要与他人互相帮助。每个人由于性格不同、天赋不同而适合于不同的工作，每个人仅做适合于自己性格、天赋的工作，各种东西才能生产得又多又好，然后通过交换才能使每个人生活得更好。建立一个城邦，可以确保公民之间的互助和分工。因此，每一个人都要为城邦负责，这便是社会责任的诞生。如果个人不履行这种社会责任，城邦便失去了存在的基础，人们想依靠城邦获取生活的保障就只是一个梦。

康德说："每个在道德上有价值的人，都要有所承担，不负任何责任的东西，不是人而是物。"一个人的社会责任是与其公民的身份相联系的。公民是一个现代性概念，在古希腊城邦，公民只是一部分人，不包括奴隶。因此每个人因为身份的高下之别，对社会的责任是高低不一的。这也是社会责任感被视为一种高贵的体现的原因，它是人具有一定社会地位后的自觉的产物。

社会责任是由"社会+责任"构成的组合，其重点在"责任"，"社会"只是"责任"的修饰语，也正是这个修饰语，使得责任具有了不同的含义。通常意义上的"社会"一词来自日本，相当于英文中的"society"，具体来说，"社"指的就是"团体""社团"，"会"指的就是"会聚""用来聚集的地区"，合并起来可以表示为"在一个地方所聚集成的一个团体"，显然这是地理意义上的理解。在社会学中，"社会"指的是由有一定联系、相互依存的人们组成的超乎个人的有机整体。在这个整体中，人们通过共同生活而建立起各种各样的关系，互相关联、互为依赖，共同促成其运转，成为人们社会生活体系的总和。马克思主义的观点认为，社会是人们通过交往形成的社会关系的总和，是人类生活的共同体。

在现实社会生活中，人们获取个体发展所需要的物质资料和生活要素，实现共同生活而有序依存，同时又要以个体的努力和行动推动社会的发展和进步，就需要承担相应的责任，这种责任就是社会责任。因此，社会责任是指作为社会大家庭的成员，在扮演社会角色或承担社会分工时需要履行的与其社会地位相一致的一整套权利、义务规范与行为模式，也是一个人或组织对国家和民族、家庭和社会以及他人的生存发展所应自觉承担的职责、任务和使命，包括因未承担或未全面履行这一职责、任务和使命而应该承受的相应后果。

社会责任是每一个社会成员和社会组织所必须承担的责任。人总是生活在一定的社会关系中，这种现实的社会关系和社会生活就要求每个人在享受权利的同时，必须承担相应的义务、承担相应的责任。这是现实生活的要求，是不以个人和组织的意志为转移的。正如马克思所指出的："作为确定的人、现实的人，你就有规定、使命和任务，至于你是否意识到这一点，那都是无所谓的。"因此，作为社会存在的个人和组织，就必须承担一定的社会责任。这是由个人、组织与社会的关系决定的。

社会责任渗透在社会生活中的各个方面，可以进行多种划分。第一，从社会责任承担主体来看，可以分为个人的社会责任和组织的社会责任。社会是个人的集合，是个人赖以生存的环境，制约着个人的生存和发展。正是这种依存关系，个人就要对社会承担相应的责任，把对国家和民族的责任、对社会和他人的责任有机地结合起来，这就是个人的社会责任。在现代社会中，人们为了获得更好的发展，往往按照一定的目标、任务和形式形成一个集团，这就是社会组织。社会组织与个人一样，也是构成社会的基本单位和基础单元。这种组织，包括政府组织和非政府组织，如企业、社会公益团体等,都是社会运转的基本成员。因此,组织作为责任主体,可以也应该承担相应的社会责任,这就是组织的社会责任。第二,从社会责任的作用和导向来分,又可分为积极的社会责任和消极的社会责任。积极的社会责任也叫预期的社会责任,它是个体或组织基于预期目标,主动采取积极行动以促成有利于社会的责任后果的产生,或者通过积极努力预防和终止坏的责任后果的产生。消极的社会责任则与之相反,只是在个体或组织的行为对社会产生有害后果时,要求予以补救。第三,从责任承担的指向对象和范围来看,可以分为对国家民族的责任、对社会公共生活的责任、对自然环境的责任、对家庭的责任、对他人的责任、对职业的责任等。其中,对国家民族的责任是指对祖国主权的维护、对民族尊严的维护、对国家和民族利益的维护以及对国家和民族方针政策的贯彻落实和自觉执行。而对社会公共生活的责任则是指遵守社会公德、爱护公共财产、遵守公共秩序、自觉维护社会正义和社会秩序,不做违法犯法的事、不做有害他人的事。对自然环境的责任是指尊重自然、保护环境,珍惜和节约自然资源,自觉维护生态平衡。对家庭的责任包括保持家庭成员之间的平等互爱、维持和改善家庭的正常生活,赡养老人、教育子女、善待家庭成员、传承良好家风。对他人的责任指尊重他人的人格和荣誉、团结和友爱他人、尊重他人的劳动成果等。对职业的责任指爱岗敬业,干一行爱一行,任劳任怨,全力完成所从事工作的职责和任务。

三、社会责任感

在理解了社会责任的基础上,我们再来讨论社会责任感的内涵问题。对社会责任感的内涵有多种理解,可以从道德教育、历史发展、心理情感动力和适应社会需要等几个维度来把握和界定。

根据知网搜索,国内较早提出"社会责任感"一词的是胡建进。他于1987年在《扬州师院学报(社会科学版)》上发表《深入社会实践 增强社会责任感》①一文,文中说学生通过暑期的社会实践活动"扩大了视野,经受了教育,得到了锻炼……进一步增强了社会责任感",此文中提到了"社会责任感"一词,但没有对其概念进行界定和讨论。

　　1992年,赵福昌、伊峋在《山东医科大学学报(社会科学版)》上发表《论大学生社会责任感的形成》一文,指出"社会责任感是指社会公民从事社会活动时对社会承担的使命、职责、义务所抱的坚定态度,是对承担社会责任的一种强烈的自觉意识和崇高的情感、意志,是一种优秀的思想品质"②。此后,陆续有学者提出了社会责任感的多种定义,如"社会责任感也称社会责任意识,是其所特有的对于社会责任的主观映像和判断,是一个人对自己与社会的关系的正确认识,以及报效社会、服务社会、改造社会的思想观念"③,又如"社会责任感是指社会群体或者个人在一定社会历史条件下所形成的为了建立美好社会而承担相应责任、履行各种义务的自律意识和人格素质"④,再如"社会责任感作为一种道德情操,主要指一个享有独立人格的社会成员对国家、集体以及他人所承担的职责、任务和使命的态度"⑤,等等。

　　我们认为,要把握社会责任感的内涵,就要从以下几个维度入手:一是道德教育的维度。社会责任感首先应该是一种道德情感,它产生于人们道德内心因而具有道德的属性。社会责任感主要依靠个体的内心道德力量来推动社会责任行为的产生。通过后天教育和引导可以在人们的道德观念中形成和培育良好的社会责任感,摒弃和改变之前的不良社会责任感而在其他类似社会情境中激发和产生良好的社会责任行为。二是历史发展的维度。社会责任感有其历史发展的演变过程,一定时期或一定内容的社会责任感都是在一定的历史条件下形成的,不能脱离社会历史的发展阶段来空

　　① 胡建进:《深入社会实践　增强社会责任感》,载《扬州师院学报(社会科学版)》,1987年第10期,第52页。

　　② 赵福昌、伊峋:《论大学生社会责任感的形成》,载《山东医科大学学报(社会科学版)》,1992年第12期,第74-76页。

　　③ 李乡乡:《试论当代大学生的社会责任感》,载《思想政治教育研究》,1998年第1期,第9-10页。

　　④ 彭定光:《论大学生社会责任感的培养》,载《现代大学教育》,2003年第3期,第41-44页。

　　⑤ 蒋国勇、应小丽:《大学生社会责任感培养原则及实践》,载《中国高教研究》,2004年第3期,第76-77页。

谈社会责任感,也没有亘古不变的社会责任感,我们应用历史发展的眼光来看社会责任感的内涵发展。三是心理情感动力的维度。社会责任感是心理上的情感,即属于人内心活动的一种心理体验,同时具有影响和支配其外在行为的隐性力量。在社会责任情境的刺激下,人们应激产生社会责任心理活动,并作用于内心,通过感知、判断、体验和反应等方式改变或影响其外在行为、现实行动,从而产生相应的社会责任行为。四是社会适应的维度。社会责任感指向的是为建设美好社会而承担责任和履行义务,是把个体放到社会大背景中来考量,实现个人需要与社会需求的有机统一,正是社会的需要催生和促进了社会责任感的产生与发展。

因此,社会责任感是指在一定社会历史条件下,社会成员所具有的为建设美好社会而承担相应责任、履行义务的自觉意识和情感体验,是一种能影响和支配并适应社会需要、促进社会发展的外在行为与现实行动的内在精神动力,是知、情、意、行的统一体。社会责任感以一种内在自觉和积极自愿的方式影响和支配社会成员主体的责任行为,并通过这种行为承担其作为社会成员的具体责任,为建设美好社会而尽自己的义务。[①]

把握好社会责任感的内涵具有非常重要的意义。一是有利于理解和明确社会责任感的特征和要求。社会责任感是一种自我心理情感体验,具有自觉性的特征;社会责任感的目标是建设美好社会,因而具有利他性的特征;社会责任感也是一种内在的动力,需要在社会实践中形成并在社会实践中发挥作用,因而也具有实践性的特征;不同历史时期内社会责任感的内涵也有所不同,因而还具有动态性的特征。对这些特征的认识,都离不开对其内涵的把握。二是有利于加强社会责任感的培育。社会责任感的培育,是思想政治教育工作的重要内容,把握社会责任感的内涵就是为了加强社会责任感的培育和引导。因此,要从其内涵出发,选择并运用适当的方法,循序渐进地教育和引导社会成员树立、加强社会责任感,增强自觉意识和自我动力,更好地践行社会主义核心价值观。三是有利于建立起良好的社会责任感培育机制。社会责任感是知、情、意、行的统一体,加强社会责任感的培

---

① 朱理鸿:《社会责任感的内涵探析》,载《教师》,2016 年第 12 期,第 8-9 页。

育就要运用系统论的观点和方法,建立起与之相适应的培育机制,而不能生搬硬套地简单说教或采用生硬灌输的方法。只有把握好社会责任感的内涵,并从其内涵出发构建社会责任感的培育机制,才能更加有针对性地做好社会责任感的培育工作。

第二节 网络空间社会责任感

网络空间是现实社会空间的拓展和延伸,由于网络空间的虚拟性及主观认识缺位等多种因素,有一部分在现实社会中表现出较强的社会责任感且能承担相应社会责任的大学生,到网络空间往往就发生社会责任感缺失的现象和社会责任失范行为,具体表现为对学习求知的冷淡漠视、价值取向的摇摆不定、行为自律的松懈偏离、沉迷于虚拟的网络空间而无法自拔等,甚至有意远离主流价值体系,在各种社会现象面前不能正确判断和对待,特别是在网络空间的人际交往中,忽视甚至是故意做出一些有悖于社会规范的言行以博取眼球。造成这种网络空间社会责任缺失现象的主要原因是责任认知和责任意识在网络空间没有得到应有的教育与引导,特别是部分大学生在现实社会中的责任意识本来就有缺失,到了相对自由的网络空间里,无社会责任感甚至是反社会责任的行为和意识得到极度宣泄,也就直接造成了网络空间里大学生社会责任感的错位和缺失。

一、网络空间需要网民承担相应的社会责任

与社会现实生活空间一样,作为现实世界有效延伸的虚拟网络空间同样具有社会责任,需要以社会责任感来引领和规范网民的言行。网络空间的社会责任就是在网络空间这个场域内所表现出来的社会责任。如前所述,社会责任就是指作为社会大家庭的一员,在扮演社会角色或承担社会分工时,需要履行的与其社会地位相一致的一整套的权利、义务规范与行为模式,既包括一个人或组织对国家和民族、对家庭和社会、对他人的生存和发

展所应自觉承担的职责、任务和使命,同时包括因未承担这一职责、任务和使命而承受的后果。因此,网络空间的社会责任就是指网民在网络空间里要承担和履行的相应职责、任务和使命,以及由于未能承担这一职责、任务和使命而要承担的相应后果。

网络空间是人们生活的一种社会公共空间,在此空间里的行为就是同样具有社会意义的行为。网络空间的社会责任也是对网民作为网络社会主体的必然要求,只有承担网络空间的社会责任,网民才能在网络空间这个社会公共场域中更好地生存和发展、更好地营造良好的网络空间社会环境和更好地建设美好的网络空间社会生活。

网络空间的社会责任,从行为主体上可分为网民的社会责任、网络平台(互联网企业)的社会责任、国家与社会对网络空间的社会责任,即从微观、中观和宏观的角度上具有个人、组织和国家三个不同层面的责任。

从微观方面来看,网民个体在网络空间所应承担的社会责任主要是现实生活中的社会责任在网络空间的延续,同时又因其在网络空间这个新的场域而具有新的特点。在网络空间里,网民个体借助网络空间这个虚拟场域以及蓬勃发展的信息技术,使得个人言行更具有号召和传播的力量,个人的信息获取能力和行为自由度更为强大;同时个人言行借助网络能够在更大范围内得到传播和在更长时间里发挥作用,且影响力更为持久。因此,网民个人也需要为自己的言行承担更大的责任,更应该具有强烈的社会责任感和社会责任意识,以此履行与其角色相一致的权利和义务,履行相应的职责、任务和使命并承担相应后果。

从中观方面来看,网络平台或者说网络企业需要承担更多的社会责任。互联网商业化以后,互联网企业得到迅猛发展,各种网络平台都借助互联网技术,在网络空间里获得了巨大的发展和成长,也赢得了社会的认同。这些由计算机技术开发和设计人员、经营管理人员和客服人员组成的主体,也是承担网络空间社会责任的主体。网络本身只是一种技术工具,而组成网络平台的各个计算机系统和人员在网络空间里的言行就不再是作为网民个体的言行了,而是表现为有组织、有目的、有计划、有利益的商业行为。此时,网络平台或互联网企业所应承担的社会责任显而易见且更多更大。甚至可以说,社会责任是网络平台的生命线。网络平台在迅速成长、影响力不断增大的同时,如果忘记或者偏离其在网络空间所应承担的社会责任,就会引起社会各界的反感、唾弃,国家和政府也会对其进行监管和约束。如一些网络平台因违背社会责任而被封杀、一些网红主播因社会责任感缺失而产生不当言行导致失去大量粉丝遭唾弃,就是很好的例子。因此,网络平台应更加明确地意识到自己的网络空间社会责任,把社会责任视为其在网络空间生存发展的底线之一。

作为宏观层面的国家、政府和社会对网络空间的社会责任,主要是加强互联网基础设施建设管理,综合运用行政管理手段和市场调控方式,大力开展社会舆论宣传和网络法制教育,加强网络空间的建设管理和规范使用,做好网络资源的统筹分配和协调使用,促进数字应用的发展和数据资源管理,为网民和整个社会的运行创造良好的网络环境;同时,加强网络监管是保障国家信息安全、促进数字化发展的保障,不断净化网络环境,建立清朗的网络空间,维护健康的网络环境,确保数据案例和信息安全,打击严重危害网络空间发展的社会责任失范行为和网络违法犯罪行为,更好地构建网络空间命运共同体。

当代大学生大多是网络空间的普通网民和一般用户。因此,我们对网络空间社会责任的探讨,主要是从个体微观的层面进行探究,力求找到其规律并找到网络空间大学生社会责任感的有效培育原则、方法和路径,引导大学生网民更好地为营造风清气正的清朗网络空间而做出贡献。

网络空间社会责任的履行和发生地是在虚拟的网络空间这个特定的场域,所规范的对象是人们在网络空间中所发生的具有社会特性的行为。网络空间最大的特点是虚拟性,网络空间的社会责任所规范的是虚拟行为,但其本身又不是虚拟的,是实实在在地存在于网络社会之中的。这既是网络空间社会责任模糊的地方,也是很难为人们所普遍接受和愿意奉行的原因。因其虚拟所以可以无视,这是人们对网络空间社会责任认知不足、践行不力的重要原因。

随着信息技术和社会的发展,网络空间和网络生活已经高度融入人们的生活,已经成为现代人生活方式中不可或缺的一部分;互联网连接形成的网络空间构成了一个想象丰富、魅力无穷的空间,也是一个虚实交融、线上线下融合的生活环境。对于大学生网民来说,要有高度的网络空间社会责任感,才能更好地规范和引导自己在网络空间的所有行为,真正成为网络空间的主人,更好地规范和引领网民的网络社会生活,而不会沦为网络的奴隶和网络空间的流浪者。可见,网络空间的社会责任对于规范和调整人们在网络空间中的行为,对于人们的网络社会生活,都具有重要的现实意义。

二、网络空间社会责任感的内涵

网络空间的社会责任感是指对网络空间社会责任的认知、看法和践行,是指网民在网络空间对是否承担相应的社会责任,是否具有社会责任的情感、意志和行动。也就是说,每个网民在网络空间所表现出来的对国家、对社会的责任关怀,对网络公共生活领域中各种行为是非的责任判断,对网络空间中的他人、集群、社会、民族、国家乃至世界的责任理解,对处理网络空间社会关系的责任能力,对自我在网络空间行为后果的责任担当,以及表达和控制自己的责任行为。

网络空间的主体具有良好的社会责任感是其良好心理状态的表现,表现出在网络空间里能够自觉主动地做好一切有益事情的、承担相应义务的良好精神状态,包括网络主体的情绪、意识、思维活动和由此表现出来的意志等。这种社会责任感就是在网络空间里对自身所应承担的社会责任及义务的价值判断、自我意识和精神动力。在此驱动下,网络主体面对网络空间的社会环境和所处状态,会产生出某种对其行为的内在心理驱动力量,从而发挥其主观能动性。如果网络空间主体的社会责任感不强,就不会有承担社会责任的行动愿望和内驱力量,对于网络空间里社会责任失范行为也会听之任之、漠视不理,甚至还会跟风发生失范行为。

网络空间社会责任感也是一种能动的行为担当精神。具有网络空间社会责任感的主体,就会表现出一种强烈的社会责任意识,以自身的行为保护和保持网络空间的风清气朗,既期望能建立良好的网络空间,也会自觉与那些社会责任感缺失的行为做斗争,进行矫正,以自己的社会责任行为做出良好的表率以推动网络空间的良性发展。没有良好的社会责任感,网民在网络空间里就不会履行自己的职责和义务,也不会表现出积极的反应,更不会有理性的责任言行。

网络空间社会责任感和现实生活空间的社会责任感是相辅相成的,两者的行为主体相同,无论是网络空间的虚拟主体还是现实生活空间的实际主体,其实是同一个行为主体,现实生活空间社会责任感与网络空间社会责任感的行为主体可能出现一定的割裂而表现不同的个性,但最终还是同一主体的融合;并且其目标旨向是相同的,都是为了营造更好的生活空间,提高人们的生活获得感和幸福感。网络空间的社会责任感与现实空间的社会责任感也有一定的区别和不同的地方。一是发生的场域不同。网络空间的社会责任感主要发生在网络空间这个虚拟场域,虽然网络空间是现实生活空间的映射,但毕竟是一种虚拟的空间,有其不同于现实生活空间的地方。二是履责的方式不同。现实生活空间能够以实际行动来履行社会责任,其履责方式是现实生活中的具体行动和实际做法,让人可以真切感受和实际体会。在网络空间里,社会责任感的履行则主要是以虚拟方式履行社会责任,也可以延伸到现实生活空间来以现实的方式来履行相应的社会责任。三是失责追责的方式有异。在现实生活空间里,主体如果发生了失责行为,会受到现实的限制,以实际受罚的方式承担诸如行政、民事、刑事方面的责任,还要受到道德和伦理的谴责;而网络空间行为的追责,除了在网络空间进行相应的处理如以网上公开发表公告、说明、致歉外,最终要落实到现实生活空间的主体上来,实现网上追责与网下追责的双重进行才能真正落实好相关责任。

三、网络空间社会责任感的特征

网络空间社会责任感是衡量网络主体在网络虚拟空间里,以其言行承担相应社会责任的道德范畴。在网络空间里,不同的行为主体会有不同的具体责任内容,其特点如下。

第一,虚实耦合性。网络空间的社会责任感与现实社会生活的社会责任感是深度关联的。网络空间是人们生活的第二空间,也是现实社会生活空间的有效拓展和虚拟延伸。现实社会生活空间是网络空间的母版,现实社会生活中的事件一旦进入网络空间,就会得到更加广泛的关注和更加有效的传播,甚至发酵和升级而最终发生与现实社会生活空间里不一样的结果。但是,网络空间只是网民借助互联网信息技术在网络场域所进行的虚拟活动空间,是现实社会生活的数字化再现或虚拟存在的方式。这种虚拟可以是直接的再现或虚拟,也可以是间接的再现或虚拟。因此,网络空间是不可能脱离现实社会生活空间,也就是在网络空间中的主体,自始至终都是生活在现实社会生活之中的,其所思所想、所言所行都是现实社会生活中的一种反映。这种反映可能是真实的,也可能是虚拟甚至与现实社会生活相抵触的,但最终都是与现实社会生活有一定程度的契合,是现实生活在网络空间里的反映。

作为网络空间社会责任主体的网民同时生活在现实社会空间和网络空间两个场域里,是时刻耦合与关联着两个空间的,其在网络空间的社会责任感与现实社会生活空间的社会责任感也是耦合和关联着的。在网络空间里,人们以数字方式或虚拟生存方式开展网络空间生活,组成和发生各种虚拟的社会关系链群。这些关系其实是现实社会生活空间里对应社会关系的反映和表现,只是借助互联网络技术和平台实现了远程运行和虚拟开展,人们在网络空间里承担相应的社会责任,其实就是现实社会生活空间里所应承担的社会责任在网络空间的一定程度上的翻版和映射,虽然这种翻版和映射有时可能会有失真的现象存在,不排除人们在网络空间的社会责任行为与现实社会生活空间里的社会责任行为会有所不同甚至相反,人们对网络空间的社会责任的观点、看法和意见会有不同,但不能否认其与现实社会生活空间社会责任感的耦合与关联。

第二,时空继承性。一般来说,网民只有在现实社会生活空间中具有良好社会责任感,才能在网络空间中也具备良好的社会责任感。网络空间的社会责任感是现实生活空间社会责任感的映射和虚拟存在,这就决定了网络空间社会责任是现实空间社会责任感的相对派生物;同时现实空间社会责任感的内涵和要求决定了网络空间中社会责任感的内涵和要求,现实空间中违背社会责任的行为同样也会在网络空间中再现,这就说明网络空间的社会责任感具有时空继承性。当然,这种继承不是简单地从时间继承上来说的,而是从总体上来理解的。一般来说,一个网络行为主体,包括网民、互联网企业和网络社会组织,只有在现实社会生活空间承担起相应的社会责任感,才能在网络空间也承担起相应的社会责任。难以想象一个在现实生活空间里缺乏社会责任感的人,能够在网络空间里表现出强烈的社会责任感;相反的,在现实社会中具有一定社会责任感的人,往往在网络空间里倒可能会表现出缺失相应的社会责任感。因此,我们可以说,网络空间的社会责任感,是现实生活空间社会责任感在网络空间里的映射,是现实空间社会责任感的反映,具有继承于现实生活空间社会责任感的特点。

第三,高度自律性。网络空间借助网络信息技术和计算机技术实现网民彼此之间的交流与沟通,能克服时间与空间的限制而将不同地区、不同民族、不同信仰的个体联系起来形成一个大的整体,给网民提供了一个广阔而自由的空间并充分张扬个性,依照自我意愿做出自主选择。由于身份的隐匿性,网民个体往往不考虑熟人眼光、外部舆论的约束。这说明在网络空间中主体受外在条件的约束微乎其微,要承担相应的社会责任更多依赖主体的自我约束、自我监督、自我规范。网络行为人是一个主体性的范畴,具有内在的自主性、能动性与创造性,网络行为人对于责任的履行也应是自主的、能动的,从某种程度上说明主体是自律的主体。一个具有强烈的社会责任感的人对于自身行为的过程与结果都会承担一定的责任,在行动的过程中自觉规避不良行为后果。因此,网络社会责任感是建立在更强的自律基础之上,内在蕴含着强烈的自律性。

第三节　网络空间社会责任感的培育

网络空间社会责任感不是网民生来就具有的,需要在网络社会生活中进行有效培育和系统的社会责任教育。当前部分高校的计算机基础课、思政课教学中很少甚至几乎没有涉及网络社会的责任教育或伦理教育的相关内容,这在一定程度上造成了这种培育不到位或者严重缺位,这也是部分大学生在网络空间伦理责任缺失的主要原因①。

一、责任教育与社会责任感培育

责任作为一种道德品质,不是每一个社会成员先天就具有的,而是要通过后天的教育才能获得。责任也不仅仅存在于人的主观世界,而要通过责任主体的行为在社会生活世界中表现出来,才能真正发挥作用。在此过程中,责任教育和社会责任感培育就发挥了桥梁纽带作用。只有通过系列的责任教育活动,才能把责任嵌入社会成员或组织的行为体系中,才能通过其责任品质、责任行为而表现出来。

责任教育就是教育者借助有效的方法和手段,促使责任主体形成自我责任意识,并在实际生活中将其付诸自己的言行中,以形成自觉的责任行为的教育活动。具体内容主要包括引导受教育者了解和掌握责任的内涵、相关理论和基本知识,并学会如何分析和辨析责任、正确承担责任、正视不履行自己责任的后果和代价,还要掌握相互冲突的责任抉择,从而更好地增强责任意识、陶冶责任情操、提高履责能力,真正做到履责尽责,成为一个有责任、敢担当的时代新人。这就要以履行责任为核心,更好地塑造科学的责任观,强调对国家、对社会、对家庭和对自己负责履责,培养和形成高度的责任意识和责任品质,最终实现责任自觉和责任担当。

从人才培养角度来考察,责任教育是立德树人重要的道德教育使命和道德教育活动之一。道德教育是使人成为人的教育,就是教育人们负责地去立身行事,是一种责任教育,强调对他人、对职业、对社会、对国家的一种担当②。"责任教育是道德教育的应有之意,责任教育是人之为人的一种教育,是社会发展的本质要求。责任教育是一种精神活动,具有极大的产出

---

①　陈文华:《责任伦理视域下大学生网络伦理的现状、成因及纠偏策略》,载《中国成人教育》,2022 年第 8 期,第 37-41 页。

②　张婧:《改革开放以来道德教育的嬗变》,载《五邑大学学报(社会科学版)》,2020 年第 8 期,第 74-78 页。

性,可改造一个人,可推动一个社会的发展,责任教育的潜在价值是极大的。"①因此,广泛而深入地开展责任教育是个人发展的必然要求,也是促进社会发展的重要活动。社会是个人和组织所组成的集合体,只有每一个社会成员或社会组织都表现出高度负责任的态度并拿出负责任的言行,才能形成整个社会的责任风尚和责任局面。对于作为社会关系总和的人来说,社会是人赖以存在的前提;除了从社会获得应得的物质资料和精神财富外,个人也不能存在于社会关系之外,必须要有自己相应的付出,如此才能更好地促进社会发展。每一个社会成员如果都不履行社会责任,社会将失去存在和发展的基础,各种失信违责行为的泛滥将导致社会成员的正当权益受到损害,社会本身也将无法正常发展,作为社会成员的个人也将失去生存的依托和发展机会。随着现代信息社会和市场经济社会的发展,责任必将成为整个社会运行中最重要的品质和保障。对于个人来说,想要从日益发展的社会中获得地位和机会,就必须在社会中生存和发展,承担相应的责任;在享受社会给其带来利益的同时,还必须以自己的言行来对社会、对其他与之相关联的社会成员承担起相应的责任,最终实现个人与社会的共同发展和进步。这就要求更好地施行责任教育,使得每一个社会成员都培养和树立强烈的责任意识、高度的社会责任感和使命感,最终促进社会发展。

加强责任教育、提高履责能力也是现实生活的强烈要求。在现代社会,以诚信为主要特质的社会责任感已经成为人的重要品质。责任也就成为人们所应遵循的基本伦理规范和行为标准,但不能否认的是在我们的社会中还存在着很多不负责任甚至是反社会责任的行为和言论,如社会公德失范、职业道德下滑、家庭道德混乱和生态观念淡漠等。这种社会责任感的淡化已经成为一定范围内较普遍的现象,并在某种程度上成为导致社会不安定的重要诱因。推进和谐社会建设是每一个公民的社会责任之一,这就需要以强烈的社会责任为基础,社会责任感的培育也就是其中的重要内容。社会责任感作为社会和谐稳定的黏合剂,在社会发展中日益发挥着越来越

---

① 陈铭:《论当代大学生责任教育的必要性及对策》,载《中国成人教育》,2011 年第 6 期,第 60-62 页。

大的作用。

责任教育的内容既可以从个体在社会生活中的定位层面来确定,如个人层面、家庭层面、他人层面、学校层面、社会层面和国家层面等分别对应不同的内容,也可以从知情意行等责任品质构成要素来明确。

我们认为责任教育的内容从教育过程来看,主要有责任认知、责任履行、责任实践。其中,责任认知的教育内容是指通过较为系统地理论学习和实践感知,提高对责任的把握,主要包括人和组织为什么要承担责任,明确掌握责任的内涵,清晰地知晓自己要承担的具体责任有哪些,各项责任的要素分别是什么。责任认知为责任履行奠定了坚实的理论基础和现实前提。责任履行的教育内容则是教育作为社会的人和组织如何通过自身的实际行动来承担相应的责任,从而有效地产生责任行为,实现对责任的正确承担。责任实践的教育内容则是通过实践教育来引导社会成员或组织承担和实现自己的责任,对履责的情绪体验强化和因未能充分履责而对责任后果的承担。

在现实社会中,人们都表现得具有一定的社会责任感,只是在不同人员或社会组织身上,所表现的社会责任感强度有所不同。比如部分大学生社会责任感缺失的现象比较严重,具体表现为一部分人的价值观从重理想变为重功利,从重无私奉献变为重索取,从重精神追求变为重物质享受,导致了社会责任和集体观念严重淡化,特别是在个人利益与社会利益发生冲突时,往往优先考虑的是个人得失,缺乏为社会和集体牺牲个人利益的想法和行为。为了更好地建设和谐社会,我们认为在责任教育中,社会责任感的培育更加迫切需要引起重视。

二、网络空间社会责任感的培育

网络空间社会责任感的形成需要通过精心培育才能获得的。网络空间社会责任感作为一种心理状态和精神力量,不是每一个社会成员出生下来就具有的,只有在网络空间的实践过程中才能产生和形成,并且不断强化成为稳定的情感体验和心理状态。网民的这种责任感不仅存在于他们的主观世界里,更重要的是能在虚拟网络与现实生活中客观表现出来,真正实现和发挥其现实作用。因此,这种稳定的精神状态和心理情感,只有通过后天的培育才能获得。它的形成需要精心培育,并经历一个较长时期的培育过程。因此,只有按照一定的要求、遵循一定的方式方法,对网民进行相应的教育和培育,才能最终形成并使其具备良好的社会责任感。这也是合乎教育规律和认知规律的。

　　网络空间社会责任感的培育具有阶段性。网民在不同的成长阶段需要进行相应的社会责任感培育,不能超越个体发展阶段、跨越网络主体的成长时段,而只能根据其成长阶段确定相应的培育内容、采取有效的培育方式,并结合其成长过程来,才能真正做到有效进行、有效培育。如果超越其成长阶段或与其成长阶段不相适应,就无异于拔苗助长,达不到理想的效果甚至可能会适得其反的。网络空间社会责任感的培育内容是随着社会的发展而发展的,不同的社会发展和现实要求反映在网络空间的社会生活里,就会对网民提出不同的社会责任要求。这就需要按照一定的依据,充分把握网民的社会责任感现状,并根据社会发展的需要,按照现实要求适时调整和校正社会责任感培育内容,并开展有计划、有目的的培育活动,才能更快更好地帮助网民养成良好的社会责任感,使其更好地承担网络空间相应的社会责任,营造清朗的网络空间。

第三章　网络空间大学生社会责任感培育的理论依据

2017 年 4 月,中共中央、国务院发布《中长期青年发展规划(2016—2025 年)》,明确界定青年是指年龄在 14 ~ 35 岁的人。大学生正处于这一年龄阶段中,也处于他们人生的黄金时期,而且也是网民中最活跃的群体。在此时期内,要培育高度的社会责任感,特别是作为网络原住民,更需要培育好网络空间的社会责任感。国家主席习近平在第二届世界互联网大会开幕式上的讲话中指出:互联网虽然是无形的,但运用互联网的人们都是有形的,互联网是人类的共同家园。让这个家园更美丽、更干净、更安全,是国际社会的共同责任。作为青年的大学生要在网络空间贡献青春才华、推动社会发展和开创美好未来,需要具有高度的网络空间社会责任感,更需要在科学理论的指引下不断加强网络空间社会责任感的培育。

第一节　马克思主义关于社会责任感及其培育的相关理论

马克思指出,人的本质不是单个人所固有的抽象物,在其现实性上,它是一切社会关系的总和。他还指出,作为确定的人、现实的人,就有规定、就有使命、就有任务,作为社会行为主体的人不管是否意识到,这一点都是存在的。这就为我们揭示了社会责任的必然性,也高度彰显了马克思主义哲学的社会责任意识。因此,马克思主义责任观、马克思主义青年观、人与社会关系理论、人的自由与责任理论等就成为我们加强网络空间大学生社会责任感培育的理论依据和行动指南。

一、马克思主义责任观

马克思主义是关于无产阶级和人类解放的学说,包含认识责任及其相关的很多观点,这就是马克思主义责任观。作为社会生活行为主体的人,在科学世界观的指导下,对责任及责任履行所持有的认识、观点和态度,就构成了责任观。在网络空间大学生社会责任感培育的过程中,马克思主义责任观就是我们的理论依据之一。

马克思、恩格斯非常重视人的责任,他们指出人自身是责任产生的根源。马克思、恩格斯指出:作为确定的人,现实的人,你就有规定,就有使命,就有任务。在这里,人作为社会关系的总和,从出生之日起就处在一定的社会关系之中,也就有了相应的责任和义务,这是客观存在的,是不以个人的意志为转移的。可见,人的责任不是先天所固有的,而是在社会关系中产生的,是在社会生活实践中产生并且随着社会关系的发展而发展。正如马克思所指出:这个任务是由于你的需要及现存世界的联系而产生的。人作为现实生活的主体,从出生起就处一定的社会关系之中,这种社会关系也就决定了人的责任。不同的人所处的社会关系有异,那么其责任也就不同。作为责任来说,是在社会关系这个特定的社会场域内产生的,以人的社会分工所形成的社会角色作为起点而产生,并随着人的社会角色变化而变化,所以人的一生因所处的发展阶段不同,其所承担的社会责任也是不同的。对责任及社会责任的观念就构成了责任感和社会责任感,这也是个人对责任和社会责任主观认识的产物,同样是社会角色在社会关系中产生并内化、深化后形成的观念形态和科学认识。

责任包括个人责任、家庭责任、社会责任和国家责任等多个方面。作为社会生活主体的人,除了承担个人责任之外,社会责任是主要的。个人责任与社会责任是紧密相连的,作为社会生产和社会关系链条上的个人,社会责任会更多地在人的社会生活中发挥作用。在社会责任与个人责任关系问题上,马克思认为确定的、现实的人,因其个人的社会需要及其社会关系中所产生的责任,个体的自我责任与作为社会成员的社会责任之间存在着内在关系。生活在一切社会关系中的人，必须依赖社会的发展而发展，必须遵循社会生活要求所有社会成员应遵守的行为规范和相关规定。个人是社会性的个人，个体生活要依赖于社会共同生活，只有依靠社会共同体的有效运行才能更好地保障个人的生活。每个人在社会中都承担有应尽的责任和义务，因此所有社会成员都要忠诚地履行其所承担的义务，并采取理性而审慎的行动，对自己的行为承担相应的责任及由此产生的后果，这就是社会责任感的具体体现。

马克思主义责任观确定了人的社会责任的产生根据，并从唯物主义的角度分析了个人责任与社会责任关系，为我们认识社会责任、培育社会责任感提供了思想理论依据。虽然马克思没有具体论述网络空间的社会责任感及其培育的具体内容，但马克思主义责任观同样可作为网络空间社会责任感培育的理论依据，对于网络空间社会责任感的培育、网络空间责任观念和责任担当、网络空间治理等具有重要的指导作用。因此，我们要坚持马克思主义责任观，在网络空间处理好个人与社会的关系，把网民个体与网络社会集体有机融合，在促进网络空间整体发展中实现网民个人的价值与利益，以高度的网络空间社会责任感为网络社会的发展、网络空间的安全做出力所能及的贡献。

二、马克思主义青年观

马克思和恩格斯生活在欧洲资本主义上升时期，社会发展中不断涌现一些重大科学发现和技术发明，社会基本矛盾特别是无产阶级和资产阶级的矛盾日趋激烈，青年人的生存和生活状态就受到了社会的关注，青年人的发展前景、社会责任等问题也就成为马克思关注和阐发社会问题的一个重要基点和视角。马克思、恩格斯虽然没有在著作中对于青年问题进行系统性的阐述，但非常重视青年及其在社会历史发展中的作用，对青年的地位和作用、青年的社会责任、青年的培养教育等进行了阐述，形成了马克思主义青年观。

马克思于1835年在他的中学毕业论文《青年在选择职业时的考虑》中

写道:"在选择职业时,我们应该遵循的主要指针是人类的幸福和我们自身的完美……如果我们选择了最能为人类福利而劳动的职业,我们就不会为它的重负所压倒,因为这是为全人类所做出的牺牲。"①在这篇文章中,马克思提出青年选择职业时最主要的考虑是"为人类福利而劳动",这里就表达了对青年要担当社会责任的思考,"为人类福利而劳动""为同时代人的完美、为他们的幸福而工作"就是一种社会责任,由此可以看出马克思对青年社会责任的思考和对青年责任意识的要求。

马克思、恩格斯生活的年代,社会竞争激烈,生产方式发展迅速,青年因其自身的特点,又能够迅速适应社会生产的发展和社会变革的需要,在社会发展中所起到的作用也越来越大,同时社会的发展对于社会成员特别是青年的要求也是很高的。马克思、恩格斯看到了这一点,1866年9月马克思在第一国际召开的日内瓦代表大会上指出:"最先进的工人完全了解,他们阶级的未来,从而也是人类的未来,完全取决于正在成长的工人一代的教育。"这里所说的正在成长的工人一代就是指青年一代。

马克思认为,作为青年人,首先是精力充沛、充满着青春活力,一个个都胸怀抱负与对未来的渴望,也讨厌平庸、枯燥乏味的生活,喜欢乐观、愉快地生活,并且从来不会缺失对未来和生活的信心,不要过枯燥乏味的生活,更不要饱食终日一无所成。马克思也看到了青年身上所表现出来的不足之处,主要是意志不坚定、易于变化和情绪化的特点。这是因为青年处于人生中由不成熟走向成熟的过渡阶段,充满着很多的变化和其他因素的影响,因而明显具有不稳定、易于变化的特点。

马克思认为青年是现实的人,而不是抽象的人。作为现实的人,就具有现实的要求、行为和思想。作为青年,他们在实际生活中从事生产活动和其他社会活动,不仅生产着社会所需要的物质生产资料和生活资料,也会产生相应的思想和观念。在《德意志意识形态》中,马克思认为要具体考察青年,就要考虑时代、经济、阶级等因素,要把青年放在现实的生产关系之中

---

① 中共中央马克思恩格斯列宁斯大林著作编译局:《马克思恩格斯全集(第1卷)》,人民出版社,1995年版,第459页。

来考察,要结合现实社会生活和历史发展来考察,才能更好地理解青年和他们所担负的历史使命。

可见,马克思、恩格斯把青年群体作为无产阶级的接班人,是在反对资产阶级压迫过程中最为革命的群体。因此,他们特别肯定和明确青年在社会进步和历史发展中的地位,对青年的成长和发展充满期许,并通过对青年的期望来表达对革命未来的希望,同时指出对青年严格要求的同时也要积极帮助,有针对性地发挥青年的长处;同时以高标准要求青年,并在其发展过程中积极给予支持。

马克思、恩格斯重视青年的社会属性,即青年在社会发展中所承担的社会责任。他们认为青年的社会关系与其他年龄层次的群体相比更具有特殊性。这主要是因为青年大多在教育、恋爱、婚姻、家庭、工作等社会关系中进行相互交往,在此过程中不断地丰富和发展自己、实现自己的人生价值。他们尤为强调青年的社会关系对青年成长发展的决定性作用,认为青年在实践活动过程中不可能脱离社会而孤立存在,在不同的社会关系中青年扮演不同的角色,也承担不同的责任。

马克思认为青年是推动社会发展的重要力量。青年既是历史的继承者,更是社会发展的开拓者,是推动社会发展的主力军。青年是阶级斗争的未来,也是人类社会的未来,在参与推翻资产阶级统治、建立新社会的革命活动中发挥主力军作用,因而在人类社会发展中有着非常重要的作用。因此,马克思、恩格斯非常重视青年的作用,对青年在革命运动和在社会中的贡献寄予了非常大的期望。马克思意识到青年的力量之大,对于革命事业的进展具有举足轻重的作用。中学时期的马克思就已经认识到只有青年承担更多的社会责任,才能推动国家的进一步发展。马克思认为人生的真正价值在于对社会的贡献,作为现实社会中的人,就有使命和任务,无论你是否意识到自己的责任,它都真实存在。人对社会的责任是一种公共责任,个人是社会的细胞,社会是人们相互关系的产物,社会是人们彼此间发生的联系的总和。

马克思认为青年要勇于承担社会责任,这是非常重要的。只要青年人置身于社会关系中,就有相应的社会责任。他认为置身于社会生活中的人,必定会与他人发生相应的联系、扮演着相应角色,就理所应当承担相应的社会责任。马克思、恩格斯认为,青年必将在未来的工作和国家建设中承担重要的责任,主要工作任务以及责任都将落在青年的身上。恩格斯在工人运动时期就曾指出,德国的革命运动必须依靠青年工人阶级,青年在德国的工人运动中的重要力量不可小视,他们必将成为推动国家发展的重要支撑。恩格斯强调国家的发展和前进取决于正在成长的青年一代,必须把青年看作是推动社会发展的重要主体。他认为青年尤其是青年学生具有较高的知识文化水平,他们在革命和实践中运用自身的知识和文化,可以承担更多的责任、发挥更大的作用。正如恩格斯所言:现代的命运不取决于斗争的瞻前顾后,不取决于老年人习以为常的平庸迟钝,而是取决于青年人崇高而奔放的激情。马克思认为,青年承担的责任是重大的,关乎人类福利、关乎人类未来发展。恩格斯在与马克思的长期合作中,也赞同马克思的观点,并结合具体实际做了阐发①。恩格斯认为青年不仅承担着重大的社会变革责任,而且所承担的这份责任"是无可替代的"。他提出"希望大学生代表能够努力使更多的大学生们意识到,正是应该从大学生这一青年群体中产生出能够进行脑力劳动的工人,而这个队伍将会在即将发生的革命中发挥无可替代的作用"②。

马克思、恩格斯的青年观,是我们正确认识、对待青年的根本观点和正确方法,是我们有效教育和培养青年社会责任感的理论指南。这不仅揭示了大学生社会责任感培育的奋斗方向,也提示了大学生社会责任感培育的目标、内容及方法途径,对我们今天的网络空间大学生社会责任感培育具有重要指导意义。

---

① 彭向阳:《马克思主义视域下的青年责任担当》,载《泉州师范学院学报》,2020 年第 2 期,第 2-7 页。

② 卢斌典、周金凤:《新时代马克思主义青年观探析》,载《北京青年研究》,2019 年第 1 期,第 22-27 页。

三、人与社会关系理论

马克思在《1844 年经济学哲学手稿》中指出,人是有生命的自然存在物,人同时还是社会的人,是存在于人类社会中的单一个体的人,是具有自然性、意识性、社会性的独立个体。他认为单个的人是一个特殊的个体,并且正是人的特殊性使人成为一个个体,成为一个现实的、单个的社会存在物。社会是人的真正的共同体和人的生命存在、安身立命的家园,要深刻理解人,就必须把人放在社会中来考察其生存和发展。在人与自然之间的物质交换过程中,也就是在人的生产劳动中,人与人之间的社会关系就形成和发展起来了。劳动生产的实践建构人与自然之间的对象性关系,人与人之间交往的实践建立人与人之间的社会关系。人与社会关系理论的显著特征,就是从人们之间的社会关系来考察人的本质,马克思认为人不仅仅是自然的存在物,从本质上来说,人是一切社会关系的总和。

人与社会关系理论的目标和归宿是人的全面发展。在马克思看来,人的全面发展就是指人自身的能力、活动、个性和需要等方面的全面发展,这种发展应置放丁人与社会关系的语境下进行考察,在于说明现实的个人的发展离不开由"一切社会关系总和"所形成的社会境况,人的发展的实现形式总是体现为社会关系的不断生成、丰富,并从中得到体现和巩固的过程。马克思认为一个人的发展取决于和他直接或间接进行交往的其他一切人的发展。一个人的社会关系越丰富、社会交往越频繁,他就越能突破外物、他人、地域和民族狭隘性等的限制,并在社会交往中形成多样化的独特个性,从而不断地融入他人的社会实践并发展自身,实现人的全面自由的发展。

马克思关于人与社会的关系理论,为网络空间大学生社会责任感的培育提供了理论基础和方向指引。马克思关于人与社会的关系理论强调,个人与社会二者的关系是辩证统一的,人是各种社会关系的总和,人不能离开社会而生存和发展。个人和社会二者相互依赖、互为前提。一方面,个人既是政治生活和精神生活的承担者,又是物质生产的承担者,社会产生与存在的基础和前提是个人,同时个人还是社会历史发展的关键和主导。另一方面,人是社会的人,个人离不开社会,个人和社会之间相互影响、相互作用、相互促进。

四、人的自由与责任关系理论

马克思主义理论对人的自由与责任关系进行了阐述,认为人的自由与责任是相互依存、不可分割的,辩证统一存在于人的全部社会实践活动中。人的自由与责任又是相对的两个方面,二者紧密相关而又相互制约,既反对个人自由主义,又反对无责任或无限责任的错误观点。

人的自由与责任是辩证统一的。自由是责任的前提,责任也是自由的限制。马克思主义认为人的自由是现实的人的本质、价值和追求,是人类的核心价值之一,每一个人都是社会中的完整的个人,都能得到平等、自由、诚信、正直与和谐的发展。意志自由是人的道德责任的前提和基础,一个人要承担责任,首先必须是一个自由的人,能够自由选择去做什么样的事情。一个人如果没有自由的话,就无法控制自己的行为,也就无法承担相应的责任。人的责任是人在社会生活和社会关系过程中所应该承担的。人是处于一定社会关系之中的,需要承担相应的责任;人必须对社会负责,必须对自己负责。责任也是一种约束个人的力量,通过自然条件、社会条件和法律法规、规章制度等实现对自由的限制,让自由约束在一定的度的范围之内。正如恩格斯所说,如果不谈所谓自由意志、人的责任、必然和自由的关系等问题,就不能很好地讨论道德和法的问题。只有自由的人才有可能承担相应的责任,个体的自由是承担责任的前提;当个体拥有了自由,他就不得不承担相应的责任。因此,享受自由的过程必然伴随着履行相应的责任。

马克思主义认为自由与责任是相对的,二者紧密相关但又相互制约、有机统一。自由是责任的前提,责任是自由的保障。脱离自由,责任就像没有树根的苗木,因无法生长而得不到实现;如果脱离责任的制约,自由就会像脱缰的野马不受任何限制,最终只会损害自由;不存在脱离责任的、绝对的自由,也不存在脱离自由的无限责任。脱离责任的自由,是不真实的、虚假的自由;脱离自由的责任,那将是消极的、被动的自由。不存在没有自由的责任,也不存在没有责任的自由。

在人的自由与责任问题中,反对无责任的观点。这种观点认为人的所有行为都是完全自由的,不需要承担任何的责任,这就是极端自由主义。自由不是想干什么就干什么,更不是无视他人和社会的存在而为所欲为、胡作非为。如果不理解自由与责任相互制约的辩证统一关系,就会割裂自由与责任的关系,就会理解不到自由当中所蕴含着的责任,就会产生甚至践行"想干什么就干什么"的个人自由主义和极端自由主义。我们必须旗帜鲜明地予以反对和抵制片面的自由观。如果片面地看待自由,就会在个人的现实生活中缺失自我责任感,在社会生活中也会缺失社会责任感,这是极为有害的;也极易受普世价值、历史虚无主义、新自由主义等错误观点和错误思潮的侵蚀和渗透。同时责任也是有条件的,不可能在任何情况下都承担责任,这种要承担无限责任的观点实质上也割裂了自由与责任的关系,认为责任是对自由的无限制约,也就会以责任之名对自由进行无端干预和持续打压。作为自由的个体,在承担责任的过程中,也要受到各种条件如物质领域、精神领域中的相应制约,如果因为无限责任论而承担尽责的不良后果的话,就会出现责任超重的现象。这种无限责任论的错误观点在实践中就可能带来假借责任而取消、限制自由的有害行为,也可能导致因害怕责任而裹足不前、胆怯畏缩的后果。

我们要正确认识自由与责任的关系,一方面要了解自由的特性和要求,在现实生活和网络空间生活中明确自由的度,要认识到自由是有限度的,自由与责任是不可分割的,在享受自由的同时要承担相应的责任;另一方面,我们要不断加强责任心,为自我理想的实现和社会发展尽到自己的责任,尤其是要加强社会责任感的培育,在追求自由的同时履行自己的责任,特别是要履行社会责任,树立科学的社会责任感,并自觉承担起自己应负的社会责任。

第二节　习近平总书记关于大学生与网络空间社会责任的重要论述

习近平总书记坚持马克思主义青年观,非常关注和重视大学生的成长,发表了一系列有关青年和大学生社会责任的重要论述。特别是党的十八大以来,习近平总书记多次到高校、共青团组织进行考察调研,多次与青年和大学生座谈交流、给大学生们回信,在倾听他们心声的同时发表了一系列重要论述,指引青年和大学生的成长,尤其强调大学生要强化责任担当、注重加强社会责任感的培育,更好地成长为立大志、明大德、成大才、担大任的时代新人。习近平总书记关注青年群体尤其是大学生群体,围绕青年的社会责任是什么、如何践行社会责任等问题,形成了内容丰富、立意深远的关于青年社会责任的重要论述。

习近平总书记高度重视网络空间的建设,对抓好网络文明建设,切实提高网络空间的社会责任感,把网络文明作为社会主义精神文明建设和网络强国建设的重要内容,提出了一系列重要论述。这些重要论述为我们加强网络空间大学生社会责任感的培育提供了重要理论依据和行动指南,也是我们深入研究青年社会责任、开展社会责任教育、进行思想政治教育的思想资源和理论指引。

一、关于青年社会责任的重要论述

习近平总书记非常重视青年,高度肯定青年、关怀青年。他在庆祝中国共产主义青年团成立 100 周年大会上的讲话中指出:青年是社会中最有生气、最有闯劲、最少保守思想的群体,蕴含着改造客观世界、推动社会进步的无穷力量。这就高度肯定了青年在社会进步和历史发展中的作用。习近平总书记从国家、民族和未来的角度强调青年的重要地位,指出青年是祖国的前途、民族的希望、创新的未来。青年一代有理想、有本领、有担当,科技就有前途,创新就有希望。2013年5月,习近平总书记在同各界优秀青年代表座谈时指出:在革命、建设、改革各个历史时期,中国共产党始终高度重视青年、关怀青年、信任青年,对青年一代寄予殷切期望。中国共产党从来都把青年看作是祖国的未来、民族的希望,从来都把青年作为党和人民事业发展的生力军,从来都支持青年在人民的伟大奋斗中实现自己的人生理想。可见,习近平总书记把青年作为国家和民族、科技和创新的前途和希望,充分体现了从国家民族事业、科技创新发展的战略高度重视青年的战略思想,深深镌刻着对青年的深切关怀和殷切期望。

新时代的中国青年所担当的是历史和时代所赋予的重大社会责任。习近平总书记指出,当代青年是同新时代共同前进的一代。我们面临的新时代,既是近代以来中华民族发展的最好时代,也是实现中华民族伟大复兴的最关键时期。广大青年既拥有着广阔的发展空间,也承载着伟大的时代使命,时代总是把历史责任赋予青年。因此,当代青年生逢其时、正当其时,施展才干的舞台无比广阔,实现梦想的前景无比光明,要在实现民族复兴的赛道上奋勇争先,要承担相应的社会责任。习近平总书记在致全国青联十二届全委会和全国学联二十六大的贺信中指出:国家的前途,民族的命运,人民的幸福,是当代中国青年必须和必将承担的重任。一代青年有一代青年的历史际遇。我们的国家正在走向繁荣富强,我们的民族正在走向伟大复兴,我们的人民正在走向更加幸福美好的生活。当代中国青年要有所作为,就必须投身人民的伟大奋斗。同人民一起奋斗,青春才能亮丽;同人民一起前进,青春才能昂扬;同人民一起梦想,青春才能无悔。习近平总书记进一步强调,青年要承担历史重任,担当社会责任,做到有所作为,实现青春梦想。

在青年所要担当的社会责任具体内容上,一般概括为四个方面:以促进德智体美全面发展为核心的对自己的责任,以友爱亲朋、心系他人为核心的对他人的责任,以促进民族团结、传承优秀传统文化、展示国家形象为核心的对国家的责任,以促进人文交流、维护世界和平、传承人类文明为核心的对世界的责任。① 其中,对自己的责任就是对自己负责、实现德智体美全面发展,这是践行其他责任的基础。因此广大青年要积极参与体育锻炼,保持体魄健康、身心健康,心怀强烈的求知热情,学习科学技术、积累文化知识,为践行社会责任奠定坚实的基础。对他人的责任就是要友爱亲朋、心系他人,并把这种责任落实在日常的家庭生活、学校生活和社会生活之中。对国家的责任就是要自觉维护民族团结和国家统一,还要担负起继承优秀传统文化的责任,并以代表整个国家和民族形象的行为举止、精神风貌向世界展示中国形象。对世界的责任就是要维护世界和平,促进各国人民友好往来,促进共同发展和国际人文交流,并承担传承人类文明的责任。

党的十八大以来,习近平总书记多次发表与青年相关的主题讲话、与青年座谈、给青年群体回信,突出强调了青年的社会责任和使命担当,围绕新时代青年责任的重大理论和实践问题进行的全面思考、系统谋划和决策部署,强调指出青年在社会责任上有理想、有本领、有担当的信念支撑,社会主义核心价值观的价值取向,锤炼品德、涵养情操的基本要素,练真本领、强化服务的实现要件,形成了内涵丰厚、架构多维、论理严谨的习近平青年责任观②。这不仅揭示了新时代青年铸就责任、强化担当的内在规律,更为我们在实际工作中更好地认知青年责任的时代意蕴、更好地培育青年的社会责任感提供了科学依据与根本遵循,也是网络空间大学生社会责任感培育的理论依据与现实指引。

二、关于加强社会责任感培育的重要论述

习近平总书记非常重视青年工作,特别是对大学生成长成才、担当社会重任寄予厚望,强调广大青年要把正确的道德认知、自觉的道德养成、积极的道德实践紧密结合起来,自觉树立和践行社会主义核心价值观,带头倡导

---

① 马建青、陈曾燕:《习近平关于青年社会责任的重要论述解析》,载《毛泽东邓小平理论研究》,2016 年第 10 期,第 18-22 页。
② 艾楚君:《习近平青年责任观论析》,载《湖湘论坛》,2019 年第 3 期,第 12-20 页。

良好社会风气,主动承担社会责任,热诚关爱他人,多做扶贫济困、扶弱助残的实事好事,以实际行动促进社会进步。

2013年5月4日,习近平总书记在同各界优秀青年代表座谈时提出:广大青年要勇敢肩负起时代赋予的重任,志存高远,脚踏实地,努力在实现中华民族伟大复兴的中国梦的生动实践中放飞青春梦想。2020年9月,在教育文化卫生体育领域专家代表座谈会上,习近平总书记指出要培养担当民族复兴大任的时代新人,各级各类学校要坚持社会主义办学方向,把立德树人作为教育的根本任务,发挥教育在培育和践行社会主义核心价值观中的重要作用,深化学校思想政治理论课改革创新,加强和改进学校体育美育,广泛开展劳动教育,发展素质教育,推进教育公平,促进学生德智体美劳全面发展,培养学生爱国情怀、社会责任感、创新精神、实践能力。

习近平总书记特别强调要加强青年的社会主义核心价值观教育,他说青年的价值取向决定了未来整个社会的价值取向,而青年又处在价值观形成和确立的时期,抓好这一时期的价值观养成十分重要。这就像穿衣服扣扣子一样,如果第一粒扣子扣错了,剩余的扣子都会扣错。人生的扣子从一开始就要扣好。"凿井者,起于三寸之坎,以就万仞之深。"青年要从现在做起、从自己做起,使社会主义核心价值观成为自己的基本遵循,并身体力行地将其推广到全社会去。

作为青年大学生,要承担起民族责任、家国责任、时代责任和世界责任,首先要使青年大学生充分认识自身的责任和担当,加强社会的理论阐释和责任教育。2022年4月25日,习近平总书记在中国人民大学考察时强调:思政课的本质是讲道理,要注重方式方法,把道理讲深、讲透、讲活,老师要用心教,学生要用心悟,达到沟通心灵、启智润心、激扬斗志。这里所讲的道理,当然包括社会责任教育和社会责任感培育的道理,社会责任教育也是一个接续展开、不断完善的任务,要针对青少年成长的不同阶段,有针对性地开展思想政治教育,要针对不同层次、不同年龄段的青年大学生开展社会责任教育,使青年大学生对承担民族责任、家国责任、时代责任和世界责任的道理入脑入心,更好地认清民族历史任务、国家社会情况、时代发展要求和世界发展大势,更好地领悟自己的使命和责任,从而真正培育起社会责任意识,提升自己的社会责任感。

习近平总书记特别强调要加强大学生社会责任感教育,要培养担当民族复兴大任的时代新人,提出"要从党和国家事业发展全局的高度,全面贯彻党的教育方针,坚持优先发展教育事业,坚守为党育人、为国育才,努力办好人民满意的教育,在加快推进教育现代化的新征程中培养担当民族复兴大任的时代新人。要坚持社会主义办学方向,把立德树人作为教育的根本任务,发挥教育在培育和践行社会主义核心价值观中的重要作用,深化学校思想政治理论课改革创新,加强和改进学校体育美育,广泛开展劳动教育,发展素质教育,推进教育公平,促进学生德智体美劳全面发展,培养学生爱国情怀、社会责任感、创新精神、实践能力"。习近平总书记强调要把社会责任感和爱国情怀、创新精神、实践能力等作为培育内容,与体育美育、劳动教育等一并对待,可见对社会责任感培育的重视和强调。

三、关于网络空间治理和网络空间社会责任感的重要论述

习近平总书记非常重视互联网的发展和治理,他特别强调要加强网络空间的治理、要加强网络空间社会责任感的培育,提出构建网络空间命运共同体的理念,走出一条中国特色的网络空间治理之道。他指出"要加强网络伦理、网络文明建设,发挥道德教化作用,用人类文明优秀成果滋养网络空间,修复网络生态"[①],这对于网络空间大学生社会责任感的培育无疑具有重要指导作用。

习近平总书记肯定互联网是人类社会发展的重要创新成果,网络空间是人们非常重要的社会生活场域。他指出,以互联网为代表的信息技术日新月异,引领了社会生产新变革,创造了人类生活新空间,拓展了国家治理新领域,极大提高了人类认识世界、改造世界的能力。互联网让世界变成了

---

① 中共中央党史和文献研究院:《习近平关于网络强国论述摘编》,中央文献出版社,2021 年版,第 155 页。

"鸡犬之声相闻"的地球村,相隔万里的人们不再"老死不相往来"。可以说,世界因互联网而更多彩,生活因互联网而更丰富。随着信息技术的快速发展,互联网应用在社会生活中得到飞速普及,这就给人类社会的发展带来了非常重大和深刻的影响。互联网是一个社会信息大平台,亿万网民在网上获得信息、交流信息,这会对他们的求知途径、思维方式、价值观念产生重要影响,特别是会对他们对国家、对社会、对工作、对人生的看法产生重要影响。

国家主席习近平在第二届世界互联网大会开幕式上的讲话中指出,网络空间同现实社会一样,既要提倡自由,也要保持秩序。自由是秩序的目的,秩序是自由的保障。我们既要尊重网民交流思想、表达意愿的权利,也要依法构建良好网络秩序,这有利于保障广大网民合法权益。网络空间不是"法外之地"。网络空间是虚拟的,但运用网络空间的主体是现实的,大家都应该遵守法律,明确各方权利义务。要坚持依法治网、依法办网、依法上网,让互联网在法治轨道上健康运行。

网络空间是人类共同的活动空间和亿万民众共同的精神家园,这个精神家园里也有良莠不齐的现象,网络空间的情况也很复杂,存在着不尽如人意的地方。虽然当前网络空间的主流是好的,但也有很多杂音噪声,甚至有很多负面言论。当然,产生这些负面现象的原因之一是网民大多数是普通群众,他们来自四面八方,有着各自不同的经历和人生经验,对网络空间的事物所产生的观点和想法也是五花八门的,甚至有一些模糊认识、错误观点,也会有个人的怨气怨言,一些有违社会责任感的言论和行为就会表现在网络空间中。习近平总书记指出,网络空间是亿万民众共同的精神家园。网络空间天朗气清、生态良好,符合人民利益。网络空间乌烟瘴气、生态恶化,不符合人民利益。我们要本着对社会负责、对人民负责的态度,依法加强网络空间治理,加强网络内容建设,做强网上正面宣传,培育积极健康、向上向善的网络文化,用社会主义核心价值观和人类优秀文明成果滋养人心、滋养社会,做到正能量充沛、主旋律高昂,为广大网民特别是青少年营造一个风清气正的网络空间。

习近平总书记关于网络强国和网络空间社会责任感培育的重要论

述,是我们开展网络空间建设和网络空间大学生社会责任感培育的理论依据和现实遵循,也是我们做好网络空间大学生社会责任感培育的现实指针。

第三节　网络空间大学生社会责任感培育的其他理论依据

网络空间大学生社会责任感培育的理论依据,除了马克思主义责任观及相关理论、习近平总书记关于青年社会责任和网络空间建设的重要论述外,还可以借鉴和使用相关的教育教学理论和方法。这些理论和方法产生在现代信息技术形成和网络空间产生之前,虽然没有直接论述网络空间及其社会责任感的培育,但贯穿其中的理论思维和可行做法可以为我们进行网络空间大学生社会责任感的培育提供方法论的指导和借鉴,因而也可以作为理论依据。

一、体验学习理论

体验学习是一种优良的学习方式和可行的教育教学方法。从词源来说,"体验"一词在《辞海》中的解释为:"亲身经历、以认识周围的事物。"《教育大词典》解释"体验"为"体验、体察、观察,在实践中认识事物"。《淮南子·氾论训》中提出"圣人(品德高深、学识渊博的人)以身(亲身)体(验)之";在《礼记·中庸》里,不仅提出"好学近乎知,力行近乎仁,知耻近乎勇"的"修身"主张,而且还概括出了关于学习过程的反省,即"博学之,审问之,慎思之,明辨之,笃行之"。行既是学、问、思、辨后的实践,又是对学、问、思、辨各个阶段的反省,可理解为学生在亲身参与和体验中进行学习。正是基于这种学习理念,通过学习者的体验和反思,从而使学习效果达到最佳。

体验学习理论可以追溯到美国学者大卫·库伯,他认为学习活动应该是由具体体验、反思观察、抽象概括与行动应用所组成的完整过程,他还构建了体验学习圈来阐释体验学习的过程及内在机制。库伯的体验学习包含四个学习环节,即具体体验、反思观察、抽象概括及行动应用。这四个环节相辅相成,共同构成一个螺旋向上的循环系统。在具体体验环节中,学习者充当的是感知者的角色,要求进行直接的、具体的体验,从而获得充分的感性认识;在反思观察环节中,学习者充当的是观察者的角色,此时要对已经历的体验和获得的感性认识加以细致的观察和深刻的反思,在观察和反思的过程中充分理解并得到启迪启发;在抽象概括环节中,学习者充当的是思考者的角色,要在反思的基础上,把感性认识和启发启迪提炼成更高层次的、正确的理性认识;最后是行动应用环节,即把这些理性放到实践中去应用和检验,充当实践者的角色,来解决新的问题。如此循环往复的过程,不断获得新知识,从而完成知识的学习过程。

网络空间大学生社会责任感的培育需注重体验学习,从而更为有效地促进大学生思想政治素质的提升。我们认为体验学习的四个环节契合网络空间大学生社会责任感培育的需要,值得好好运用。对网络空间大学生社会责任感培育来说,体验式实践教学更能有效达到培育效果。新时代大学生大多不太喜欢或不太善于枯燥的理论学习,单一的政治理论学习能力和意识偏弱,但愿意动手实践和亲身体验,更注重感性认识的获取,主动参与各种体验式活动的热情和激情较高,也愿意在体验式或参与式的活动中感悟社会、反思人生,从而在潜移默化中培育社会责任感。因此,体验式教学更符合当代大学生的特点,他们在社会责任感培育中表现会更为活跃,也会更乐于参与体验式的学习活动,并从中得到体会、提高认识,加强道德践履,从而有效地提升社会责任感,顺利实现自我的社会化。

运用体验学习理论,能有效提升网络空间大学生社会责任感的培育效果。在实际中我们要注意提高思想认识,充分认识到体验学习对网络空间大学生社会责任感培育的指导作用,不能把网络空间大学生社会责任感培育相关知识作为固定的结论和知识点,原封不动地"交给"甚至是灌输给学生,忽视学生在教学中的体验和思考;而是要让他们充分认识到体验学习的作用,从思想上接受体验学习,把体验学习的意识和方法贯穿到网络空间大学生社会责任感培育活动中,来提升网络空间大学生社会责任感培育的实效。我们要采用多种方式,加强学生的具体体验和反思观察,提高学生对网络空间大学生社会责任感培育的主体在场感。对照体验学习理论，加强网络空间大学生社会责任感培育中的体验学习。首先是要增强他们的具体体验，要给他们提供丰富的具体体验，要创设具体的情境，提供一个涵盖课堂内外的全方位的体验情境。通过情境体验而不是简单的理论灌输，让他们产生深切的体验并进行反思观察，从而获得心得体会。其次，要做好引导，提高学生抽象概括能力，同时根据情境进行迁移运用，从而在行动中得到应用，要与网络空间大学生社会责任感培育目标有机联系起来，提高到理论认识的高度来让他们进一步掌握好，在社会生活中实现迁移运用、有效运用，真正提高他们的思想政治素质。

运用体验学习理论，按照具体体验、反思观察、抽象概括和行动应用的环节，构建符合网络空间大学生社会责任感培育模式，注重学生自身的体验与感悟，是有效弥补目前网络空间大学生社会责任感培育不足的有效方式。当然，这四个环节不是割裂的简单套用，而是作为一个整体来加以有效运用，进一步促进网络空间大学生社会责任感的培育。

二、生活教育理论

我国现代伟大的教育家陶行知①先生形成了很多教育思想和教育理论，其核心和精髓是生活教育理论。他在一生教育实践的基础上，创立完整的教育理论体系，做出了许多开创性的贡献，特别是以"生活即教育，社会即学校"和"教学做合一"为主要内容的生活教育理论，不仅在当时具有重大创新性价值，到今天还具有重要启示意义，特别是对网络空间大学生社会责任感培育具有特别重要的理论启示和现实意义。

（一）陶行知生活教育理论的产生和渊源

生活教育理论产生于新民主主义革命时期，当时的中国人民正深受帝

---

①　陶行知(1891—1946)，安徽歙县人，1914 年赴美留学攻读教育学博士，1917 年毕业回国后，历任南京高等师范学校教授、东南大学教授等，在教育领域躬身耕耘了 30 年，一生以平民教育为事业，真正做到了"以教人者教己，在劳力上劳心""捧着一颗心来，不带半根草去"。

国主义、封建主义和官僚买办阶级的压迫与剥削,中国社会也处于半殖民地半封建社会的深渊中。当时学校教育只是部分人的教育,是封建地主资产阶级的教育,仅为地主资产阶级服务。而对老百姓实行愚民政策,"民可使由之,不可使知之",只是灌输"三纲五常"等封建伦理道德和帝国主义的奴化教育思想,广大工人、农民可以说是被排除在真正的教育的大门之外的,这导致很多老百姓都是文盲或半文盲。这种状况让陶行知看到了教育的重要性,也可以说是他的平民教育思想和实践产生的社会背景。他在1914年大学毕业时就在自己的毕业论文——《共和精义》中疾呼"人民贫,非教育莫与富之;人民愚,非教育莫与智之;党见,非教育不除;精忠,非教育不出",强调要让所有人接受教育,也只有教育才能使人民"富"和"智",要求推翻旧式的教育模式,建立新的教育教学制度。正是当时的教育状态和教育工作的需要,催生了陶行知的教育思想,使其看到了当时教育的弊病,对此进行批判和反驳,并在此基础上提出他的一系列教育思想。生活教育理论可以说是陶行知教育思想的核心和精髓。

陶行知大学毕业后,以优异的成绩赴美国继续深造,师从杜威,杜威实用主义教育思想深深地影响了他。1917年学成归国后,他花了大量的时间开展教育方面的调查研究,并对旧式教育制度进行批判,深刻揭露旧式教育的弊端,如脱离实际、脱离劳动、脱离民众等问题,提倡必须彻底改革旧式教育的教学方法,做到"教学做合一",开展新的教育。同时,他也开展了大量的新教育实践。1927年,他只身来到南京郊区,创办晓庄试验乡村师范学校,开始彻底改造旧式教育的探索和实践,也是在这里逐渐形成了他的生活教育理论。在这里,他按照"生活即教育""社会即学校""教学做合一"的原理进行教学,对学生实行五个方面的教育,即康健的教育、劳动的教育、科学的教育、艺术的教育和改造社会的教育,以期培养学生成为具有康健的体魄、农夫的身手、科学的头脑、艺术的兴趣和改造社会的精神的人。具体来看,康健的教育包括体育锻炼、自卫力训练以及日常的医疗卫生保健三方面;劳动的教育有"农事教学做"和日常生活的独立能力,如烧茶煮饭、打扫卫生等的教育;科学的教育则除了科学文化知识的教育外,更注重培养"手脑联盟""手脑并用"的人才;艺术的教育包括戏剧、音乐、歌舞等艺术形式的教育;改造社会的教育则注重培养学生主宰环境能力的教育。他把这五个方面的教学内容融为一体,进行教育改革的试验,也有效地推动了中国乡村教育运动,这个学校虽在1930年被查封,但也成为我国乡村师范教育的发祥地。之后的1939年和1946年,陶行知先后在重庆创办了育才学校和社会大学,进一步以自己的实际行动践行着他的教育思想。

陶行知建立了系统的教育思想体系,在教育目标、教育内容和教育方法等方面的观点和主张集中反映在他的生活教育理论上。这一理论来源于以下三个方面。

一是吸取和改造了杜威教育思想的理论成果。作为学生的陶行知,显然深受老师杜威教育思想的影响,但他又在结合中国教育实际情况的基础上对杜威的教育思想进行了实事求是的修正和完善。"'生活即教育'是陶行知在批判杜威'教育即生活'的理论基础上提出来的,是陶行知生活教育理论的本体与核心,而他反对杜威把社会上的'生活'引入学校的'鸟笼式'的教育方式,主张教育要密切结合中国的实际,把人民大众改造自然和征服自然的全部社会实践作为学校教育的内容。"①陶行知在从美国学成回国后,在投身教育事业的过程中,看到了旧中国的教育存在的局限和不足,特别是与生活严重脱节、只为少数权贵服务等现状,指出教育是为了生活,生活即教育而不是教育即生活,从而提出了生活教育系统观点,逐步形成了他的生活教育理论。

二是来源于他对传统教育的批判。他深刻指出近代封建传统教育和洋化教育的目的就是培养脱离生活的死读书的人,这种教育"与生活无关",因而是脱离生活的、脱离生产劳动的、脱离人民大众的小众教育,不是生活教育或平民教育。他在肯定古代文化成就的同时,要求改变传统的封建教育和洋化教育,要开展以生活为中心的教育,反对"以天理压迫人欲",主张生活教育,要用教育的力量达民之情、遂民之欲,要为劳苦大众的"生活向前向上的需要而教育",这就成为他的生活教育理论重要来源。

---

① 李曦:《陶行知生活教育理论中的生命教育思想简析》,载《教育探索》,2013年第2期,第6-8页。

三是来源于他的教育实践探索。陶行知在 1917 年学成回国后，就开始了长达 30 年的富于创意而又充满艰辛的教育教学实践与探索，先后任南京高等师范学校、国立东南大学教授、教务主任等职，同时为推动教育改进，发起成立中华教育改进社，主张反对帝国主义文化侵略，后又发起成立中华平民教育促进会总会，赴各地开办平民识字读书处和平民学校，推动平民教育运动。1927 年在南京创办晓庄试验乡村师范学校，在这个学校形成并实践了他的生活教育理论，之后积极投身于抗日救亡运动，并把生活教育和民族民主革命斗争结合起来。1945 年，在重庆创办社会大学并任校长，推行"人民创造大社会，社会变成大学堂"的宗旨。正是他这一生的教育教学实践，在为中国的教育事业发展做出巨大贡献的同时，逐步形成和完善了他的生活教育理论和教育思想，被毛泽东和宋庆龄等称为"伟大的人民教育家"和"万世师表"。

(二)陶行知生活教育理论的主要内容

陶行知生活教育理论的内容主要包括三个方面——生活即教育、社会即学校、教学做合一。1926 年，陶行知发表《我之学校观》一文，对于学校与社会之间的关系，他发表了自己的观点：学校是社会的一部分。1930 年，陶行知在晓庄学校乡村教师讨论会上发表了题目为《生活即教育》演讲，标志着"生活即教育"理论的形成。1940 年，陶行知在与朋友的信中对生活教育下了更加明确的定义，提出生活教育的具体原则：教学做合一、社会即学校，标志着陶行知生活教育理论的成熟。

在谈到生活时，陶行知说，有生命的东西，在一个环境里生生不已的就是生活。这就是我们今天所说的：生活指的是人们在生存过程中所进行的各项活动。为了说明生活的含义，陶行知还举了一个例子：譬如一粒种子，它能在不见不闻的地方发芽、开花就是这一粒种子的全部生活，不论在什么地方，只要有生命活动的存在，就是生活的发端，也就是教育的过程。陶行知认为"教育的根本意义是生活之变化。生活无时不变，即生活无时不含有教育的意义。因此,可以说'生活即教育'"①。由此可见,有生活的地方就有教育,处处是生活也就是处处是教育,这也是陶行知生活教育理论的主体内容。

在生活与教育的关系上,陶行知认为过什么生活便是受什么教育。他认为过好的生活,便是受好的教育;过坏的生活,便是受坏的教育;过有目的的生活,便是受有目的的教育;过糊里糊涂的生活,便是受糊里糊涂的教育;过有组织的生活,便是受有组织的教育;过一盘散沙的生活,便是受一盘散沙的教育;过乱七八糟的生活,便是受乱七八糟的教育。因此,教育要以生活为中心,要在生活之中进行。他说:"生活教育是生活所原有、生活所自营、生活所必需的教育。教育的根本意义是生活之变化,生活无时不变,即生活无时不含有教育的意义。"②可见,"生活是教育的逻辑起点和主题词,生活既凝聚了人的起源历史,又刷新着教育向上显示和敞开自身的历史。生活是教育存在与教育意义的守护者,教育只有在生活中成就自己的理想和目标,以获取教育的存在以及存在的价值与意义"③。因为,"从生活与教育的关系上说,是生活决定教育。从效力上说,教育要通过生活才能发出力量而成为真正的教育"④。教育不能脱离生活,同样教育也不只消极地适应生活,而是对生活也具有反作用,也就是说教育能够促进生活的发展,通过教育来改善和改造生活、促进生活向上向前发展,使人的整个生活走向更高的层次和领域。陶行知认为,教育应该为生活所需要,并且能够促进生活向上向前发展,从而促进人的发展。因此,生活与教育两者是不可分割的,要看到教育与生活两者是相互促进的,共同推动了人们和社会生活的前进和发展。按照陶行知的观点,教育的根本意义是使人们的生活发生积极的变化。我们每个人有"生"便会有"生活",有生活即有教育,教育会伴随生活的每

---

① 华中师范学院教育科学研究所:《陶行知全集(第 2 卷)》,湖南教育出版社,1984 年版,第633 页。

② 徐莹晖:《陶行知论生活教育》,四川教育出版社,2010 年版,第 147-148 页。

③ 张华:《陶行知生活教育观:内涵、价值和境界》,载《中华文化论坛》,2017 年第 2 期,第 54-60 页。

④ 董宝良:《陶行知教育论著选》,人民教育出版社,1991 年版,第 549 页。

一天,要养成持续不断学习的习惯,活到老就要学到老。

既然生活即教育,那么教育应该到哪里来开展或进行呢?"生活即教育"的范围如何确定呢? 我们一般认为教育是在学校里有组织地开展的,学校的本义是进行教学活动的组织机构或活动场所,但陶行知认为"到处是生活,即到处是教育;整个的社会是生活的场所,亦即教育之场所。因此,我们又可以说:'社会即学校。'"①如生活即教育所说,生活的范围显然不局限在学校里面,大自然、社会中到处都是生活。因此,教育就不能只限制在学校这个有形的圈子里,而应放到广阔的社会生活空间里,要"以青天为顶,大地为底,二十八宿为围墙",他把学校比作鸟笼,把学生比作鸟,认为在学校里接受的教育是片面的、不完整的,因此要拆除学校围墙,"要把笼中的小鸟放到天空中使他能任意翱翔,是要把学校的一切伸张到大自然里去"②,把整个社会都当作一所学校,包括大自然、田野、工厂、农村都是教育的场所,要让学生到田野、工厂、农村这样的社会场所中学习,在这样的教育下,学生所失掉的是束缚他们发展的鸟笼,得到的却是整个森林,才能学到真知识、受到真教育。

在教学方法的问题上,陶行知先生提出"教学做合一",他反对死读书、用死记硬背的方式来进行教学,他认为"教学做合一是生活法,也就是教育法。它的含义是:教的方法根据学的方法;学的方法根据做的方法。事怎样做便怎样学,怎样学便怎样教。教与学都以做为中心。……教学做合一是生活现象之说明,即教育现象之说明。在生活里,对事说是做,对己之长进说是学,对人之影响说是教。教学做只是一种生活之三方面,而不是三个各不相谋的过程"③。他强调教学做是统一的,"教学做是一件事,不是三件事",教育不仅要教,而且要学要做,教与学都要通过做来实现;他还举种田这件事为例,是要在田里做的,当然必须在田里学,在田里教。他特别重视教学之后的做,他认为"做"是发明、创造、实验、建设、生产、奋斗,是探寻出

---

① 陶行知:《陶行知全集(第3卷)》,四川教育出版社,1991年版,第246页。
② 陶行知:《陶行知全集(第3卷)》,四川教育出版社,1991年版,第491页。
③ 陶行知:《陶行知全集(第2卷)》,四川教育出版社,1991年版,第650页。

路,要在做上学、做上教,做是教师教和学生学的过程中的中心,可见生活教育理论中的"做"含有行动、思想、产生新价值的内涵;他还说"做的最高境界是创造",由行动而发生思想,由思想而产生新价值,这便是创造的过程。由此可以看出,"教学做合一"的实质是实践,教而不做则不能算是教,学而不做也不能算是学,理论不能脱离实践;只有通过实践的做才能架起教和学的桥梁,才能真正实现教学做的合一,才能使学生能够灵活运用"活的知识",真正成为有"行动能力""生活力""创造力"的人。

"生活即教育""社会即学校""教学做合一"构建了陶行知生活教育理论的核心内容,生活教育理论就是"给生活以教育,用生活来教育,为生活向前向上的需要而教育"的活的教育,在他看来,教育的全部目的就是培养"真人",正如他所说"千教万教教人求真,千学万学学做真人",这个真人就是真善美的人,是"手脑并用""在劳力上劳心"的人中人,不是时时刻刻高人一等的"人上人";是"知情意""智仁勇""真善美"都能得到和谐发展的人,是在德、智、体、美、劳等方面全面发展且具有创造精神的人。

(三)陶行知生活教育理论的启示

生活教育理论是陶行知教育思想的核心部分,它不仅在我国现代教育进程中发挥了重大作用,而且对今天加强和改进大学生思想政治教育包括网络空间社会责任感的培育仍具有重要的借鉴意义和重大的指导作用。

第一,网络空间大学生社会责任感的培育要立足大学生的网络生活和网络空间这个大社会,为大学生的网络生活服务,构建生活化培育路径,实现理论与实践相统一,提升培育实效。

随着经济社会和互联网信息技术的发展,网络空间的生活已经成为大学生日常生活中非常重要的一个部分,大学生特别是新时代的大学生都是网络的原住民。据调查统计,截至2023年6月,我国网民规模为10.79亿,网民群体中大学生占比是较多的。据艾媒咨询数据显示,2021我国大学生群体中有45.8%的人日均使用手机时长为3~6小时,有26.4%的人日均使用手机时长为6~8小时;而日均使用手机时长在3小时以下的人数占比为

20.5%,日均使用手机时长在 8 小时以上的人数则占比相对较少,为 7.3%。① 麦可思研究院发布的一份中国在校大学生手机使用调查报告显示,超八成的大学生存在"手机依赖",日均使用手机超 5 小时,18 点以后是大学生使用手机的高峰期。此外,大约有 79% 的大学生在课堂上使用手机。②

生活教育理论中的生活即教育原理告诉我们,网络生活也是教育,网络生活也决定我们的教育,网络空间社会责任感的培育对大学生健康的网络生活来说具有特别重要的意义。根据陶行知的生活教育理论,网络空间社会责任感的培育不是单纯能够从书本上、从理论上全部完成的,我们更应该关注大学生的网络生活现状,把网络空间社会责任感的培育真正纳入大学生的网络生活,关注大学生的网络生活,立足于大学生的网络生活实际。同时也要不断完善、不断改进网络生活教育和网络空间社会责任感培育的教育,根据时代要求和社会发展需要,打造成为"活的教育",把网络空间社会责任感作为大学生的综合素质来培养,把网络空间的生活内容和信息技术技能搬到课堂上来,培养学生正确的"互联网+"生活理念,注重网络生活层面的学习和教育,使大学生的网络空间生活更加精彩,从而更好地实现网络空间社会责任感的培育。

同样,网络社会也是一个大社会,正如陶行知生活教育理论所说的社会即学校,我们也要把网络社会作为一所大学校,即使这个学校是虚拟的,也同样是我们学习、教育的重要场所。不能因为网络空间的虚拟性而否定甚至抹杀网络社会这所大学校的存在,我们要把网络社会作为学习教育的重要场域,把现实生活中的有形大学与网络空间中的无形大学都作为重要的教育场域来开展相应的学习活动。我们还要看到,网络空间大学生社会责任感的培育只是社会这个大学校中的一部分内容,我们在培育网络空间大学生社会责任感的时候,不能把它与社会中的其他部分割裂开来,要把网络

---

① 艾媒网:《互联网行业数据分析:2021 中国 45.8% 大学生日均使用手机时长为 3-6 小时》,(2021-10-20)[2023-12-18]. https://www.iimedia.cn/c460/81551.html。

② 人民日报:《调查:超八成大学生存手机依赖 日均使用 5.2 小时》,(2018-04-17)[2023-04-22]. https://baijiahao.baidu.com/s? id=1597969937956525561&wfr=spider&for=pc。

空间大学生社会责任感的培育与其他教育教学内容结合起来,要把网络社会与现实社会结合起来,要纳入大思政的范畴、纳入大学生成长成才的人才培养总体内容来考虑、来开展、来考核。

第二,大学生网络空间的社会责任感的培育要剖析大学生的网络行为,把网络空间社会责任感培育的教与学,同大学生在网络空间履行社会责任的具体的做结合起来,即与具体的网络行为结合起来,真正实现教学做合一。

网络空间大学生社会责任感培育的教是教什么呢? 我们认为就是教网络生活中所要求的一切,通过网络生活本身来教育我们的大学生应该掌握什么样的社会责任理论、应该履行什么样的社会责任,也就是我们前面所说的社会责任感的相关理论和系统知识。那么,学是学些什么呢? 我们认为就是要学会如何通过正确的网络行为来履行网络空间的社会责任感、如何通过自己的行为来为营造风清气正的网络空间做出自己的努力,也就是在网络空间如何有效地开展、如何有效地避免网络空间的社会责任失范行为。陶行知的生活教育理论中的教学做合一的理论启示我们,在进行网络空间大学生社会责任感培育的过程中,"教"和"学"要很好地跟"做"结合起来,要关注大学生在网络空间是怎么做的,通过"做"来促进更好地"教"和"学"。

生活教育理论指出"教学做"是一件事,网络空间大学生社会责任感的培育要把"教责任""学责任""做责任"看成是一件事,引导和教育大学生在网络空间更好地"懂责任""守责任""履责任"。这里的"做"就是实践,具体来说,大学生在网络空间如何更好地进行网络表达、网络参与,譬如发帖、留言、写网文、传网图等,也包括在网络空间所进行的其他活动,如网游、网购等。因此,大学生网络空间的社会责任感的培育要注重实践与反馈,从网络空间的具体行动、如何做的角度来下功夫,进行社会责任感的培育,而不能只停留在口头和口号上。

第三,网络空间大学生社会责任感的培育要构建开放的培育体系,要在大思政格局下更好地定位谋划和务实开展,要做到网络社会与现实社会并重、线上引领与线下培育融合、个人自律与社会统筹协同。

陶行知的生活教育理论启示我们,教育是一种开放的行为和状态,生活、学校和社会不是独立运行的存在,而是一个相互协同、相互促进的统一体。因此,在教育和教学活动开展的过程中,无论教师、学生还是社会、家庭等,都共同构成了为教育而服务的开放上升的大系统,我们需要在教育的过程中,保持开放的态度,同时构建大的系统,实现大的循环,就是我们常说的大思政。网络空间大学生社会责任感的培育同样是一个系统工程,也需要一个开放的培育体系和长效的运行机制。网络空间大学生社会责任感的培育从表面上看,似乎只发生在大学生网络空间即网络社会生活之中,其实与现实社会生活、学校、家庭和社会都是紧密相连的,是需要整合各种教育教学资源,形成培育的体系和统一的合力,才能更好地达到培育效果。

三、角色认同理论

在数字化、信息化的大背景下,大学生已经成为网络主力军。人们期待在互联网上看到大学生积极向上、奋发有为,并且具有高度社会责任感的形象,角色认同理论就是对这一期待的积极回应,也是我们进行网络空间大学生社会责任感培育的理论依据之一。

角色认同理论是形成于20世纪60年代并逐渐发展起来的,该理论认为人的行为很大程度上由对自我的认同所决定。角色认同是理解自我、发现自我和形成自我的途径和方法,是自我行为的机制,当自我应对复杂的外界而无法自我分类时,就会造成认同紊乱[1]。同时,角色也不是孤立存在的,每个人身上都有多个角色而组成相应的角色集,并将不同的角色按其所认可的重要程度进行排序,在相应情景中就努力按照社会对该角色的理想期待而扮演和执行该角色的行为活动[2]。角色认同贯穿于大学生成长的整个历程,作为独立道德个体的大学生,不仅是国家公民、社会主义建设者、家庭成

---

① 张宇:《论角色认同的重新定位》,载《求索》,2008年第3期,第68-69页。
② 唐雪梅、张梅琳:《终身学习视域下成人学习者角色认同研究——一项基于访谈的调查分析》,载《天津电大学报》,2023年第3期,第71-76页。

员或者学校学生,而且在不同的生活场景中还展现和扮演不同的角色,特别是在网络空间中更成为"大学生网民"这一具有不同角色的综合体,这是大学生所扮演的全部社会角色中的一种。

在网民这个总称性的角色中,大学生们会随着网络情境的不同,又扮演着多重身份、多种角色,"实体的我进入网络空间后凸显了丰富的展现形态,呈现出多样自我、流变自我、异化自我、种种假我的具体样态"①。特别是随着网络生活的充盈和丰富,大学生网民可以根据自身实际情况进行网络空间的角色认同和角色行为选择,进行积极主动的自我认同和角色定位。随着大学生在网络空间所进行的不同角色认同和角色定位,也就表现出不同程度的社会责任感。我们要开展网络空间大学生社会责任感的培育,就需要尊重他们在网络空间所做的正常反应和行为选择,认可他们在网络空间的自我认知,用正面积极的态度去理解、支持和培育大学生网民在网络空间的社会责任感。

作为以技术赋权和数字化生存为主的网络空间,会影响网络空间大学生社会责任感的表现,甚至出现与现实社会生活空间完全不同的社会责任感现象,表现出"低社会责任感"的情况。信息技术的发展、互联网的去中心化和网络空间的发展,让每一个大学生网民都成了网络空间的平等参与的行为主体和表达主体,特别是他们的社会责任感在网络空间里也会出现很大的反差,有些大学生在网络空间的社会责任事件上因其角色认同原因而选择沉默或相反的态度,有些大学生网民有了社会责任判断但并没有在网络空间里表达出来。在网络空间里,大学生必须适应和采用数字化生存的方式,即以多样化的 ID 和身份,基于各种数字化符号进行自我表达及与他人互动,以获得虚拟空间的存在感与满足感②。在数字化生存方式中,大学生成为数据人而利用数字化方式进行自我塑造,为追求自我唯一性而更深层次的崇尚自我、多样化表达自我,这让他们穿梭于虚拟与现实两个空间,

---

① 谢玉进、胡树祥:《多样态的网络自我及其认同困境》,载《教学与研究》,2018 年第 7 期,第76-84 页。

② 彭兰:《数字化与数据化:数字时代生存的一体两面》,载《人民论坛》,2023 年第 9 期,第 42-47 页。

在平台和虚拟场域中描绘和重塑着"理想自我",实现自我建构,竭力利用各种人设、符号塑造自己的不同身份来寻求网络群体的认可①。

角色认同理论是一种人们通过社会关系中赋予的社会角色来确认自我的方式,以角色认同理论为出发点,全面探索大学生在网络空间所扮演的社会角色对其自我的界定和认同,能更好地理解大学生在网络空间的行为逻辑,从而有针对性地加强网络空间大学生的社会责任感培育。可以说,角色认同理论为网络空间大学生社会责任感培育提供了一个科学系统的理论指南。

在运用角色认同理论指导网络空间大学生社会责任感培育的过程中,要强化角色认同,做到虚实一体,实现自我同一。大学生往往把网络空间仅仅视为超于现实生活空间的存在,忽视了网络这个虚拟的空间里也要承担相应的社会责任,未能把现实空间的自我角色与网络空间的虚拟角色一一映射而视为同一整体。网络空间中的大学生并不是脱离于现实生活的社会角色,而是现实社会角色的另一种存在和表现方式,同样也是现实的、客观存在的。因此,大学生需要在自我角色上强化角色认同意识,做好虚实两个空间里的角色转换和角色协同,让自己真正成为虚实一体的社会责任承担主体。

第一,要引导大学生加强角色意识和角色认知构建,明晰多重角色身份,更好地做好网络空间的角色认同。大学生承担着多重角色,如子女、兄弟姐妹等家庭角色,作为享受公民权利、履行公民义务的公民角色,作为履行工作职责为社会的发展做出职业贡献的职业角色,作为社会主义的建设者和接班人的社会角色,等等。大学生正处于向成年期的过渡阶段,身心快速成长,再加上多重社会角色的叠合和转换,容易因角色意识不强而导致一些问题;特别是在不同的社会角色之间转换时,既可能造成时间、精力和资源等方面的紧张,也会出现不同角色之间的价值观冲突。角色既是社会赋予的,同时又是与社会责任感相对应的。二者之间存在着互为因果、相互促

---

① 袁佩媛、于涛:《技术赋权与主动建构:"数字青年"的出场理路、样态透视与发展考量》,载《理论导刊》,2023 年第 3 期,第 78—84 页。

进的内在逻辑关系①,可见角色意识是社会责任感的逻辑起点。大学生需要加强网络空间的角色认知、增强角色意识,明确自我在网络空间中的角色定位,做好角色转换,避免角色超载、角色模糊和角色错乱。

第二,引导大学生做好虚拟角色与现实角色转换,更好地优化网络空间多样态自我。大学生在进入网络前是生活在现实空间的实体自我,在社会生活中会承担着多重任务,进入网络后就变成了网络空间的虚拟角色。大学生在现实角色与虚拟角色之间依据其角色意识和角色类别,不停地由一种角色向另一种角色变动或更替②,在变动、更替的过程中改变或超越现实空间中自我的既定性、唯一性,实现自我存在状态的新发展,也会因角色转换不到位或转换缺损而丧失自我的主体性。因此,大学生需要做好虚拟角色与现实角色的转换,合理调适现实角色和虚拟角色,形成自我同一性认识③,对网络空间的多样态自我进行合理优化。既要做好网络空间的信息接受和信息选择,对于重点关注的信息做到全方面多角度了解,避免感性化、肤浅化、快餐化的信息消费方式;又要做好自我的理性审视,提升自我层次;还要以积极乐观的态度面对现实生活,特别是遇到困难和问题不逃避,不能转身到虚拟的网络空间寻求虚拟精神享受而对社会责任选择性漠视。

第三,做好网民角色与公民角色协同,更好地增强大学生网民主体意识。大学生在网络空间是网民,在现实生活中是公民,通过互联网而自由地在虚拟和现实中切换。然而,公民具有唯一性,而网民则具有多样态,网民是个体自由和多元差异的公民,公民与网民具有非对称性,公民与网民的身份并非一一对应,而是以一对多,即一个青年可拥有多个网民身份,这些不同身份的同一个网民在言论表达、网络行为、政治态度甚至是人格上都展现出与公民本人之间的巨大差异。大学生在一对多的角色选择和角色转换中,需要做到两种角色的相互协同,做到保持公民与网民的自我主体的同

① 赵英臣:《角色伦理视角下公民社会责任意识培育研究》,载《思想教育研究》,2020 年第 9 期,第 122-127 页。

② 程起超、王斯宁:《基于角色认同的虚拟社区用户活跃行为综述》,载《北京航空航天大学(社会科学版)》,2017 年第 3 期,第 78-81 页。

③ 朱晓林:《青年生活方式网络影响因素及其建构的伦理反思》,载《中学政治教学参考》,2021 年第 5 期,第 6-9 页。

一,实现情感体验和价值坚守的协同,必须以现实社会生活中的行为标准和价值准则要求和规范自己在网络空间的言论和行为,以公民的标准和要求来认识、规约和提升网民的角色,培育和提升自己的社会责任感。

第四章　网络空间大学生社会责任感培育的现状分析

　　网络空间大学生社会责任感培育有着内在的规律和相应特点,这就需要我们把握其规律、特点和基本原则,明确相应的理论基础和实践原则,构建相应的培育路径,更好地明确和落实培育目标、内容和方法。因此,把握当前网络空间大学生社会责任感及其培育的研究现状,并加强相应的调查研究和数据分析,有助于我们不断加强和培育网络空间大学生的社会责任感,更好地引领大学生网民以强烈的社会责任和担当负责的言行参与网络生活、传递网络正能量,构建清朗的网络空间。

第一节　网络空间大学生社会责任感培育的研究现状

　　社会责任感培育是道德教育领域的重要研究主题之一。近年来,国内关于大学生社会责任感的研究比较多,主要集中在对大学生社会责任感的总体现状及意义的描述,从不同的视角对社会责任感的内涵进行阐述、对大学生社会责任感的现状进行调查研究和分析,也提出了大学生社会责任感培育策略。

一、关于大学生社会责任感培育的主要研究现状

　　在中国知网上输入"大学生社会责任感",截至 2023 年年底以篇名检索到文献 1377 篇,根据发表年度可见,最早发表相关文献是在 1988 年,2014—

2019 年为研究成果高峰期,年均发表超过 100 篇文献,之后研究文献的发表数量趋于平缓。目前可查到的第一篇文献是 1988 年发表于《高等教育研究》的《论培养大学生的社会责任感》一文,作者为严耕。文章认为当代大学生的历史使命意识和社会责任感关系到人才培养与社会需要是否适应的问题,并从社会对大学生的要求、大学生是否能适应社会的需要以及如何培养大学生的社会责任感等三个方面进行探讨,提出要把培养大学生的社会责任感当作一项系统工程来对待,从总体上加以设计规划、从各方面制定出措施并落实,如入学教育和思想政治教育中,应该以社会需要为目标,增加政治理论课教学和思想政治教育的透明度,克服教学工作、学生管理和政治思想教育中的包办做法,引导主动参与、独立思考,更好地培养和锻炼他们的社会责任感。[①] 1992 年发表在《青年探索》上的《浅析当代大学生社会责任感的二重性》一文,明确社会责任感是指一个人在没有社会监督和舆论压力的情况下,能自觉意识并认真履行自己对社会的义务与职责;同时指出大学生对国家、集体和他人在社会责任感上存在二重性,表现为对国家上存在着以天下为己任的主体正向参与意识与非常态的参与行为,对集体上存在着"自主性"的主人翁责任感和"欲扫天下,何扫一屋"的思想,对他人则存在着"人人为我,我为人人"的互助意识与"主观为自己,客观为他人"的合理利己主义;并从大学生的主体意识、个体角色及人格、传统民族心理、西方社会思潮及大众文化传播的影响等方面分析了这种二重性存在的原因,并呼吁要根据实际情况采取相应对策和有效的途径来增强大学生的社会责任感。[②] 于是,在 20 世纪 90 年代初,社会责任感及其教育受到我国教育学界关注,大学生社会责任感教育问题成为教育学的研究热点之一。我国研究者在大学生社会责任感的概念、分类、教育的内容及方法等方面进行了深入探究,积累了丰硕成果。然而,大学生的社会责任感研究还存在一定的问题,主要表现为理论研究整合性较低、实证研究比较薄弱、教育研究的有效

---

① 严耕:《论培养大学生的社会责任感》,载《高等教育研究》,1988 年第 4 期,第 60—63 页。
② 梅萍、林更茂:《浅析当代大学生社会责任感的二重性》,载《青年探索》,1992 年第 5 期,第 47—49 页。

性不凸显。对于这些问题的反思,有助于该领域未来研究的发展和深化。[①]

目前,国内外学者较为关注大学生社会责任感及其培育问题的研究,所取得的成果也较为丰富,特别是对大学生社会责任感的现状与培育路径等方面进行了多方面的探索。其中,在大学生社会责任感的调查研究上,天津师范大学马克思主义学院的魏进平团队在 2014 年利用自建的网络调查平台,以"大学生社会责任感的界定"为切入点,从大学生社会责任感动态的、外在的形成过程角度出发,视大学生社会责任感为"一种基于心理过程的责任行动",尝试把看不见的、难以量化的社会责任感转化为看得见的、可测度的社会责任行动,以"社会责任认知、认同和行动"为视角,深化对大学生社会责任感科学内涵和形成机理的认识,编制了《大学生社会责任感量表》,面向全国 50 余所高校开展了"全国大学生社会责任感现状调查",通过对回收的 5000 多份有效问卷进行梳理分析和整理研究,形成和出版了《全国大学生社会责任感调查报告》[②]一书。该书从理论探索和实证方面验证了大学生社会责任认知、认同和行动的关系,较为系统地呈现了大学生社会责任感的现状和差异,给出了需要系统地开展大学生社会责任教育,要高度重视大学生政治责任认知教育、学校责任教育、生命责任教育、学习责任教育等具体教育对策。特别重要的是,该书提出了网络责任教育也不容忽视,尽管数据显示大学生网络责任感比较好,但由于网络的匿名性、体验性等特点,网络责任教育不能放松。当代大学生成长在网络时代,网络已经渗入他们的思想意识和言行之中,也是他们学习、交友、休闲的重要场所和载体,如何充分发挥网络载体的作用,提高大学生的社会责任感意义重大。之后,该团队连续 8 年开展此项调查,覆盖我国不同区域不同类型的高校,累计超过 34 万名在校大学生参与,并且发布分年度的调查报告。如《中国大学生社会责任感调查报告(2020)》显示,我国大学生社会责任感总体处于较高水平,大学生总体上理想信念坚定,能以奋斗者、追梦人姿态投身强国伟业,把个人的理想追求融入党和国家事业之中;又如《中国大学生社会责任感调查报告

①　虞亚君、张奇勇、周炎根:《我国大学生社会责任感 20 年研究综述》,载《扬州大学学报(高教研究版)》,2014 年第 6 期,第 48-51 页。

②　魏进平、魏娜、张剑军:《全国大学生社会责任感调查报告》,中国书籍出版社,2015 年版。

（2022）》显示，我国大学生社会责任感得分为86.03分，连续8年呈现持续上升态势。

除此之外，黄四林在《大学生社会责任感研究》一书中指出，我国大学生社会责任感总体水平较高，具备了较好的担当意识和责任情感，初步形成了良好的践行责任氛围。然而，大学生的社会责任感也存在两个明显的问题。首先，在整体责任感水平较高的情况下，责任感的某些方面仍然较弱或严重不足。其次，已有研究一致反映出责任认知和责任情感较强，但是责任行为与责任能力有待继续加强和提升。①

在社会责任感的内涵界定上，学者们进行了充分的探讨。王永明、夏忠臣认为社会责任感是责任感的最高形态，主要由对自我的责任感、对家庭的责任感、对他人的责任感、对自然的责任感等四部分构成，也就是个体在处理自我身心、个人与他人、个人和家庭成员以及人与自然的关系时所表现出来的价值评价和行为选择，体现着个体的心理健康、责任心理、责任品质和心理倾向②。郑士鹏在其博士论文《当代中国青年社会责任感及其培养研究》③中，从德育视角出发，认为社会责任感指的是社会成员在日常生产和生活中所形成的调节自身与他人、社会以及自然关系的行为活动与价值评判，是一个人心理倾向和个人道德品质的集中体现。包雅玮、程雪婷认为社会责任感是指在一个特定的社会环境里，自觉积极承担并履行社会责任和所应尽义务的心理价值判断、人格素质和伦理关怀④。陈翔、李金和认为大学生社会责任感本质上是一种道德品质与精神修养的主观情感，在道德实践活动中以积极主动、认真负责的态度完成各项任务所形成的情感体验，是在调节人与社会关系中产生的一种价值评价和行为选择。社会责任感以"认知—情感—意志—行为"的纵向责任作为依据，以"国家—社会—家庭—个人"的横向责任作为准绳，表现为对社会责任的认同感、义务感和使命感

---

①　黄四林：《大学生社会责任感研究》，北京师范大学出版社，2019年版，第21-22页。
②　王永明、夏忠臣：《论社会责任感的内涵》，载《人民论坛》，2013年第2期，第24-25页。
③　郑士鹏：《当代中国青年社会责任感及其培养研究》，北京交通大学学位论文，2014年。
④　包雅玮、程雪婷：《青年大学生社会感培育研究》，中国社会科学出版社，2017年版，第28页。

的精神状态,具有自觉能动性、社会实践性和榜样示范性等特征。①

　　学界普遍认为要加强大学生社会责任感的培育,并关注社会责任感培育对大学生成长成才的重要意义,指出要从思想道德、行为规范、知识教育等方面进行培育,增强大学生对社会责任的理解和认同,以更好地涵养家国情怀、培养强烈的社会责任担当意识。大学生社会责任感的培育既有利于大学生树立正确价值观念、塑造健全人格,也有利于大学生自觉承担更多社会责任、更好地为国家和社会贡献他们的力量。陈翔、李金和认为大学生社会责任感培育具有重要的价值意蕴,既是践行社会主义核心价值观的内在要求,也是促进大学生全面发展的必然要求,还是实现中华民族伟大复兴的现实需求;要从学校教育、社会环境、家庭教育和自我认知等路径入手,分别发挥主阵地、导向性、基础性和主导性作用。周明星坚持"五位一体"策略,认为在当代大学生社会责任感的培养过程中,要坚持理论、实践、机制相结合,坚持学校教育、家庭培育、社会关怀相结合,坚持言传、身教、新媒体教育相结合,坚持显性教育、隐性教育、科学全方位教育相结合,坚持自律、他律、以文载道相结合,通过多元融合,推动当代大学生责任素养全面提升②。

　　国外的大学生社会责任感培育大多包含在公民教育和道德教育之中,将社会责任感的教育渗透在其中,没有单列进行。"责任"也是西方伦理学中的关键范畴,特别是在大学生社会责任感方面,国外的伦理学家们也建立了一整套的理论体系。康德就曾说过:每一个在道德上有价值的人,都要有所承担,不负任何责任的东西,不是人而是物。国外学者认为责任首先应该指向个人、自我,自我负责是自由意志的必然要求。人只有对自己负责,才可能对社会、国家负责。西方人虽然也强调对社会、国家的责任,但对群体尽责是为了追求一种个人的满足感和愉悦感,而且个人对社会、国家的义务是与个人所享受的权利一致的。除了理论上的探讨外,西方学界也注重社会责任感的培育。美国的威廉·H.哈利特与威廉·S.文森特合著了

　　①　陈翔、李金和:《新时代大学生社会责任感培育理路研究》,载《学校党建与思想教育》,2022 年 14 期,第 36-37 页。
　　②　周明星:《当代大学生社会责任感培养的五个维度研究》,载《思想政治教育研究》,2018 年第 12 期,第 155-158 页。

《美国公民学》教材,该书以美国联邦宪法为依据,融爱国主义教育、民主法制教育、公民道德和社会责任感教育等方面的知识教育于一体,讲求知识性和实用性,来加强社会责任感的理论教学。美国的很多大学都建有类似加强大学生社会责任感培育的服务学习机构。在西班牙,很多大学为提高学生参加社区服务的积极性,专门开设了社工课,学生可以通过参加社区服务工作获得学分。比利时的学生志愿者活动也十分普遍,很多人从小学开始就加入志愿者组织,主动参加服务社区的活动,走出课堂,接触社会,了解社会上存在的问题并参与社会问题的解决,将理论与实践更好地结合起来,在锻炼学生的组织能力的同时提高他们的公民参与意识和社会责任感。实际上,这就是在培养他们的社会责任感。

由以上可知,对大学生社会责任感的研究颇多,既有内涵概念的梳理,也有现状的调查把握,同时也提出了有成效的培育路径和方法,但是大多关注的是现实生活空间里的社会责任感及其培育问题,对于作为大学生重要生活场域和第二空间的网络空间里社会责任感及其培育的问题有所涉及,但开掘并不够深也不够实。事实上,网络空间大学生社会责任感同等重要,其培育甚至比现实生活中的社会责任感培育更为重要,同样需要进行系统性的研究。

二、关于网络空间大学生社会责任感培育的主要研究现状

在知网输入"网络"和"大学生社会责任感"字样组合,截至2023年年底以篇名检索到文献21篇。最早的是发表于2007年的《网络对大学生社会责任感的负面影响及对策》一文。文章指出进入21世纪后,网络日益深入到大学生的学习和生活中,对大学生的社会责任感教育带来了诸多不良影响,主要是模糊其社会定位、淡化社会责任意识。因此,要通过优化网络环境、开展网络道德教育、培养大学生网络责任感、加强大学生网络信息素养教育、提高大学生自我意识、引导大学生参加社会实践等方式变革和培养其

乐于助人的品质,提高自我教育能力。① 较近一篇是发表于 2023 年 8 月的一篇《网络亚文化视域下大学生社会责任感培育路径探析》。文中指出网络亚文化是在经济发展、社会转型与文化变迁期以网络为核心的新媒介对社会文化生态进行全方位渗透而涌现出的一种新型且相对边缘的文化形态。这种非主流文化既有正向引导力,亦不乏负面效应,会弱化大学生社会责任感。为提升大学生社会责任感培育实效,需从协同培育主体、拓宽媒介教育阵地、提升客体媒介素养、拓宽实践育人平台等方面着力,共同营造良好的培育环境,让大学生社会责任感在正确的思想观念引领下逐步增强。②

网络空间是大学生生活中非常重要的第二生活空间,无论是在学习还是日常生活中,网络空间都是非常重要且无法绕开的。网络空间也在思想观念、生活方式和行为模式等方面对大学生产生深刻影响,同样极大地影响着大学生的社会责任感。因此,对网络空间大学生社会责任感及其培育的研究也就越发显得重要和必要了。学界注意和研究了网络对大学生社会责任感培育的影响,同时对网络空间社会责任感的内涵进行了探讨,也提出了网络空间社会责任感培育的相应对策和路径。

首先,探讨了网络对大学生社会责任感的影响,主要是从正面的积极影响入手以汲取正能量,更好地培育大学生在网络空间的社会责任感。邹燕娇、史姗姗认为网络是弘扬和培育大学生社会责任感的正能量,网络是大学生社会责任感形成发展不可忽视的重要因素,也是提升大学生对社会责任认知的"智慧窗"、深化大学生社会责任情感的"聚集库"和引领大学生社会责任行动的"助推器"③;并指出网络能帮助大学生确立社会责任认知的正确角度、有效内容,提高大学生对社会责任的综合认知能力;还能增加和引导大学生社会责任情感体验与发展,并为大学生社会责任行动提供实践平台和实践资源。因此,要把网络空间作为大学生社会责任感培育的重要阵

① 丁凯、刘志成:《网络对大学生社会责任感的负面影响及对策》,载《湖南农业大学学报(社会科学版)》,2007 年第 2 期,第 85—86 页。

② 谢静娴、李刚、张晔:《网络亚文化视域下大学生社会责任感培育路径探析》,载《大学》,2023 年第 22 期,第 136—139 页。

③ 邹燕娇、史姗姗:《大学生社会责任感养成的网络"正能量"》,载《学校党建与思想教育》,2016 年第 11 期,第 51—53 页。

地,而不应有"惧网""怕网"的心态,要运用好网络空间在大学生社会责任感培育上的"正能量",并同"负能量"做斗争,更好地促进大学生社会责任感的培养。薛春梅认为网络空间是有正能量的空间,那些传播正能量的网络事件传递着真善美、体现着核心意识形态、能够巩固和壮大网络主流思想舆论,对大学生社会责任感的养成具有积极作用。① 有学者认为互联网对大学生的社会责任养成具有双重影响。邹燕矫认为从技术手段的角度来看,网络调查、即时通信和网络信息内容能为大学生社会责任感培育提供客观依据、交流平台和相应资源,不仅可以通过网络调查等方式全面收集相关数据、准确把握现状、客观评价和分析原因,也可以在网络中更好地交流经验做法而相互借鉴,还可以让大学生在进行社会责任感培育时获得更加全面、更加及时的信息材料。但是网络空间的虚拟性会模糊大学生的社会角色,网络思潮的多元化会在一定程度上造成价值观冲突,网络空间的信息过载又会降低他们的专注力。② 陈小花认为网络在大学生社会责任意识教育上产生了正面和负面两种截然不同的效应,网络为大学生社会责任教育提供了新载体、拓展了渠道、丰富了方法与手段,促进大学生社会责任意识的形成,同时网络上的不良信息也会影响大学生的价值观,网络盛行的个人主义会弱化大学生的社会责任意识、忽视自身所应承担的社会责任等。③ 然而,在研究中关注更多的是网络对大学生社会责任感养成的负面影响,归纳起来都是认为网络会减弱大学生的社会责任意识和社会责任感,网络会使大学生社会地位、自我角色发生混淆,甚至沉迷网络而模糊或忘记自己的社会定位,导致大学生在网络空间放纵自我、淡漠自身的社会责任感等,非常不利于大学生社会责任感的培养。

其次,对网络空间社会责任感的内涵进行了探讨。对网络空间社会责任感的内涵,大多是结合责任感、社会责任感的内涵再加上网络的特点来进

---

① 薛春梅:《网络正能量之于青年学生社会责任感的解构与重塑》,载《中学政治教学参考》,2017 年第 7 期,第 75—76 页。

② 邹燕矫:《互联网对大学生社会责任感养成的双重影响及实现路径》,载《湖北社会科学》,2017 年第 9 期,第 186—189 页。

③ 陈小花:《网络对大学生社会责任意识形成的影响及对策》,载《教育探索》,2013 年第 2 期,第 102—103 页。

行界定,并且把网络空间的社会责任感与现实生活空间的社会责任感进行对照理解和综合把握。较早见于曹爱琴、段宏亮,他们称之为网络责任感,具体指大学生对自己在网络社会中应承受的负担及对自己选择的网络行为所承担的责任的一种认知①。这种意识尤其强调大学生应以网络社会的整体利益为价值取向促进网络社会的健康、良性发展;董丹婷提出网络社会责任感是社会个体在网络环境下的一种心理品质,在这种心理品质的驱使下,自愿主动地承担社会生活中的责任和义务②。刘丽萍、邓琼莉认为网络社会责任感是社会责任感在网络空间的延伸和体现,是网民在网络空间履行社会责任的基本行为规范和社会规范。拥有这种社会责任感的网民,在网络空间能以网络社会的整体利益作为自己的价值取向,使自己的网络言行符合网络社会发展的内在要求,包括网络社会责任认知、网络社会责任情感、网络社会责任认同和网络社会责任行为等,体现知、情、意、行的综合作用。③

在网络社会责任感的内涵研究上,主要观点是社会责任感在网络空间的延续和拓展,是一种较为稳定的、能够引导和规范网络空间行为的情感体验,同时也是一种积极的社会情感和网络空间行为的有效规范力量。具有良好网络空间社会责任感的网民,在网络空间就能自觉遵守网络道德和网络伦理,遵守网络行为规范,自觉成为文明上网、文明用网的好网民。然而,研究发现大学生在网络空间的社会责任感总体和主流是积极的,但也易出现社会责任感缺失的现象和行为,呈现出网络空间社会责任感弱化、淡化的状况。

刘丽萍、邓琼莉认为作为"网络原住民"的大学生,在网络空间中因网络空间自身特性等多方面的原因,易出现网络社会责任感缺失的现象。如在网络上发表不负责任的言论,容易受非理性情绪的影响而充当"键盘侠",其

　　① 曹爱琴、段宏亮:《论当代大学生的网络责任感》,载《唐都学刊》,2006 年第 5 期,第 42-45 页。
　　② 董丹婷:《大学生网络社会责任感问卷编制与初步应用》,浙江师范大学学位论文,2017 年。
　　③ 刘丽萍、邓琼莉:《大学生网络社会责任感培育研究》,载《湘南学院学报》,2022 年第 8 期,第 117-118 页。

至发起或参与网络暴力,也会更多地关注个人利益而在一定程度上丧失家国情怀;这样就成为无视个人形象、缺乏理性思考和崇尚个人利益的网民,社会责任感出现了严重缺失。① 也有部分大学生在现实社会中具有较强的社会责任感,可一到网络空间,往往会产生社会责任感缺失的现象和行为,主要表现为对学习求知的冷淡漠视、个体自我的膨胀放大、价值取向的摇摆不定、行为自律的松懈偏离等,还会沉迷网络游戏甚至低级趣味,严重影响他人学习、影响所在班级集体和学校校风学风;甚至有意远离主流价值体系,对学习、家庭、集体乃至整个社会漠不关心甚至盲目指责,在各种社会现象面前不能正确判断和对待;特别是在网络人际交往中,忽视甚至是故意做出一些有悖于社会责任感的言行以博取眼球,或沉迷于虚拟的网络空间、网络成瘾而无法自拔;更有甚者,原本是积极向上、蓬勃有为的学生到了网络空间就成为一个消极颓废、萎靡不振的两面人;部分在现实社会生活空间中基本能够自律自省的大学生,一到了网络空间就表现为无自律、无约束而行为严重失范。② 网络空间社会责任感的缺失还表现为面对自己、他人和群体违反网络规范的行为时,不会产生内疚或羞愧情绪,也不会指责反省,采取的是视而不见、淡漠以对的态度,甚至会采取网络围观、网络恶搞、网络欺凌、网络传谣或网络谩骂等社会责任感缺失的行为。他们不能依据社会道德标准衡量和评判网络社会现象的是非曲直,也不会或无法调节自己和他人的网络失范行为,更不用说伸张网络道义、自觉外化为网络责任行为了。③ 孟佳琳认为大学生在网络空间也容易出现默许"人肉搜索"、群体宣泄、语言暴力等现象,出现"只战队、不站对"的现象,或陷于沉默、进行网络谩骂调侃等非理性情绪的表达,对网络热点事件当事人进行舆论高压、曝光隐私、人肉搜索等不负责任的极端行为;通过网络空间的道德审判,给网络事件当事人在网络空间与现实社会中造成伤害等网络社会责任感缺失行

---

① 刘丽萍、邓琼莉:《大学生网络社会责任感培育研究》,载《湘南学院学报》,2022 年第 8 期,第 117–118 页。

② 朱理鸿:《论以雷锋精神引领网络空间大学生社会责任感培育》,载《中国多媒体与网络教学学报》,2019 年第 7 期,第 237–238 页。

③ 解登峰:《情感教育视角下青少年网络社会责任感培养》,载《中国教育学刊》,2017 年第 6 期,第 97–98 页。

为;同时还存在泛娱乐主义和历史虚无主义盛行、网络诚信意识缺失、弱化网络人际交往的责任感和信任感等不良现象。①

在指出网络空间大学生社会责任感缺失的同时,学者们从大学生个体和学校、社会等微观与宏观多个角度提出一系列的对策和办法。如在传统伦理思想基础上,加强网络社会中的道德教育;同时结合网下思政工作,加强网络社会中的责任教育,实现有效规范网络行为,提高其网络责任意识,避免网络空间失范行为的发生;结合网络行为他律,加强网络社会中的自律教育,提高在网络空间的自省、自律;结合社会宏观环境和法律法规等,加强网络空间监管,引导树立正确的价值导向并承担相应的社会责任。② 冯建军、蒋婷认为必须重视和开展网络社会责任感的教育,要开展网络安全教育、网络道德责任教育、网络法制和网络民主教育,增强对网络空间安全的风险意识、网络安全意识,学会对自我负责,更好地遵守基本行为规范并约束自己的网络行为,增强网络空间的权利意识和义务意识,依法参与网络空间的生活。③ 刘丽萍、邓琼莉提出构建良好的网络空间,需要大学生强化网络社会责任感、做有担当的网民,需要增强内功、提升青年大学生的网络素养,需要发挥外力作用、用社会主义核心价值观引导网络舆论,还要在网络空间开展形式多样的志愿者活动以强化大学生社会责任感的实践体验,等等。④

由以上可见,当前学界对于网络空间大学生社会责任感的内涵、现状和路径都进行了深入探讨并提出了可行的办法,但大多是放在网络道德、网络伦理的大背景下进行讨论的,没有从其理论基础、实践路径进行系统地深入探讨,得出的路径和办法是可行的,但不够系统,操作性还不够强,特别是对于高校开展教育教学主阵地的课程教学和课堂教学来说,探讨和开掘还不够深入。

---

① 孟佳琳:《大学生网络空间道德教育研究》,辽宁大学博士学位论文,2020 年。
② 朱理鸿:《网络社会中青少年学生责任意识的缺失与培育》,载《教学与管理》,2012 年第 9 期,第 59—60 页。
③ 冯建军、蒋婷:《让青少年成为网络社会的责任主体》,载《中国教育学刊》,2017 年第 11 期,第 89—90 页。
④ 刘丽萍、邓琼莉:《大学生网络社会责任感培育研究》,载《湘南学院学报》,2022 年第 8 期,第 119—120 页。

第二节　网络空间大学生社会责任感调查与结论

大学生是网络空间的主力军,大学生网络空间社会责任感直接影响着网络空间的发展和责任行为的发生,如何更好地了解和把握网络空间大学生社会责任感的现状,把握其存在的主要问题,并由此而探寻相应的培育方法和路径,是做好网络空间大学生社会责任感培育的首要任务。为此,我们设计了网络空间大学生社会责任感调查问卷,通过网络和现场调查等方式进行了相应的研究。

一、调查目的和主要做法

大学生的网络空间社会责任感是一种情感范畴,主要表现为个体的行为内在情绪和内心倾向,是一种主观性的心理感受,但这种主观性的情感和感受也是有培养的规律可遵循的。如果仅仅使用主观推断的办法就只能停留在理论层面的探讨,而没有实际的有效支撑,所得到的结论也不一定具有可信性。我们需要通过一定的量化方式来对这种情感和心理感受进行概括、分析和归纳,从而思考得出其中的可靠规律并用来指导我们的实践。因此,要做好网络空间大学生社会责任感的培育,首先要更好地了解和掌握大学生在网络空间社会责任的认知和履行情况,通过对他们在网络空间的具体责任行为表现和责任事件、责任行为担当等方面的全面研究,才能更好地开展网络空间社会责任感的培育,这就需要做好一定的实证研究和数据调查,而不能只停留在定性研究的层面,需要通过调查来收集一定数量的有效样本数据。在第一手数据基础上进行相应的分析研究,归纳其相应的规律并寻找可行的解决办法和培育路径。

理论分析只有立足于现状才能更好地服务于实践,网络空间大学生社会责任感的培育也是如此。因此,为了深入研究网络空间大学生社会责任感的培育机制和方法、分析和探寻有效的培育路径和模式,我们就需要进行相应的调查和问卷分析整理工作,以期真实、全面地了解当代大学生网络空间社会责任感的真实现状,把握相关的影响因素。

我们在调查过程中,主要通过网络调查的方式,借助问卷网平台,建立网络空间大学生社会责任感的调查问卷,通过宣传发动和甄别汇总,共收到有效问卷1128份,样本学生覆盖到了各个年级,专业分布广泛,既有本地的学生,也有IP地址显示为省内其他地市如长沙、衡阳、常德、株洲、张家界等地的学生,还有IP地址显示为省外如广东、浙江和辽宁等地的学生,可以说是具有相应的代表性。

在调查问卷的内容设计上,共设计了38道题,分为单选和多选两种题型,需要10分钟左右的时间来完成。这些题目与大学生的网络空间生活紧密关联,通过大学生在网络空间的行为表现和选择来了解和分析他们所具有的社会责任感,包括对网络的使用、网络空间行为的认知、网络空间自我行为表现,还有对当前网络的热点事件的了解和看法等。具体来说,主要包括以下四个模块。

一是大学生在网络空间的行为状况,如网络使用、网络基本行为情况。如第一题调查大学生在网络上经常讨论的话题,选项有情感体验、社会问题、兴趣爱好、校园生活、学习、人生、网络知识等,从中可以了解他们在网络空间是否具有相对集中的行为,如何进行社会问题讨论等。如果对社会问题讨论比较多、讨论也比较深入,就表现为有比较高的社会责任感;如果对社会问题基本不加讨论或完全不提及,那就可见其社会责任感是比较弱的。调查表明40.78%的大学生在网络空间会讨论一些社会问题,说明大学生在网络空间对社会问题积极关注并展开讨论,也就表现出比较强的社会责任感。又比如第三题,调查的是大学生在网上经常查询的具体信息内容归类情况,包括休闲娱乐信息、生活服务信息、计算机软硬件信息、电子书籍、社会文化信息、教育信息、科技信息、新闻、军事信息、体育信息、求职招聘信息、商贸信息、旅游交通信息和各类广告信息等选项。大学生比较关注休闲娱乐信息是比较正常的,这是大学生日常生活中的重要内容。如果大学生具有一定网络空间社会责任感,就会在休闲娱乐之外较多地关注社会文化信息、教育、科技、军事和新闻等方面的信息。调查数据显示,大学生关注社会文化信息、教育、科技、军事和新闻等方面的信息人数平均达到了41.38%,可见大学生在网络空间还是具有强烈的社会责任意识,也表现了一定的社会责任感。

二是大学生在网络娱乐、网络表达、网络交际等方面所表现出来的态度。如对网友身份和话语的信任度是否与现实生活空间一样,与陌生网友的见面约会或网恋、在网络上表达观点或意见时是否顾及别人的感受,还有是否经常浏览红色主题网站(宣传学习网站),等等。这样的问卷设计一方面重在了解大学生在网络空间的行为所表现的网络道德是否正确,另一方面也是在考察和了解大学生在网络表达和网络交际上是否具有一定的社会责任感。

三是大学生对网络行为的社会责任价值判断。如对网络游戏的态度、网络成瘾的自测、对抖音快手等短视频平台的利弊分析;也包括了网红对大学生的影响、大数据杀熟、网络主播、饭圈文化等网络现象及其所承载的社会责任的看法、观点以及价值判断等。这些问题能够从一定程度上了解网络空间大学生的社会责任感,了解他们能否把现实生活中所表现的社会责任感运用和迁移到网络空间的事件上来,能否具有对网络空间社会责任的正确看法,并正确做出自己的价值判断,从而体现在网络空间事件的正确认知和有效行为上来。

四是大学生对网络空间失范行为的态度和观点,特别是面对网络空间失范行为所采取或想要采取的行动的情况。这主要是考察大学生是否能够把自己的社会责任感落实到网络空间的社会生活事件上来,从而更加直接地考察网络空间大学生社会责任感的具体表现。我们还设计了对网络不文明行为的做法、在网上看到不良信息或不当言论时的做法、对网络沉迷等的做法等题目,以从不同维度了解和把握大学生的网络行为所表现出来的社会责任感。

总体来说,此调查问卷能够在一定程度上体现对网络空间大学生社会责任感的认知、履行和担当情况,能够观察和分析到网络空间大学生社会责任感的真实状况,并为网络空间大学生社会责任感的培育提供一定的数据支持和现实依据。

二、调查问卷及数据

本书主要通过问卷网进行无记名网络远程调查,通过各种形式宣传和发动在校大学生进行网上填写。经过近 6 个月的时间,收集到了 1128 名学生的有效问卷,具体问卷及数据情况如下。

Q1:你在网上经常谈论的话题主要有哪些?

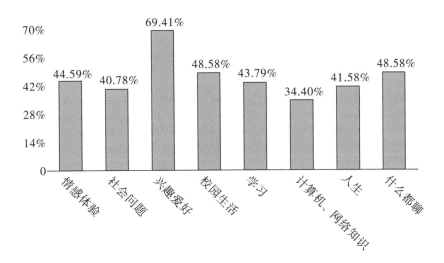

Q2:你经常使用的网络服务/功能有哪些?

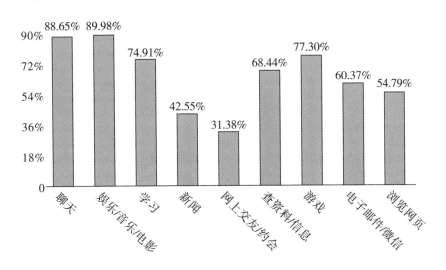

Q3：你在网上经常查询哪方面的信息？

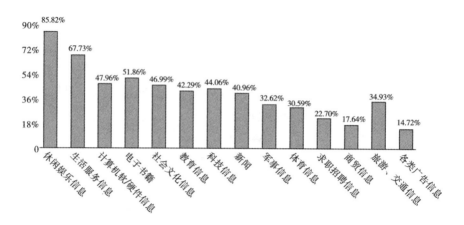

Q4：对于网络不文明行为，你通常的做法是什么？

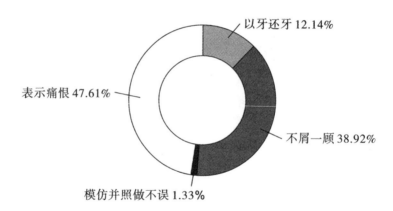

Q5：你是否有控制自己玩网络游戏的经历？

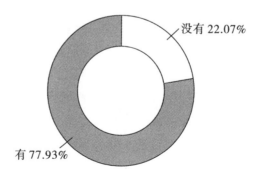

Q6：你有没有通宵玩网络游戏的经历？

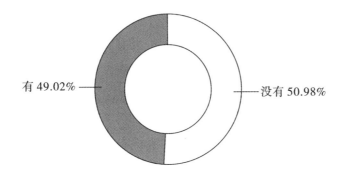

有 49.02%　　没有 50.98%

Q7：你认为网络游戏对大学生学习/生活的影响主要是什么？

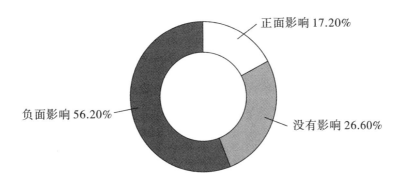

正面影响 17.20%

负面影响 56.20%　　没有影响 26.60%

Q8：你对网友的身份和话语的信任度如何？

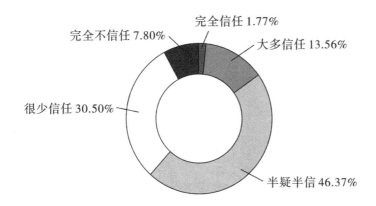

完全不信任 7.80%　　完全信任 1.77%

大多信任 13.56%

很少信任 30.50%

半疑半信 46.37%

Q9：你有与网友见面的经历吗？

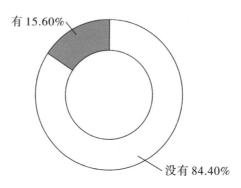

Q10：你在网上表达观点或发表意见时，是否顾及别人的感受？

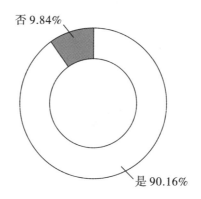

Q11：你认为自己是否有网瘾？

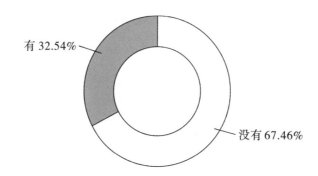

Q12：你在教室自习或在图书馆阅读时，需要使用手机时习惯于怎么做？

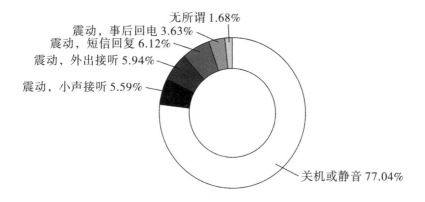

无所谓 1.68%
震动，事后回电 3.63%
震动，短信回复 6.12%
震动，外出接听 5.94%
震动，小声接听 5.59%
关机或静音 77.04%

Q13：大学期间你用手机做过以下哪些事？

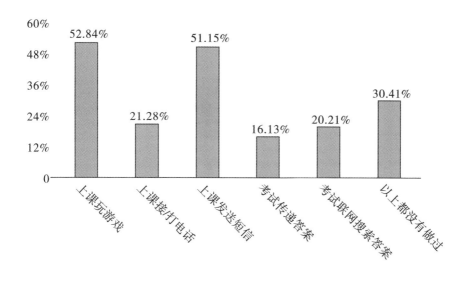

Q14:你经常浏览红色网站(党、团宣传学习网站)吗?

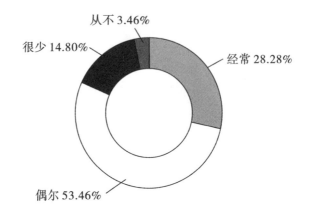

从不 3.46%
很少 14.80%
经常 28.28%
偶尔 53.46%

Q15:你在网上看到不良信息或不当言论时通常会怎么做?

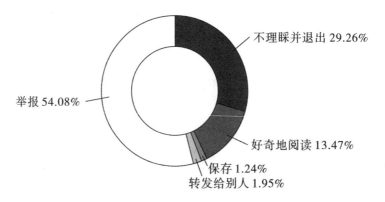

不理睬并退出 29.26%
举报 54.08%
好奇地阅读 13.47%
保存 1.24%
转发给别人 1.95%

Q16:网络对你的人生态度的影响是什么?

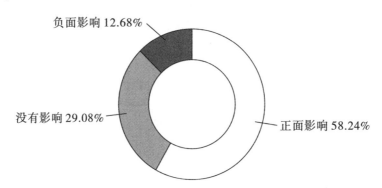

负面影响 12.68%
没有影响 29.08%
正面影响 58.24%

Q17：与现实生活中的你相比，网上的你是什么样的？

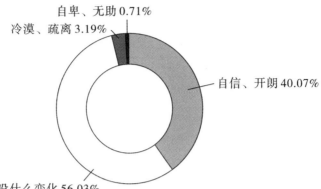

Q18：你有过网恋的经历吗？

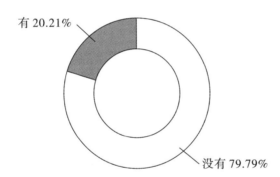

Q19：你经常刷抖音、快手之类的短视频吗？

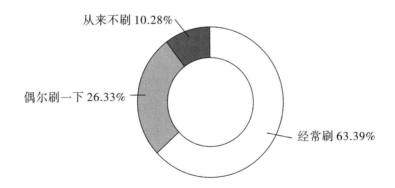

Q20：你认为刷短视频是利大于弊还是弊大于利？

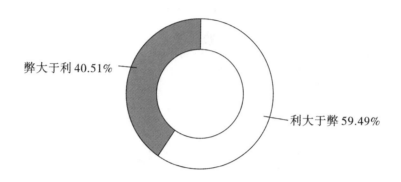

弊大于利 40.51%　　　　　利大于弊 59.49%

Q21：你觉得使用短视频软件的积极作用有哪些？

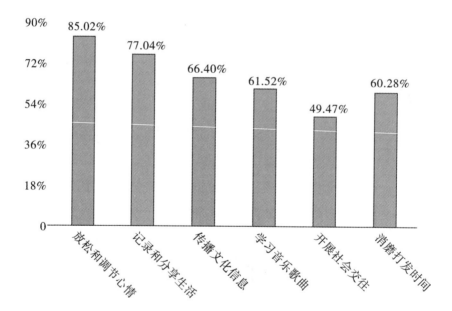

Q22:你认为刷短视频的消极作用有哪些?

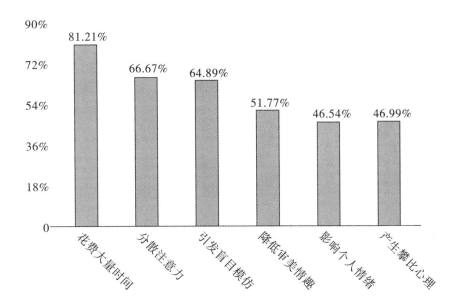

Q23:你关注网红吗?

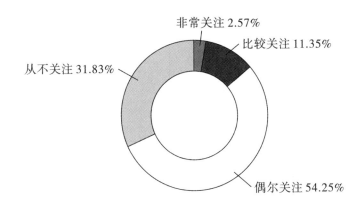

Q24：你是否想成为一名网红？

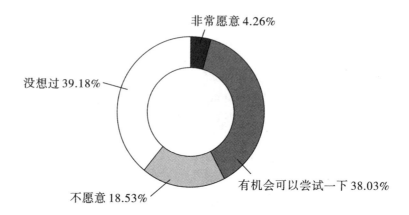

非常愿意 4.26%

没想过 39.18%

有机会可以尝试一下 38.03%

不愿意 18.53%

Q25：你认为网红影响了你的哪些方面？

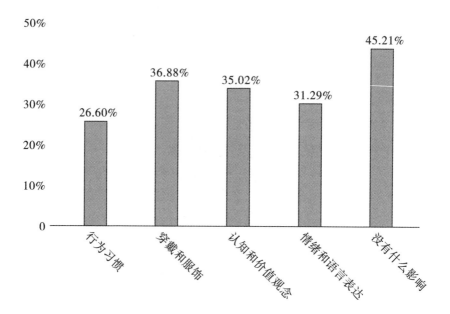

Q26：你对人工智能了解吗？

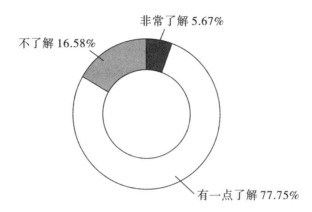

非常了解 5.67%

不了解 16.58%

有一点了解 77.75%

Q27：你认为人工智能的本质是什么？

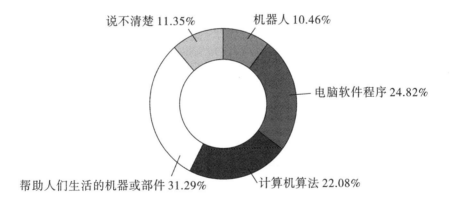

说不清楚 11.35%　　机器人 10.46%

电脑软件程序 24.82%

计算机算法 22.08%

帮助人们生活的机器或部件 31.29%

Q28：你认为人工智能有什么用途？

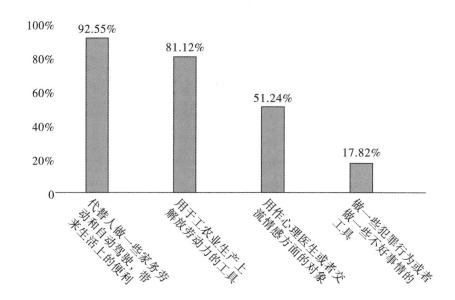

Q29：你认为人工智能在未来会危害人类吗？

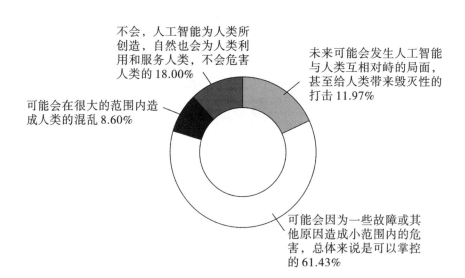

Q30：你是如何了解到"大数据杀熟"这种现象的？

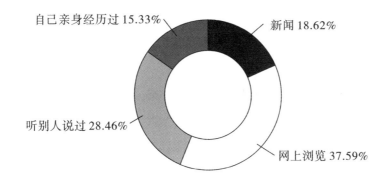

自己亲身经历过15.33%
新闻18.62%
听别人说过28.46%
网上浏览37.59%

Q31：你对"大数据杀熟"怎么看？

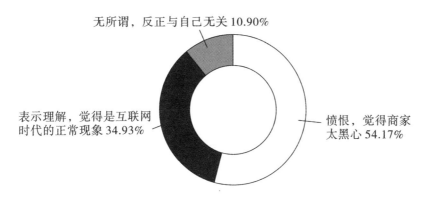

无所谓，反正与自己无关10.90%
表示理解，觉得是互联网时代的正常现象34.93%
愤恨，觉得商家太黑心54.17%

Q32：如果你发现自己被"大数据杀熟"，你会怎么处理？

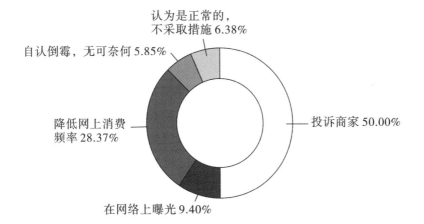

认为是正常的，不采取措施6.38%
自认倒霉，无可奈何5.85%
降低网上消费频率28.37%
投诉商家50.00%
在网络上曝光9.40%

Q33：你如何看待网络主播？

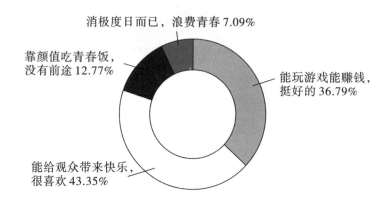

消极度日而已，浪费青春 7.09%

靠颜值吃青春饭，没有前途 12.77%

能玩游戏能赚钱，挺好的 36.79%

能给观众带来快乐，很喜欢 43.35%

Q34：你如何看待大主播们的收入成百上千万？

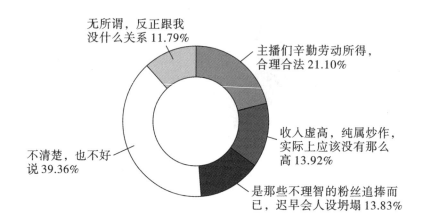

无所谓，反正跟我没什么关系 11.79%

主播们辛勤劳动所得，合理合法 21.10%

收入虚高，纯属炒作，实际上应该没有那么高 13.92%

不清楚，也不好说 39.36%

是那些不理智的粉丝追捧而已，迟早会人设坍塌 13.83%

Q35:假如你的某位同学毕业后想去做主播,你怎么看?

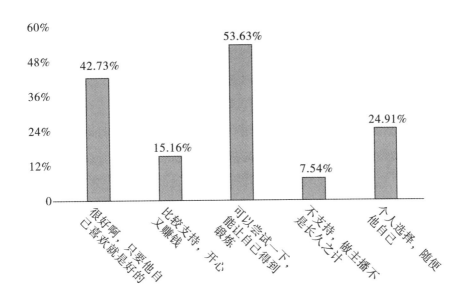

Q36:目前直播平台众多,你如何看待直播行业的发展?

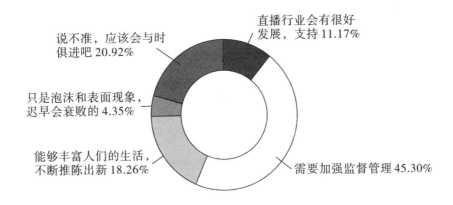

Q37：你对饭圈文化及现象的看法是什么？

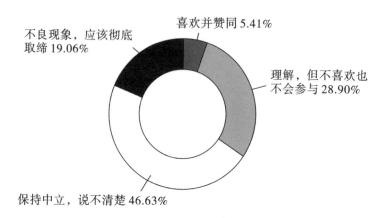

不良现象，应该彻底取缔 19.06%

喜欢并赞同 5.41%

理解，但不喜欢也不会参与 28.90%

保持中立，说不清楚 46.63%

Q38：关于网络社会责任，你认为以下哪些观点是正确的？

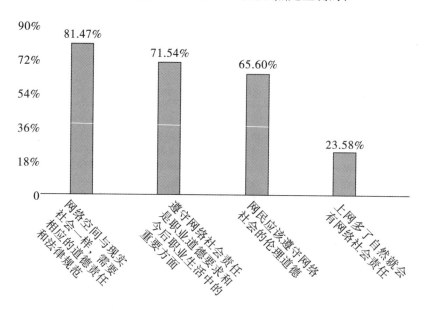

- 网络空间与现实社会一样，需要相应的道德责任和法律规范 81.47%
- 遵守网络社会责任是职业道德要求和今后职业生活中的重要方面 71.54%
- 网民应该遵守网络社会的伦理道德 65.60%
- 上网多了自然就会有网络社会责任 23.58%

三、调查所得结论

结合调查数据及访谈交流情况，关于网络空间大学生社会责任感及其培育问题，可以得出以下结论。

第一，当代大学生受网络环境的影响较大，他们在网络空间也具有较高的社会责任感,即网络空间大学生社会责任感处于较高水平。这主要表现为大学生在网络空间里能够自我践行社会责任要求,他们的立身行事和言行举止能够表现出社会责任担当,也能够基本符合当前社会发展对网络空间社会行为的规范和要求,从而表现为具有较高的社会责任感。如在网上表达观点或发表意见时,90.16%的大学生会顾及别人的感受。这说明他们能够在网络空间注意自己的观点和意见给别人的影响,也能够自省自己的网络言行和观点意见的社会反应,说明他们的内心深处是注意到了网络空间应有的社会责任感;同时,47.61%的大学生对网络不文明行为表示痛恨,说明大学生对网络空间的行为具有良好的价值判断,能够从心理上对不文明行为进行谴责,这也表现出了一定的社会责任感和社会责任意识。特别是在网上看到不良信息或不当言论时,54.08%的大学生表示会进行举报,这很好地说明半数以上的大学生具有高度的社会责任感。在面对危害社会的不良信息或不当言论时能够挺身而出进行制止,其实就是高度社会责任感的生动体现。当然,其中也还有29.26%的大学生表现不理睬并直接退出,这其实也是表达网络空间社会责任感的一种形式,虽然没有挺身而出进行举报,但至少做到直接漠视而不受蛊惑,这也是具有较高社会责任感的表现。大学生对于大数据、人工智能、网络直播等都表现出了应有的认知态度,如54.17%的大学生会对"大数据杀熟"表示愤恨且觉得商家运用算法来谋利是黑心的表现;如果自己被"大数据杀熟"后,50.00%的大学生会投诉商家,9.40%的大学生会直接在网络上进行曝光。姑且不说这样的投诉或曝光能够在多大程度上维护自己的利益,至少可以说明大学生们意识到了这种行为有违社会责任,通过自己的投诉或曝光来让更多的大数据杀熟事件不再发生,其实也是在高度的社会责任感驱使下才会有的行为。

　　大学生具有较高的网络空间社会责任感,是他们较高的自身素质和良好的社会氛围所共同作用的结果。大学生是社会中比较特殊的一个群体,在他们身上体现了明显的群体性特征。"当代青年大学生群体思想上向往独立,行为上追求标新立异,逐渐正视并积极追求个人的价值尊严和利益要求,其的自我意识、进取精神明显增强。"①作为新时代青年的大学生,他们所接受的是高等教育,要承担的是社会进步、国家繁荣和民族复兴的重大责任。因此,充分认识到自己身上的责任和使命,这是当代大学生身上比较鲜明的特点,也是他们的行为所表现出来的品质。首先,他们已经成年,即使心智方面还有不够成熟的地方,经过多年的成长历练,他们也已经初步具备了识别社会现象、承担社会责任的心智条件和判断能力,这为他们履行社会责任奠定了现实基础,也为其社会责任感的培育和养成提供了可能。其次,大学生已经接受了多年的学校教育,特别是思想政治方面已经初步形成了正确的世界观、人生观和价值观,也具有较强的学习能力、思维能力和社会活动能力,对现实生活中的各种现象都具有自己的价值判断标准和行为规范,能够从社会责任承担的角度来选择和判断自己的言行。最后,大学生有着丰富的网络生活体验,他们都是在网络环境下成长起来的,网络空间是当代大学生最重要的生存环境和生活空间。他们人人都拥有手机、电脑等多个能够登录上网的终端设备,而且这些终端设备越来越高级,通过网络获取信息资源更加方便快捷。当代大学生的知识面也更加丰富、视野更为开阔、思维更为活跃、接受各种新事物的能力很强,也很善于利用网络来获得有价值的信息资讯,特别是上网成为生活常态。可见,网络和网络环境对当代大学生的世界观、人生观和价值观都产生了重大影响,当然也就对他们的社会责任感产生影响。

因此,我们面对网络空间,要高兴的是当代大学生能够以自己的言行表现出较高的社会责任感,能够担当清朗的网络空间建设的时代责任。当代大学生较高的社会责任感是网络空间健康发展的重要保障,也是今后网络社会建设、未来互联网发展的坚实基础。

第二,大学生在网络空间所表现的社会责任感并不平衡。这既是大学生群体的整体表现,也是个体与现实生活中的社会责任感表现对比而言的。在现实生活中,"大学生的社会责任感总体状况良好,绝大多数人对自己所

---

① 包雅玮、程雪婷:《青年大学生社会责任感培育研究》,中国社会科学出版社,2017 年版,第98 页。

生活的周边环境都有比较强烈的责任意识,对与自己不相识的人都能够给予关心和帮助"①,大学生在现实生活中都表现出较高的社会责任感。然而,在网络空间里的这种社会责任感悄然有了变化,这主要体现在对网络空间的认知上,大学生对网络空间生活现象的态度与现实生活中的态度有不同。如在现实生活中,大学生都能够意识到要以学习为主要任务,不会过多地把时间花在游戏活动中,也能够以对自己负责的态度对待自己的日常生活和社会生活,也会顾及自己行为对他人、对社会的影响而克制和控制自己的行为。然而,在对待网络游戏的态度问题时,有49.02%的大学生有通宵玩网络游戏的经历,43.80%的大学生认为网络游戏对自己的学习生活没有影响甚至有正面影响,这不仅反映了大学生的自我责任感的松懈,也反映了他们对网络游戏不良社会影响的认知较低,更没有从社会责任感的角度出发来对待网络游戏。而对网络相关的一些不良行为或现象也有不同的认知和行动,如32.54%的大学生认为自己已经网络成瘾,20.21%的大学生承认自己有网恋的经历。这些都说明,网络对于当代大学生来说,已经不是我们所认为的传统意义上的辅助性工具,网络已经成为生活中非常重要的生活空间,并且在社会责任感上也引起了不小的变化。这种变化主要体现在社会责任感不均衡,相对现实生活有弱化、淡化的迹象,在网络空间里更加关注自己当下的快乐。如网络游戏给自己带来的暂时性满足感,并由此认为网络游戏的正面影响大于负面影响,也更多地强调短视频对自己有更多的积极作用,如可以放松和调节心情、记录和分享生活、传播文化信息、学习音乐歌曲、开展社会交往、消磨打发时间等,对其消极作用只是看到了花费大量时间、分散注意力、引发盲目模仿等表面现象,没有留意到网络空间里自身社会责任感的变化,也没有看到其对自我成长成才和社会责任感培育的不良影响。

第三,大学生易受网络空间不良观念和舆论的影响,在社会责任感上也容易受到潜移默化的不良影响甚至是误导,而且容易沉浸在这种价值观中不能自拔,从而影响到自我的价值观和社会责任感。网络空间因其自身的

---

① 刘峰:《当代大学生社会责任感培育实证性研究》,中央编译出版社,2019年版,第89页。

特点,特别是在眼球经济及商业利益的驱使下,有一些媒体平台大量推送质量参差不齐、价值不高、标榜利己主义的不良信息,往往产生个人主义泛滥、利己主义盛行、过度娱乐化和网络暴力等问题,大学生更容易受到此类信息的长期侵蚀而对其社会责任感产生不良影响。如在价值观上,大学生在网络空间更注重个人利益而轻视集体利益,对社会、集体和他人的责任感明显不足,强调个人的获得感和当下的满足感,对于将来、他人和社会的关注程度明显下降。

如在对待网络主播的观点上,80.14%的大学生认为网络主播们"能玩游戏能赚钱,挺好的",也认为网络主播"能给观众带来快乐,很喜欢",并且有57.89%的大学生认为毕业后做主播是很好的,只要自己喜欢就好而持比较支持的态度;对网络主播们成百上千万的高收入,21.10%的大学生只看到这是主播们的辛勤劳动所得,没有看到这个收入背后所应承担的社会责任。可见,大学生更多的是从个人的角度出发来理解和把握当前的网络主播和网络空间的事件,没有看到网络主播等网络公众人物所应当承担的社会责任及其如何更好地履行社会责任。这说明对这些事件的社会责任感还没有提升到应有的高度,也没有真正从社会责任的角度来思考和应对这些情况。另外,有近4%的大学生在网络空间比现实生活中会变得更加冷漠、疏离、自卑和无助,虽然数量占比不多,但也透露出极少数的大学生在网络空间社会责任感的不良变化,这也应当引起我们的重视。

第四,大学生在网络空间社会责任感落实和行动担当方面缺少理性思考和理性行动。在现实生活中比较理性的大学生一到网络空间就表现得更为感性,随意性更强、主观性更为突出,遵守社会责任的道德自觉性明显降低,维护网络空间良好秩序的愿望和行动更是明显减少了很多,特别是在网络空间的情绪更加容易受到影响,知易行难的现象更为突出。如12.68%的大学生认为网络对自己的人生态度具有负面影响,而58.24%的大学生认为网络对自己的人生态度具有正面影响;对于网络主播、饭圈文化现象的看法也有不到位的地方,如46.63%的大学生对饭圈文化持中立的态度,表示"说不清楚",从而不能旗帜鲜明地进行反对,这也就说明很大一部分的大学生对饭圈文化的看法还需要从社会责任感的角度进行提升认识。

第五,网络空间大学生社会责任感的培育有十分重要的现实需求。如23.58%的大学生认为上网多了就自然会有网络社会责任感,这显然是对网络空间社会责任感培育的误解,也没有认识到培育网络空间社会责任感的正确方式。可想而知,持有此类观点的大学生在网络空间社会责任感的培育上是不会主动下功夫的,更不会有自觉行动的。这就需要我们从教育的角度、从大学生成长成才的角度,多措并举对他们进行网络空间社会责任感的培育。还有,对网络直播行业的发展,20.92%的大学生认为其发展自然会与时俱进,这也是对网络空间社会责任感的培育认识不足的表现。从以上调查数据来看,大学生的社会责任感还有需要提升的空间。网络空间社会责任感不是自然就有的,也不会随着网络主体和社会的发展而自发地形成,这就需要我们从社会责任感培育的角度开展相应的大量的细致落实工作。

第三节　网络空间大学生社会责任感培育的机遇与挑战

习近平总书记指出:网络空间是亿万民众共同的精神家园。网络空间天朗气清、生态良好,符合人民利益。网络空间乌烟瘴气、生态恶化,不符合人民利益。谁都不愿意生活在一个充斥着虚假、诈骗、攻击、谩骂、恐怖、色情、暴力的空间[①]。他还指出要积极推进互联网内容建设,弘扬新风正气,深化网络生态治理,要坚持发展和治理相统一、网上和网下相融合,广泛汇聚向上向善力量。这说明了加强网络空间建设、营造清朗的网络氛围,对于加强和谐社会建设、强化社会责任感培育具有重要的现实意义。做好网络空间大学生社会责任感的培育,需要我们不断提高对网络空间社会责任感培育的认识、需要明确所面临的机遇和挑战,并构建良好的路径,以真正增强网络空间大学生社会责任感的培育实效。

---

① 中共中央党史和文献研究院:《习近平关于网络强国论述摘编》,中央文献出版社,2021年版,第71页。

一、网络空间大学生社会责任感培育的现实意义

网络空间作为新兴的虚拟社会公共空间,是现实社会公共空间的延伸组成部分,已成为全体社会成员所共享的、与现实社会公共空间并存的第二大公共空间。作为一个社会公共空间,人们在网络空间里传递信息、获取资讯、交流互动、开展工作及进行相关活动,在网民生活和社会发展中发挥日益重要的作用。因此,加强网络空间社会责任感培育具有非常重要的现实意义。

第一,加强网络空间大学生社会责任感的培育有利于推进清朗网络空间建设。要营造风清气正的网络氛围、建设清朗的网络空间,就需要每一个网民都以强烈的社会责任感来规范自己的网络言论和网络行为。然而,作为网民主力军的大学生网民在如何有效使用网络空间这个问题上,基本上是在自我摸索和自我实践中完成的,没有系统地接受过网络伦理、网络道德等网络空间道德规范教育,再加上网络空间的虚拟性、开放性等特征,大学生往往一到网络空间中就会有很多因缺乏社会责任感而引发的网络失范行为。另外,一些网民或网络平台无视自己的社会责任,也没有严格监管网民的行为,再加上缺乏高度的网络行为自律精神,甚至个别网民和网络平台企业为了经济利益和商业流量而不择手段,放任不管甚至主动制造一些不良信息、不实材料、虚假事件以博取眼球和社会关注;刻意制造偏激的网络舆论以裹挟网民,在发表网络言论、报道社会生活事件的过程中,不讲事实、只凭主观臆断而妄加评说,侵害他人名誉和隐私等,污染和破坏了网络空间的良好氛围,有的还利用网络走上违法犯罪的道路。出现这些现象的主要原因就是忽视了网络空间社会责任感的培育,也未能在网络空间承担相应的社会责任。因此,我们要建设清朗的网络空间,除了加强网络法治建设外,就要加强网络空间社会责任感的培育,让置身网络空间的每一个网民都能够具有强烈的社会责任感。这既是网络空间健康发展的内在要求,也是推进清朗的网络空间建设的现实需要。

第二,加强网络空间大学生社会责任感的培育有利于新时代大学生的全面发展和成长成才。这是引领新时代大学生全面发展的重要内容和有效

抓手。新时代是大学生成就梦想的时代,也是大学生全面发展的时代。作为新时代的大学生,除了知识水平不断提升、知识结构不断丰富完善之外,其全面发展也是题中应有之义,特别是强烈的社会责任感越来越成为新时代大学生综合素质的核心素养。大学生处于人生拔节孕穗期,他们充满青春活力、孕育无限希望,为了更好地担当历史使命,需要实现自我的全面发展,这里的全面发展自然就包括了在网络空间中的全面发展。社会责任感的培育对新时代大学生的全面发展有着重要的引领作用。作为新时代的大学生,他们从小就深入接触和融入了互联网,网络空间成为生活中非常重要的一部分,网络空间的社会责任感也是同等重要的。因此,新时代大学生要实现全面发展,既要在网下的现实生活空间中实现德、智、体、美、劳等多方面的成长与发展,培育强烈的家国情怀和社会责任感;也要在网络空间里强调对社会、对国家、对他人的责任感,做到在网络空间里遵守相应的网络伦理和道德规范,履行相应的社会责任,积极传播正面信息、客观发表相关言论、自觉维护他人合法利益和社会公共利益,努力实现网络空间里的个人与社会、个人与国家协调发展。新时代大学生只有满怀爱国情怀、强化责任担当、增强历史自觉,才能更好地扛起历史责任并付诸实际行动,用自己负责任的言行更好地促进社会的发展和自我的全面发展。这也是新时代大学生全面发展的内在要求和重要表现。

第三,加强网络空间大学生社会责任感的培育有利于更好地培养时代新人。现在的青少年绝大多数在不愁吃穿的环境中长大,培养他们的责任感、坚强意志、吃苦耐劳精神需要比过去付出更多努力。事实告诉我们,如果只注重在现实生活空间加强大学生的社会责任感培育是远远不够的。网络空间大学生社会责任感的培育,既是培养时代新人的现实要求和不可缺失的一环,也是新时代大学生思想政治素质提升和综合素养培育的重要组成部分。我们在加强网络空间大学生社会责任感培育时,除了让他们更好地了解网络社会的伦理和所应承担的社会责任,还要让他们有效矫正错误的价值观念,提升他们的思想道德素质,更好地坚定其马克思主义信仰、坚定投身社会主义伟大实践的信念和信心,增强他们对社会主义核心价值观的理解和情感认同,更好地培养能够担当民族复兴大任的时代新人。

二、网络空间大学生社会责任感培育面临的机遇

新时代以来,整个社会非常重视网络空间的建设,特别是新时代思想政治教育工作对网络空间大学生社会责任感的培育也提出了很多新的要求,既促进了网络空间的建设和网络社会的发展,也给网络空间大学生社会责任感的培育带来了新的机遇。

第一,我国大学生网民的网络素养不断提升。大学生网民的数量规模在不断增加的同时,其网络素养也不断提升,为网络空间大学生社会责任感的培育提供了现实基础。根据《第 52 次中国互联网络发展状况统计报告》,截至 2023 年 6 月,我国网民规模达 10.79 亿人,20～29 岁网民占比为 14.5%,网民的人均每周上网时长为 29.1 个小时,较 2022 年 12 月提升 2.4 个小时。大学生网民在人数和上网时长方面都占据了相当大的比例,成为网络空间比较活跃的群体,同时大学生网民的网络素养也不断提升。王睿、黄斌、杨馨宇[1]等借助问卷,通过线上匿名调查的方式对 10 所办学层次、类型和地域各异的高校大学生进行了网络素养方面的调查和统计分析,结果表明:大学生网络素养的整体水平较高,他们在网络信息获取、网络信息交流、网络信息鉴别、网络信息安全、网络道德法律和网络行为管理方面都有积极的认知和不错的表现。网络素养的内容包括网络空间的社会责任意识和社会责任感,具有较高网络素养的网民能够清晰地认识到自己的网络社会责任感和对网络社会和谐稳定所负有的重要责任,并以此来规范和调整自己在网络空间的言行,还能够在面对不良网络言行或网络失范行为时,主动反思并积极地跟这些不良言行和失范行为做斗争,更好地发挥社会责任感在网络空间的价值引领和行为规范作用。因此,网络空间大学生社会责任感的培育随着大学生网络素养的提升而具备了良好的现实基础。

第二,以互联网技术为主要代表的现代信息技术,为网络空间大学生社

---

① 王睿、黄斌、杨馨宇:《大学生网络素养现状调查及教育对策研究》,载《内江师范学院学报》,2022 年第 8 期,第 113-119 页。

会责任感的培育提供了技术保障和物质条件。现代信息技术深度参与介入教育改革进程,改变了传统的教育格局和教育样式,不仅创新了线上教育教学的教学方式、学习方式和管理方式,也在网络空间以特有的方式重新提出并回答了"培养什么人、怎样培养人"等核心问题,以服务育人、协助成人为宗旨的线上教育实践活动带来了教育教学方式的发展嬗变,改造和丰富了教育实践的内涵、形态与方式,更为重要的是信息技术手段在网络空间里有力地尊重和呵护人的本性、焕发人的生命活力、激发人的生命潜能,作为一种桥梁通往人的生命成长而发挥了重要的育人价值①。网络空间是以互联网为代表的现代信息技术发展所催生出来的一个跨越国家边界、地域限制的虚拟空间,大学生是这个空间的主力军和生力军;而现代信息技术的发展,又为大学生构建了基于网络空间的智慧学习平台,特别是云计算、大数据等新一代信息技术充分融入教育教学的全过程,更不断地推动着网络空间教育和在线学习活动发展。特别是 2020 年以来,大学生在网络空间的学习活动和学习方式已经逐步成为一种新的学习常态。如此,网络空间大学生社会责任感的培育,就依托以互联网为代表的现代信息技术而实现了全新的发展。

在网络空间大学生社会责任感培育的过程中,借助现代信息技术可以实现社会责任感培育的可视化和个性化,还可以实现培育形式多样化、培育内容形象化等,更重要的是可以借助现代信息技术手段实现网络空间社会责任感培育的全过程管理,更好地促进网络空间与现实生活空间的线上与线下、虚拟与现实、动态与静态的相互融合,以充分为网络空间大学生社会责任感培育提供更多技术手段和技术保障。同时,网络空间也为大学生社会责任感的培育提供了海量资源和鲜活案例。在网络空间,各种信息、各类事件层出不穷,其中既有体现了社会责任感的信息和案例,也有违背社会责任感的信息和案例,正反两方面的信息和资源,为网络空间大学生社会责任感的培育提供了极为丰富的教学资源宝库。在网络空间大学生社会责任感的培育过程中,可以利用这些海量的互联网资源,实现互联网信息资源向网

---

① 李政涛:《现代信息技术的"教育责任"》,载《开放教育研究》,2020 年第 4 期,第 13–26 页。

络空间大学生社会责任感培育的有效转换，并最大限度地发挥其作用，这也是网络空间大学生社会责任感培育的全新发展机遇。

第三，人们对网络空间的认识不断提升和深化，为网络空间大学生社会责任感的培育奠定了良好思想基础。人们之前曾把网络空间看作是独立的虚拟空间，每个人都以数字化的形式模拟和呈现自己的言行，这样拓展了获取和表达信息的深度和广度，又增添了观点交流与情绪表达的渠道。然而，也让人觉得在网络空间里摆脱了时间和空间的限制，好像有了海阔凭鱼跃、天高任鸟飞的感觉，特别是完全打破了地域、年龄、身份、地位等现实生活中的种种限制，无须表明自己的真实身份就可以表达观点、宣泄情感、得到回应和满足。人们就把网络空间作为"相对独立的生活空间，与真实世界共存从而拓展人们的生活世界"，从而"使得人可以体会主体在其所欲求的世界中生活"[①]。

随着技术的发展和社会的进步，人们对网络空间特性和规律的认识不断深化，逐步认识到网络空间与现实空间是交互存在的。目前，人们主要认为网络空间与现实空间是高度融合的，网络空间本质上是现实生活的反映和延伸；认为除了在表现形式上依靠信息技术而具有虚拟性之外，网络空间与现实生活高度融合并具有与现实生活空间相同或相似的属性和要求。在现实生活空间与网络生活空间的关系上，认为现实生活空间是网络空间的信息源头，网络空间的所有信息都来源于现实生活空间，即使是虚构的网络谣言也与人们的现实生活具有千丝万缕的联系，不然这种谣言也无法得到传播。网络空间也就成为现实生活空间的信息化延伸，人们在网络空间里交流交往所形成的联系实质上就是现实生活中各种关系的反映。本质上还是现实社会关系在网络空间的投射，现实社会生活中的各种风俗习惯、行为方式、思维模式、制度规则等构筑起了网络空间的生态环境，在网络空间里所产生的矛盾也是现实社会生活中各种矛盾的反映和折射。

如从大学生网络空间社会交往来看，数据显示 63.2% 的学生表示自己的网络好友中超过 80% 是线下已经结识的，大部分是自己大学同学及高中

---

① 王贤卿：《道德是否可以虚拟》，复旦大学出版社，2011 年版，第 60 页。

同学,其余是通过网络结识或朋友介绍发展而来。① 在这种熟人交往的模式下,对网络空间的认识也更加具体化、可感知,也就为网络空间大学生社会责任感的培育提供了更好的感性认识。网络空间中的言论和行为实际上就是现实社会生活空间中的人作为主体而实施的。我们在现实社会生活空间中都会注重社会责任感,这是人们的共识,那么,在网络空间中同样需要强烈的责任意识和社会责任感也就更容易被普遍接受和认同。调查显示,81.5%的大学生认为网络空间与现实社会一样需要相应的道德责任和法律规范,71.5%的大学生认为遵守网络空间的社会责任是职业道德要求和今后职业生活中的重要内容。

第四,网络空间的意识形态属性日益为人们所重视。现实生活空间具有强烈的意识形态属性是人们所共知的,网络空间作为与现实生活空间相融合的产物,其中所进行的思想交流、信息传播以及情感表达等自然就会打上意识形态的烙印,因而具有意识形态的属性。正如王延隆所认为的,网络空间是影响网民思想价值观念等形成的重要场域,通过数字化、虚拟化和信息化的方式影响和再造网络空间的社会经济与政治、法律与道德等秩序,同时也反过来会影响到现实生活空间里的人们,网络空间作为社会不可或缺的组成部分,其本身具有意识形态性②。这种意识形态的属性主要表现在意识形态的现实投射,是现实社会生活空间中的意识形态在网络空间里如影随形的投射。人们在网络空间里所表现的言行往往反映其在现实社会生活空间中所相对应的言行,体现着现实社会生活空间中的主流价值观和价值向导,并反作用于现实社会生活空间;也与现实社会中的行为表现有着相似的功能。因网络空间行为主体的多元性表现为多元意识形态相互影响和相互渗透,需要我们增强网络空间意识形态的凝聚力和引领力。另外,网络空间意识形态熄灭论的观点也遭到了猛烈抨击③,它违背唯物史观,将网络比

---

① 杨咏、冯锐、李亚娇:《大学生网络社交现状与学习方式的变化探索》,载《远程教育杂志》,2014 年第 6 期,第 65-71 页。

② 王延隆:《网络空间社会主义意识形态的本质、逻辑与引领》,载《湖北社会科学》,2020 年第 8 期,第 27-28 页。

③ 薛永龙、郝立新:《"网络空间意识形态熄灭论"的话语策略及其批判》,载《内蒙古社会科学》,2022 年第 9 期,第 8-14 页。

作思想的真空地带,企图割裂和否定技术与意识形态的联系,其目的就是散布网络自由主义,并以此来攻击网络空间的意识形态属性,以争夺网络空间意识形态建设的领导权。

第五,有关网络空间的文明倡导和法治建设活动深入人心。《世界互联网发展报告2023》显示,从全球互联网发展来看,信息基础设施建设逐渐成为大国关注焦点,信息技术创新引领社会变革,人工智能、量子计算等新兴技术进入发展快车道,生成式人工智能等新技术治理也引发全球关注。《中国互联网发展报告2023》显示:截至2023年6月底,中国网民规模达10.79亿人,互联网普及率达76.4%,农村地区互联网普及率为60.5%;中国累计建成开通5G基站超过293.7万个,5G移动电话用户数达6.76亿;IPv6的活跃用户达到7.67亿,占互联网网民总数的71%。经过半个多世纪的发展,互联网的普及率已经非常高,网络空间日益融入社会生活,甚至可以说是已经成为与现实生活空间一致的平行世界,也成为人们日常生活的第二空间,成为人们日常生活中不可或缺的重要组成部分。因此,网络空间的文明和法治建设及其运行也引起了人们的高度重视和密切关注,也对其提出了新的要求。这既促进了网络空间的文明和法治建设,同时也给网络空间大学生社会责任感的培育带来了新机遇。

2014年11月,国家主席习近平向首届世界互联网大会致贺词,强调共同构建和平、安全、开放、合作的网络空间,建立多边、民主、透明的国际互联网治理体系。他指出,当今时代,以信息技术为核心的新一轮科技革命正在孕育兴起,互联网日益成为创新驱动发展的先导力量,深刻改变着人们的生产生活,有力推动着社会发展。互联网真正让世界变成了地球村,让国际社会越来越成为你中有我、我中有你的命运共同体。2015年12月,习近平主席在第二届世界互联网大会开幕式上的讲话中指出:"网络空间同现实社会一样,既要提倡自由,也要保持秩序。自由是秩序的目的,秩序是自由的保障。我们既要尊重网民交流思想、表达意愿的权利,也要依法构建良好网络秩序,这有利于保障广大网民合法权益。网络空间不是'法外之地'。网络空间是虚拟的,但运用网络空间的主体是现实的,应该遵守法律,明确各方权利义务。要坚持依法治网、依法办网、依法上网,让互联网在法治轨道上健康运行。同时,要加强网络伦理、网络文明建设,发挥道德教化引导作用,用人类文明优秀成果滋养网络空间、修复网络生态。"此后,网络空间就是现实社会生活反映的观点深入人心,面对互联网的大潮和网络空间的发展,人们进一步主动融入网络空间,在网络空间里坦诚相待、增强互信,以自己的实际行动营造良好的网络氛围。

2017年12月,中共教育部党组印发《高校思想政治工作质量提升工程实施纲要》,明确要求构建网络育人质量提升体系,要大力推进网络教育,不断加强校园网络文化建设与管理。对于网络平台、网络内容、网络队伍、网络空间建设等方面都提出了任务,明确加强师生网络素养教育、提升网络文明素养,更好地引导师生强化网络意识、树立网络思维、遵守网络行为规范,以养成文明网络生活方式,建设网络精神家园。此后,高校不断加强网络空间管理和网络文化建设,一批批网络育人工作项目如火如荼地展开,传递网络正能量、争做校园好网民等系列活动都推进了大学生对网络空间的认识。网络素养也就成为大学生的重要学习和提升内容,各地各校纷纷出台大学生网络素养指南或类似指导性文件,要求大学生要增强网络政治素养、网络法治素养、网络道德素养,养成健康的网络行为习惯,严守网络道德的基本要求和规范,加强网络空间的自我管理、增强对网络错误思想的辨别能力和抵制能力,并提升网络学习能力,从而把网络空间作为大学生自我全面发展的课堂,等等。这些不仅促进了网络空间的建设和发展,也为网络道德教育和网络空间大学生社会责任感培育奠定了良好的社会基础。

根据形势发展的需要,教育部组织制定和施行了《义务教育信息科技课程标准》《普通高中信息技术课程标准》《中等职业学校信息技术课程标准》,分别明确了课程性质、课程理念、课程目标、课程内容、学业质量和课程实施等方面的内容,明确了中小学生的信息社会责任内涵,指出个体在信息社会中的文化修养、道德规范和行为自律等方面应承担的责任都是信息社会责任的范畴。在网络空间的社会责任方面,指出要理解网络空间是人们活动空间的有机组成部分,能够遵照网络法律法规和伦理道德规范来使用互联网,能认识到网络空间秩序的重要性,知道自主可控技术对国家安全的重要意义,能够自觉遵守信息科技领域的价值观念、道德责任和行为准则,形成良好的信息道德品质,不断增强信息社会责任感。信息社会责任作为信息科技课程要培养的核心素养之一,与信息意识、计算机思维、数字化学习与创新等方面互相支持互相渗透,共同促进数字素养与技能的提升。义务教育和高中阶段信息素养的培养,既为大学生的网络素养提供了条件和基础,又实现了网络空间信息社会责任的大中小一体化培养。

为了更好地加强网络空间的管理,国家发起了一系列专项活动和治理行动,如"传递网络正能量,争做校园好网民——'网络文明进校园'主题教育活动""提升网络素养,做中国好网民""中国网络文明大会"等活动,对于推进高校网络文化建设,提升大学生网络素养教育,更好地引导大学生正确认识和合理运用互联网,在网络空间践行诚信理念、做到文明上网等,都具有很好的示范推动作用。

一系列网络空间的法律法规纷纷制定出台,特别是党的十八大以来,国家制定出台了近百部与互联网有关的法律法规,《互联网信息服务管理办法》《中华人民共和国网络安全法》《互联网域名管理办法》《微博客信息服务管理规定》等规范性文件以及部分司法解释和政策文件相继发布。2021年发布的《中华人民共和国数据安全法》明确了统筹数据安全和发展的基本要求,健全了我国数据安全保护的制度规则;《关键信息基础设施安全保护条例》确立了关键信息基础设施安全保护的基本制度,《中华人民共和国个人信息保护法》为个人信息保护提供了更具系统性、针对性和可操作性的法律遵循。可见,"网络不是法外之地"的社会共识已经形成,依法治网的局面不断完善,具有中国特色的网络空间法律体系初步建立。

三、网络空间大学生社会责任感培育面临的挑战

网络空间大学生社会责任感的培育已经备受重视,也取得了很大的成效。然而部分在现实生活空间中具有较强社会责任感或基本能够自律自省的大学生,一到网络空间往往就表现有社会责任感缺失的现象或网络失范行为,如对学习求知的冷淡漠视、个体自我的膨胀放大、价值取向的摇摆不定、行为自律的松懈偏离等,还有的沉迷网络游戏甚至低级趣味、网络成瘾

而无法自拔。这说明网络空间大学生社会责任感培育也面临着挑战。

第一，网络的虚拟性给网络空间大学生社会责任感的培育增添了不确定性。网络空间是现实生活空间的虚拟延伸，虽与现实生活空间高度融合而成为现实生活的映射和反映，但网络空间也不是现实生活空间原封不动的直接映射和简单复制，而是依托信息技术对现实生活进行了一定的重组和再造，并以其特有的方式进行了表达和呈现，同时也因此而具有其自身的特征，其中虚拟性是网络空间最大的特点。这种虚拟性表现在网络空间场域的虚拟、网络交往的虚拟和网络言行的虚拟。网络空间以独特形式存在于时空中但又让人无法通过自我的直接物理感知获得真实的体验。这种虚拟性让大学生在现实空间和网络空间里实现不停切换和变更，也为大学生在网上、网下扮演不同角色的行为提供了可能。一部分大学生在切换自己的网上、网下生活空间时，由于各方面的原因，造成了完全不同的改变，他们在网络空间里就转变了自己在现实生活中的角色，网络角色表现出与现实生活空间中完全不同的式样、完全不同的言行。部分原本在现实生活中具有社会责任感的大学生可能在网上就会变得缺失社会责任感，出现了网上、网下双重人格，为社会责任感的培育带来很大的不确定性。

网络空间的虚拟性也使得部分大学生在网络交往和现实交往中具有双重性。在现实生活空间里，大学生的交往和交流相对比较稳定；而在虚拟的网络空间里，这种交往的随意性就会增大，甚至表现出与现实交往完全不同的状态。在这样的交往过程中，他们就会表现出双重人格。有些大学生愿意花费更多的时间和精力进行网络交往，他们觉得网络空间里的交往因其虚拟而没有太多的束缚和限制，可以随心所欲、随意而为，无须顾及现实生活中的种种窠臼，因此也就没有更多的敬畏之心和道德约束。这就导致一些有违社会责任感的言行容易在网络空间里恣意泛滥。部分大学生会觉得在网络空间里，即使没有社会责任感也不会有什么直接的损失，也不会得到直接惩罚，因此更加放纵自己缺失社会责任感的类似行为。还有部分大学生在网络空间里，往往以虚拟方式而掩盖了自己的真实身份，甚至认为网络空间反正是虚拟的，自己充其量不过是网络的匆匆过客，既不是网络的主体也不容易被人识察，即使做一点出格的事也没什么大不了，不会造成什么直接损失,也无须承担什么直接责任。正是在这种侥幸心理作用下,逐步模糊了自己网络行为主体的意识和界限,进一步淡化了社会责任意识,从而出现许多失范行为。另外,网络空间的虚拟性也使得网络空间大学生社会责任感的培育在一定的时间内会出现反弹,从而具有反复性。大学生即使经过系统的培育和引导,一段时期内在网络空间里具备良好的社会责任感,但因网络空间的虚拟而使得社会责任感出现反复的可能,时有时无的现象也会反复出现,这就需要反复强化。一些本来具有良好网络道德和网络社会责任感的大学生也会因其在网络空间和现实生活的双重人格而导致社会责任感的丧失,难以有稳定的社会责任精神状态。这种网络空间社会责任感培育的反复性,也在一定程度上增加了网络空间大学生社会责任感培育的难度。

第二,作为网络原住民的新时代大学生,他们自身的成长特点和更为独立奔放的个性为网络空间社会责任感的培育增添了难度和挑战。所谓的网络原住民是指一出生就身处网络环境中,伴随着网络而成长起来的一代人。作为网络原住民的大学生的生活模式、思维方式和个性特点都深深地打上了网络的烙印。他们享受着网络带来的各种便利,日常生活对网络的依存度高,衣食住行等都乐意通过网络解决,闲暇时间大都处于网络在线状态,也喜欢用网络来作为记录生活、表达自我、建立社交的主要方式。他们在思维上开放灵活,对网络上的各种信息资讯、热点事件能够持开放态度,对信息内容一般都是快餐式阅读,且乐于接受互联网上的事物,也在一定程度上愿意跟随互联网上的潮流,对网络空间里各类信息有一定的自主辨别与选择的能力。同时,他们也喜欢用个性化的网络话语体系、网络发声方式和网络舆论表达来表明自己的观点。他们个性奔放、强调自我、追求自由而不喜欢束缚、被限制和被教育,渴望更多地展现自己的个性,自由地表达个人观点并得到尊重和认可,在人生观、世界观、价值观等方面易受正面和负面网络信息的影响。作为网络原住民的大学生们“机不离手”,他们长时间受着互联网去中心化、去权威化的影响,在价值追求上更看重自我创意和个性展示,更加注重关注自我而对他人的关注度会相对较少,相对于严肃的教育训练来说更愿意通过娱乐化、时尚化的方式来进行学习培训;同时,比较容易受网络空间里的各种人为因素和偶像人设的影响,遇到问题时往往先到网上寻找解决办法并将之移植到现实生活中来,更容易相信网上的知识经验,更乐意用网络空间的感受和经验来印证和指导现实生活,呈现出虚拟生活高于现实生活的迹象,甚至把现实生活看成是网络生活的反证。

在网络空间大学生社会责任感的培育上,作为网络原住民的他们因其自身的特点和成长经历,特别是对虚拟的网络世界过度依赖甚至沉迷,使得原有的以灌输教育为主的社会责任感培育模式和路径难以达到理想的效果。他们对网络虚拟经验的较多重视和对现实经验的相对忽视,造成了与现实世界或多或少的疏离感,无形之中也增加了网络空间大学生社会责任感的培育难度。还有,大学生在网络空间里有更多的自主性和自由度,他们可能会对社会责任感的培育活动选择性无视或变通性执行,这也就增加了社会责任感培育的组织难度和管理难度,有针对性的培育活动和管理措施也变得更加难以实施和见到实效。

第三,网络空间意识形态的特点及其复杂性,也给网络空间大学生社会责任感的培育带来了新的挑战。习近平总书记指出:现在网络空间情况复杂,主流当然是好的,但也有很多杂音噪音,甚至有很多负面言论。这个战场很重要,对青年人影响很大,很多青年都是在网上接受信息的。[①] 这就揭示了网络空间意识形态的复杂性,也指明了网络空间意识形态斗争的重要性。网络空间是意识形态的重要场域,也是意识形态斗争的前沿阵地之一。在网络空间里,网民之间的信息交流、观点表达或意见发表等,没有现实社会生活空间中的顾忌,也没有现实生活中发表的程序性限制,只要有分享精神或表达欲望,通过屏幕就都可以把自己的想法、意见和观点毫无保留地表达并且可以超越时空传播出去,也表现了网络空间意识形态的去中心化特点。每位网民都拥有发声的权利与通道,可以说人人都是新闻记者、个个面前都有麦克风;特别是作为网络原住民的新时代大学生,更喜欢在网络空间进行自由的个性表达,也很喜欢追赶或附和别人的观点。在网络空间里,流

---

① 中共中央党史和文献研究院:《习近平关于网络强国论述摘编》,中央文献出版社,2021 年版,第 49 页。

行观点和意见领袖们的某种看法容易得到较多人的认可,网民也会因群体极化而不假思索地认可,并作为自己的原则或依据,从线上转移到线下而在现实生活中践行,这就是网络意识形态对现实生活的反射作用。在此过程中,大学生网民的独立思考和自我主体意识也会随之而发生相应的消解,甚至走向极端——只认同网络空间的某些观点,对现实生活中的道德原则和意见要求则表现出选择性忽视或习惯性反驳。某些网络大 V 或别有用心的人,为了流量或其他利益而恶意编制、故意散播一些非主流的思想观点或言论作品,利用大学生所关心的事件来炮制毒鸡汤、反社会热文等,大肆流传并迅速传播造成负面影响。这些文章在一定程度上能够引起部分大学生的共鸣情感、共同体验,也为网络空间意识形态增添了更多不良因素。

第四,网络空间意识形态的社会监管也具有一定的难度和局限性,给网络空间大学生社会责任感的培育也增添了新的挑战。人们现实生活空间中的行为会受到法律和道德的共同监管,法律规范和由熟人社会、社群舆论和情感因素所共同筑成的道德他律防线会使人们自觉遵守一定的行为规范,然而到网络空间里,这些防线会因网络的虚拟而崩溃,也很难对网民的网络行为产生同样效果的约束和监督作用。因此,网络空间里道德和社会监督作用是相对有限的。即使网络立法已经渐趋完善,但网络法律法规的执行依然是一个不容忽视的难题,特别是对大学生网民来说,他们还处于对社会道德、网络伦理的认知和践履时期,在完全没有他律的情况下,要靠他们从自己内心深处做到自觉地遵守网络社会的道德规范和法律条款还是一种偏理想化的要求。这种有效的社会监管和道德约束的难题,对大学生的网络空间社会责任感造成冲击,甚至在某种程度上抵消了现实生活空间中对他们所进行的社会责任感培育的效果。

第五章 网络空间大学生社会责任感培育的有效方法

网络空间大学生社会责任感的培育也同其他工作一样,需要按照一定的方式方法才能获得好的效果,也同样有其内在的方法论。只不过因其所面对的网络空间这个特殊的场域,再加上社会责任感的培育本身就有其一定的特殊性,因此开展网络空间大学生社会责任感的培育工作就要讲求相应的方法,要根据网络空间和社会责任感培育的要求来采用相对有效的一些方法,而不能简单盲目地实施进行。我们认为主要有几种方法可以有效促进网络空间大学生社会责任感的培育,即理论灌输法、体验学习法、实践教育法等。

然而,这些方法该怎么理解、如何运用呢?为什么要运用此方法对网络空间大学生社会责任感进行培育?其理论依据和现实理由是什么?具体如何运用这些方法开展网络空间大学生社会责任感的培育呢?在运用此方法时有哪些需要注意的地方呢?这些问题都是我们在网络空间大学生社会责任感培育时要重点考虑的问题。

第一节 理论灌输法

理论灌输法也叫理论教育法,是思想政治教育工作中最常用、最基本的方法之一。网络空间社会责任感培育也是思想政治教育工作的重要范畴,所以理论灌输的方法也就成为最常用、最基本的方法,也是易操作、好使用的方法。

一、对马克思主义灌输理论的再认识

"灌输"是教育领域无法回避的话题和方法。所谓"灌输",本义是灌注输送,指把流水引导到需要水的地方,包含着输送的意思。一般来说,灌注输送的东西都是有形的、可见的物质,如流水、物资等客观可见的东西。后来也指将思想观念灌注给他人,成为思想政治教育工作的专用词语之一,进而引申成为思想政治教育的一种方法,尤其是适用于思想政治教育工作中说服教育工作。

"灌输"有多个层面的含义,不同层面的含义之间既有联系又有区别,可从广义和狭义两个方面进行理解。广义的灌输是与教育、宣传教育和思想政治教育处于同等层面的概念,即指整个思想政治教育就是在灌输进而引导人们掌握科学的理论,离开灌输就无所谓思想政治教育了,体现了思想政治教育的本质和规律。狭义的灌输是把灌输作为思想政治教育的一种方法和具体教育工作的一个专门术语,等同于引导、陶冶、表扬、鼓励等方法,是对人的思想观念等开展细致入微的引导,以让其接受并践行某种思想观点或理论体系。本书在此则主要是指狭义上的灌输,也叫理论教育或理论学习,对应的方法则称为理论教育法或理论学习法,指的是有目的、有计划地向受教育者进行马克思主义理论教育,或由受教育者系统学习马克思主义理论,从而逐步树立科学的世界观、人生观、价值观的教育方式方法和实际手段。具体而言就是进行基本原理、思想观念的传授、学习、宣传的教育方法。理论灌输法主要包括讲授讲解、理论学习、宣传教育、理论培训、理论研讨等具体形式,是思想政治教育最常用、最基本的方法。①

作为一种思想工作方法的理论灌输来说,主要指思想观念的输送和注入,也就是实现思想政治教育工作"三进"要求中的"进头脑",从字面上来说有依靠外力而强加于物或人的意味,蕴含着对知识、理论和思想等内容的权

---

① 陶俊汝:《思想政治教育理论灌输法运用中存在的问题及对策研究》,牡丹江师范学院硕士学位论文,2017年。

威性、强制性和压制性地传授。这就常常使得人们把灌输与强制、压制等词语联系在一起，其实这只是对"灌输"望文生义的误解和功能作用的误读；也常常成为一些人不愿意学习或者下功夫来学习的借口甚至是自我安慰的方式，其中最主要的原因是对灌输理论的深入了解不够和对灌输方法的系统掌握不足。马克思主义灌输理论的实际成效或有打折，致使一些学者开始怀疑甚至否定马克思主义灌输理论的价值。事实证明，这是一种误解。①

　　马克思、恩格斯非常重视理论教育的作用，在他们的著作中蕴含了丰富的灌输思想。在马克思恩格斯的著作和书信中，多次提到"灌输"这个词。他们认为统治阶级的思想在每一时代都是占统治地位的思想，这种思想之所以能够占统治地位而为广大被统治阶级所顺从，靠的主要是"灌输"这个手段，如"资产者认为道德教育就是灌输资产阶级的原则"。恩格斯在给马克思的信中曾提到"不得不把千辛万苦印入自己脑海里并且同样千辛万苦地灌输给工人们的一些空话，又从自己和工人头脑中再清除出来"，恩格斯在给库格曼的信中也曾指出，"要想清除掉李卜克内西系统地灌输给工人的南德意志共和主义小市民的狭隘观点，那就困难得多"。马克思曾经提到，他曾把反俄情绪作为最无害的抗毒素灌输给波克罕；恩格斯在给马克思的信中曾经提出，"如果你能向波尔恩灌输一点东西，他将能写出很好的演讲词"②。

　　俄国革命家普列汉诺夫最早提出灌输理论的观点，列宁则继承并发展了这一观点。列宁在1900年为《火星报》创刊号撰写的题为《我们运动的迫切任务》的社论中指出：把社会主义思想和政治自觉性灌输到无产阶级群众中去，组织一个和自发工人运动有紧密联系的革命政党，把灌输的方法与思想政治教育工作结合起来。他认为，民主社会主义意识是不能凭空出现在人的头脑中的，必须通过外面的灌输来实现，从而让人们在头脑中予以掌握并有效运用。这里所说的"外面"是指依靠外部的力量和方式，只不过这种

---

　　①　张七妹、闫成松：《新时代马克思主义灌输理论应用研究》，载《齐齐哈尔大学学报（哲学社会科学版）》，2019年第7期，第52-55页。

　　②　余斌：《马克思主义经典作家关于"灌输"的论述及其启示》，载《思想政治教育研究》，2014年第2期，第25-26页。

方式与自觉自醒有所不同的是带有一定的强制意味,要知道在当时的斗争情况下,对工人阶级进行民主社会主义思想的教育,唤醒他们的思想政治意识,就需要灌输才能让他们接受相应的理论,更好地引导他们了解并掌握先进意识、政治思想,引导他们认识无产阶级的先进之处,了解无产阶级的历史使命。在当时的政治经济和社会情况下,只能通过灌输,即学习、教育的方式来对工人阶级进行思想教育、鼓动宣传,才能让他们掌握相应的理论和思想,而不可能通过他们自发的方式达到目的。后来,列宁在领导俄国革命的过程中,结合新实际进一步把蕴含在马克思、恩格斯的有关文献中的灌输思想阐发出来,进一步系统化、理论化而成为灌输理论的论述。在此基础上开展了新的理论创造,从而形成了马克思主义的科学的、完整的"灌输论"观点体系,成为马克思主义的重要原理和工作方法。

作为马克思主义理论体系重要组成部分的灌输理论,在经历中国化发展之后,成为指导中国革命运动的具体实践方法,发挥了积极的引导作用,并得到不断的深化和应用。我们要认识到灌输理论和理论灌输法都是马克思主义理论体系的重要组成部分,是进行有目的、有计划、有组织地思想教育和意识形态教育的重要方法,运用理论灌输的方法就是运用马克思主义的方法开展思想熏陶和引导教育的重要方式。

在现代素质教育背景下,人们追求的是对学生个性主体作用彰显的教育教学新模式及新方法,以致人们认为灌输理论是强制论、无用论、过时论等,一度把理论灌输法贬得一无是处。其实,当我们认真审视思想政治理论课的教学模式、方式方法,就会意识到灌输理论和理论灌输的方法对学生思想政治教育教学所起到的基础性指导作用。实践证明,在思想政治教育教学领域,理论灌输的方法不仅没有过时,而且依然发挥着无可替代的作用,特别是在现实教化工作中对青年大学生进行正确的思想价值引导具有非常重要的意义和作用。

二、网络空间大学生社会责任感培育需要理论灌输

在现实中,人们常常将理论灌输理解为强制学习和空洞说教,而且比较

反感甚至是厌恶理论说教，对理论灌输法也持有不赞成的看法。一听到理论灌输就习惯性地鄙视甚至反对，认为只是最简单的操作方法，或者说是不会有什么效果的方法。事实上，我们要认识到理论灌输法在思想政治教育过程中是一个很重要的、也很有必要的方法。作为思想政治教育重要方法之一的理论灌输法，在网络空间大学生社会责任感培育这个大学生思想政治教育重要内容之一的问题上，也同样需要运用马克思主义的理论灌输法。这是由大学生成长的特点和网络空间自身特征所决定的。

理论灌输是大学生树立正确的人生观、价值观和世界观的重要方法，也是有效开展大学生社会责任感培育工作、提升他们的认知能力和理论水平的重要方法。大学生正处于人生观、世界观和价值观形成的关键时期，需要正确的理论指引，需要系统学习人生观、世界观和价值观理论知识，尤其需要系统地学习马克思主义理论，掌握马克思主义立场、观点和方法来解决实践问题。习近平总书记指出，马克思主义是人类迄今为止最先进的思想理论体系，是指导我们认识世界、改造世界的强大思想武器。因此，我们要始终坚持把马克思主义作为根本指导思想，作为改造客观世界和主观世界的强大思想武器。这些科学的理论是不会在人脑中自发产生的，特别是掌握和运用这一强大的思想武器也不会自发实现的。因此，对于大学生来说必须重视学习理论、善于学习理论；对于教育者来说，就要有效运用理论灌输法，向大学生们进行理论灌输，帮助大学生开展理论学习、提升理论学习，让他们能在比较短的时间内深刻懂得这一科学理论的内涵，更好地树立和坚定自己的理想信念，更好地投入到工作、学习、生活中去。可见，理论灌输的方法在思想政治教育工作中是最直接有效的方法。

毫无疑问，网络空间大学生社会责任感的培育要坚持以马克思主义理论为指导，按照马克思主义的立场、观点和方法来进行，实质上就是培育大学生在网络这个特定空间里的人生观、世界观和价值观，同样也有其理论基础和现实依据。这些理论知识和经验总结不会自动地传递到大学生的头脑中去，要靠努力探求和认真学习。对大学生来说，处在学习新知探求未知的黄金时期，更需要全面系统地学习和掌握有关的理论和知识。如果仅靠个人自觉去学习理论难免挂一漏万、支离破碎而不成体系，最直接最有效的办法也就是进行系统的理论灌输,让大学生在最短的时间跨度内能够比较全面、系统地掌握相关理论知识,从理论上把握网络空间社会责任的内涵、伦理意蕴、现实要求和行为准则,从而做到更好地内化于心、外化于行。

　　理论灌输也是应对网络空间本身的复杂性和思想意识形态多元化的有效手段。这是从互联网本身的特性来思考的。互联网信息技术和网络技术的发展,为人们获取知识和信息提供了无可比拟的便利,但各种思想观点、社会思潮都把网络空间作为发声、传播的重要场域和主要载体,难免会出现良莠不齐、鱼龙混杂的现象。当前,互联网已经成为第四媒体,网络空间成为人们生活的第二空间,但与传统媒体不同的是,网络空间或者说网络社会往往被人们视为一个相对开放的话语领域和发声场域。在这里,各种观点和思潮涌动其中,各种看法和观念交织激荡,特别是互联网的虚拟性、开放性,使得网民在网络空间的行为更为开放甚至无所顾忌,网络空间变得日益复杂多元。网络空间的社会责任感培育虽然有一定的规律,但变得比现实生活空间中社会责任感培育更难以掌控和有效治理。然而,也就是这种复杂性和多元化,更要求我们要坚持以科学的理论灌输不断加强网络空间的建设。"多元化的网络环境在消解思想政治理论课堂上教师对大学生进行马克思主义理论灌输教学效果的同时,网络技术的快速发展和普及又保证了高校对大学生进行理论灌输的可能性和有效性。"①因此,对大学生进行网络空间社会责任感培育的理论灌输,就要采用正规化、系统化的方式,有目的、有计划地讲解、传授和灌输网络空间社会责任感培育的相关理论,以提高大学生的网络空间思想理论素质和政治素质;同时做好网络空间社会责任感培育理论的灌输,在大学生掌握和运用网络及网络技术的基础上,更好地发挥网络空间自身的优越性,有效地提高网络空间社会责任感培育理论灌输的实效,增强理论灌输的趣味性和吸引力,提升网络空间社会责任感培育实效。

　　当代大学生一般都是资深网民,但对网络意识形态的认识和理解还不

---

　　①　阳黔花:《网络条件下高校马克思主义理论灌输的新思考》,载《学校党建与思想教育》,2014年第4期,第72-73页。

够深刻,特别是对网络意识形态的要求的理解还需要不断强化;对于那些负面的不良影响的观点和言论的自我抵制能力还需要增强。这就需要进行系统的理论学习,才能真正实现用马克思主义武装头脑、指导网络空间的自我行动。另外,大学生对网络空间意识形态的理论学习往往重视不够、兴趣也还不够高,自觉学习也存在一定的盲目性和零散性。因此,需要进行系统的理论灌输,掌握好网络空间社会责任感方面的正确观点、方法和立场等系统化的理论知识,并在网络空间进行有效运用,如此才能更好地引导大学生运用马克思主义的立场和观点来分析和看待网络空间的意识形态、更好地应对网络空间复杂的意识形态斗争,才能更好地规范自我网络空间的行为、承担起网络空间的社会责任,才能更好地确保大学生在网络空间保持正确的意识形态、坚定政治立场以自觉抵制错误思潮的影响,才能更好地树立正确的世界观、人生观、价值观,增强自身的"抵抗力""免疫力",主动肩负起历史使命和时代重任。

虽然时代要求和大学生发展的特点呈现有新的特点,但有计划地向大学生进行社会责任方面的理论教育,引导他们树立正确的社会责任感的理论灌输法,仍然是大学生社会责任感培育的主要方法和重要方法[1],也是开展网络空间大学生社会责任感培育最常用的方法和基础性的路径,更是可靠可行的办法和路径。对于网络空间大学生社会责任感的培育来说,我们运用理论灌输法就是把网络空间社会责任感培育的理论、知识和原理通过系统的教学安排,让他们系统地接受并理解这些理论、知识和原理,从而更好地实现"三进",实现真正进头脑的目标。

三、网络空间大学生社会责任感培育中运用理论灌输法的基本要求

在网络空间社会责任感培育中运用好理论灌输法,也有其内在的要求

---

[1]　王琴、董春辉、应万明:《基于角色理论的大学生社会责任培养体系探究》,载《内蒙古师范大学学报(教育科学版)》,2019 年第 1 期,第 20-25 页。

和本身的法则,特别是在网络空间大学生社会责任感培育过程中,更要遵循相应的基本要求。

一是要提高对理论灌输法的认识,更好地发挥其在网络空间大学生社会责任感培育中的现实作用和指导作用。正如前文所述,理论灌输法是马克思主义方法论体系中的重要内容,我们要对其有正确的认识。理论灌输法是我们把马克思主义的立场、观点和方法运用到网络空间中的重要途径。因此,不能简单地否定其作为重要方法的地位,不能把理论灌输等同于空洞说教,也不能将其理解为强制学习。在网络空间社会责任感培育过程中,理论灌输是具有基础性、桥梁性重要作用的,因而理论灌输法也是基础性的方法,在实际运用中值得肯定和有效运用。同时,也不要高估或过度依赖理论灌输法。任何一种方法都只是促进手段而不是万能的方法。面对纷繁复杂的网络空间和日益多元的网络思潮,要培育良好的网络空间社会责任感不是一项简单容易的工作,再加上社会责任感本身就具有行为主体的主观性,网络空间大学生社会责任感在调节大学生的网络行为、承担网络空间社会责任的过程中,其发挥作用的机理是复杂多变的。因此,仅靠理论灌输是不能起到全部作用的,需要多种方法和因素叠加合力。我们不能遇到网络空间社会责任感培育的现实问题就是一通无休止的理论灌输,或者认为理论灌输法是解决网络空间大学生社会责任感培育问题的万能钥匙,要根据大学生网民主体的实际情况有效使用。"我们应对理论灌输'无用论''过时论''应急论'等错误观点进行分析,进一步认识灌输教育的科学含义,完善'灌输'的理论教育功能。"[1]这种对理论灌输法在网络空间大学生社会责任感培育上无用论、过时论和应急论的错误认识和做法,其实质就是否定理论灌输法的科学性和现实意义,会导致对网络空间大学生社会责任感培育的淡化和弱化,从而影响大学生思想政治教育,更不会促进网络空间大学生社会责任感培育的可持续发展,最终会导致网络空间大学生社会责任感培育工作无果而终。总的来说,理论灌输法作为一个重要的方法论,我们在使用前要有正确的认识,不能简单抵制也不要高估其作用,要充分发挥其方法论

---

① 刘世保:《重新认识理论灌输的科学性》,载《哲学研究》,2003 年第 6 期,第 20–21 页。

的指导作用。

因此,在网络空间大学生社会责任感培育的过程中,我们既要反对否定论,不要产生灌输就是强制填鸭的抵触心理,从而抱有成见甚至避之唯恐不及,不要走入谈"灌"色变的误区,看不到理论灌输法在网络空间大学生社会责任感培育上的积极作用和现实意义,更看不到新时代理论灌输法的发展和应用价值。在新时代特别是面对网络空间大学生社会责任感培育的新情况新要求,我们要坚持理论灌输的守正创新,坚持科学灌输原则,以系统的理论灌输对网络空间大学生社会责任感培育的新情况新问题做出新的回答,赋予理论灌输以新的时代内涵,努力把"大水漫灌"和"精准滴灌"结合起来,把网络空间大学生社会责任感培育的思想问题同网络空间社会生活实际问题的解决结合起来,不断提升网络空间大学生社会责任感培育理论的时代感、亲和力、针对性,更好地促进网络空间大学生社会责任感的培育。

二是要科学把握网络空间大学生社会责任感培育中理论灌输法的方向性、精准性和可持续等主要原则。理论灌输法是高校思政教育工作中的重要方法,也是网络空间大学生社会责任感培育的重要方法,其地位和作用不可替代的。在运用这个方法的实际过程中,我们要注意把握好其中的主要原则,即方向性、精准性和可持续的原则。我们在对网络空间大学生社会责任感培育过程中,开展理论灌输首先要明确灌输什么的问题,对灌输内容的选择要坚持正确的方向,也就是要坚持方向性的原则,要坚持正确的价值取向和社会主义方向,坚持用社会主义核心价值体系来培育大学生网络空间的社会责任感;通过理论灌输进一步巩固马克思主义在网络意识形态领域中的指导地位、在网络空间进一步巩固全党全国人民团结奋斗的共同思想基础和心理基础,确保我们的理论灌输不偏移方向、不误入歧途。其次,我们要坚持精准灌输的原则。网络空间大学生社会责任感的培育包含着知情意行的复杂过程,在此过程中,每个大学生对网络空间生活的体验不同、对网络空间社会责任感的理解和认知也有不同,再加上网络空间的状况也随着现实生活的情况而有不同的反映和体现。因此,大学生因其主体状况、对网络生活的感知和自我认知水平的不同而在网络空间社会责任感的培育上有不同的需要和现实要求,表现在对网络空间社会责任感的理论学习上也有不同的情况,反映到我们的培育过程中,就要因势利导、区别对待,对不同的网络主体做好分类培育,同时对同一个人也要做到精准把握,及时补短板、强弱项,而不能采取固定的模板或方式。我们进行既定理论内容的灌输,也就是具体情况具体灌输,即要实现精准灌输而不是一律大水漫灌。这就要坚持和运用好精准灌输的原则,才能收到理论灌输效果,切实提升培育实效。最后,我们要坚持好可持续原则。这就是说,网络空间大学生社会责任感的培育不是一蹴而就的,我们不要寄希望毕其功于一役,想通过一次两次的理论灌输和学习教育就能够达到理想的效果。这是一个久久为功、日积月累的过程,甚至其中还有反复和摇摆的情况。现实生活中大学生的社会责任感培育、思想政治教育工作是一个持续教育的过程,更何况在虚拟的网络空间里的社会责任感培育,更需要一个打持久战的心理准备。

三是在实施理论灌输法的过程中,要正确处理好灌输与对话、灌输与启发、灌输与实践等三个方面的关系,更好地用理论灌输法来加强网络空间大学生社会责任感的培育。

首先,要处理好灌输与对话的关系。一般认为在理论灌输过程中,教育与受教育者之间是"我讲你听""我问你答"的关系,其实这是不完全正确的。在理论灌输过程中,不可否认地存在有一个讲与听的关系;但讲者与听者之间不是简单的主动和被动的关系,不是一个主动地讲个不停,另一个则被动地听个不停,而是要充分发挥讲者的主导作用和听者的主体作用。二者应该是处于一个平等的地位,要由传统的"我讲你听"变为"对话"式教育,从观念上、人格上、行动上保持平等的地位,这表现在理论灌输的过程中也同样是平等的。在网络空间大学生社会责任感培育的理论灌输过程中,"要利用网络交互、快捷和即时的特点,通过网上交流、在线讨论等方式,同大学生进行平等对话,实现灌输主体和灌输对象互动的经常化和大范围化,防止注入式、教条式和运动式的灌输;要增强学生的主体参与意识,变封闭式教育为开放式教育,变强调'他律'为强调'自律',否则,大学生的主体性得不到应有的重视,他们的知、情、意、行就会受到不同程度的抑制,就会直接影响理论灌输的效果"①。如果还停留在老一套的灌输观念,只强调讲者的绝对权威性和话语权而忽略听者的平等性和对话权,特别是在网络空间社会责任感培育中,就会让理论灌输流于形式而达不到实际的效果。

其次,要处理好灌输与启发的关系。系统的理论知识体系是理论灌输的前提和基础,这些知识体系是前人经验和智慧的总结,具有重大的理论指引和现实指导意义。对于网络空间大学生社会责任感的培育来说,相应的理论知识是比较丰富和系统的,这就需要根据网络空间大学生社会责任感培育的进展情况循序渐进,也不是一朝一夕所能灌输和学习完成的。同时,我们要认识到相应庞杂的知识理论体系也不是一成不变的,更不是拿来就用的简单拿来主义就行;而要在吸收的基础上强调启发,进而达到真正的内生内化。因此,在进行网络空间大学生社会责任感培育理论灌输时,要注重启发、吸收和创新,在实现输血的同时更多地自我造血,强调知识灌输和思想启发的有效融合。在网络空间大学生社会责任感培育的过程中,灌输不是最终目的,其根本目的是让大学生能够以理论为指导最终提升自己的网络空间社会责任感,更好地营造和谐网络社会、构建清朗网络空间。因此,在理论灌输中有效掌握网络空间大学生社会责任感培育的理论内容并启发转化为自我行动,无疑是理论灌输法的终极追求。

2019 年 3 月 18 日,习近平总书记在学校思想政治理论课教师座谈会上指出,推动思想政治理论课改革创新,要不断增强思政课的思想性、理论性和亲和力、针对性,要坚持"八个相统一"。这既是对思想政治理论课的要求,同时也是对网络空间大学生社会责任感培育要要求。"八个相统一"其中就有坚持灌输性与启发性相统一。因此,我们在培育网络空间大学生社会责任感的过程中,既要坚持理论灌输,又要注重启发教育,引导大学生们在网络空间社会责任感培育中发现问题、分析问题、思考问题,在不断启发中得到培育和成长。灌输和启发是一个问题的两种方式,我们要统筹兼顾、正确处理,既注重通过理论灌输性增强大学生对网络空间社会责任感的知

---

① 阳黔花:《网络条件下高校马克思主义理论灌输的新思考》,载《学校党建与思想教育》,2014 年第 4 期,第 72-73 页。

识供给和价值认知,又注重通过启发来增强大学生对网络空间社会责任感培育的问题意识和价值探索。教师作为理论灌输法的实施者,在网络空间大学生社会责任感培育的过程中,要设置适宜的网络情境并对所要灌输的理论内容和知识进行加工和整合,结合大学生对网络空间的认知来有效地开展理论灌输和知识讲授,以求更好地直达学生心灵,触动和激发大学生对网络空间社会责任感培育的愿望和要求,从而更好地为实现内化内生奠定基础。大学生作为理论灌输法的受动者,在网络空间社会责任感培育过程中,要以灌输为出发点,在掌握相应的知识和理论内容之后,更多地培养自我学习能力,注重在灌输过程中的启发和感悟,最终内化为自己的内在情感和行为意志,更好地促进网络空间社会责任感的培育。

最后,要处理好灌输与实践的关系。网络空间大学生社会责任感的培育,一方面需要坚实的理论指导并掌握好理论灌输的方法,另一方面则需要大学生在网络空间社会生活的实践中进行体验和涵养,以亲身经历去强化和提升网络空间的社会责任感。正如列宁曾经指出:对青年不要把我们的理论变成枯燥乏味的教条,不要光用书本子教他们理论,而要让他们在自己的日常生活斗争中学习理论。因此,理论灌输要注重与社会实践的结合,网络空间大学生社会责任感培育的理论灌输应该从网络空间这个大环境出发,结合网络空间的特征和大学生在网络空间的行为活动实际情况进行切合实际的理论灌输;更需要注重大学生的网络空间生活实际情况,一切从大学生的网络空间生活实际出发,而不是为了灌输而灌输、为了理论而理论,引导学生把理论灌输与网络空间生活的实践结合起来,注意网络空间的新变化、新问题,给予相应的理论指导,并针对大学生的网络空间活动组织开展生活化的系列实践活动,切实提升大学生在网络空间的社会责任感。

第二节　体验学习法

起源于西方的体验学习理论关注学习过程中的体验和感受,强调积极的情感、态度和价值观的培养,并构建了体验学习圈来阐释其过程及内在机制。这为网络空间大学生社会责任感的培育提供了良好的方法,我们在实际中要注重运用好体验学习法。

一、体验学习及其理论的主要内容

体验学习起源于20世纪20—30年代,美国教育家杜威提出"经验学习"。他认为经验包含着体验和承受两个要素,体验是为求得某种结果而进行的尝试,承受是接受感觉或承受体验的结果。要真正获得真知,则必须通过运用、尝试、改造等实践活动来获取,这就是著名的"做中学"。他强调"教育即生活""教育即经验",认为人们最不容易忘的知识就是"怎么做"的知识,因此要让学生亲身活动是教育所必需的,进而提出了"在做中学"这一体验学习的基本原则,强调了体验学习的亲身参与。后来,人们则将体验学习作为一种独立的学习方式来开发。到20世纪60年代,这种体验学习得到发展而受到学生们的欢迎,成为一种培养学生积极的情感、态度和价值观,不断提升自我概念的学习方式[1]。

20世纪80年代,美国学者大卫·库伯系统梳理和总结了前人的体验学习思想,提出了自己的体验学习圈理论。他认为体验学习包含具体体验、反思观察、抽象概括及行动应用四个学习环节。这四个环节相辅相成,共同构成一个螺旋向上的循环系统。在具体体验环节中,学习者充当的是感知者的角色,要进行直接的、具体的体验,从而获得充分的感性认识。在反思观察环节中,学习者充当的是观察者的角色,此时要对已经历的体验和获得的感性认识加以细致的观察和深刻的反思,在观察和反思的过程中充分理解并得到启迪启发。在进入抽象概括环节后,此时的学习者充当思考者角色,要在反思的基础上,把感性认识和启发启迪提炼成更高层次的、正确的理性认识。最后,学习者把这些理性放到实践中去应用和检验,充当实践者角色来解决新的问题。通过这四个环节循环往复,不断获得新知识,从而完成知识的学习过程。由此可见,在体验学习理论中,学习者进行学习先要实

---

[1]　王灿明:《体验学习解读》,载《全球教育展望》,2005年第12期,第14—17页。

现主体在场,也就是只有充分地让学生参与到具体的体验中,才能让他们得到切身的体会,才能从多种角度去反思观察他们自己的行为,才能形成新的认识和概念,并在今后类似的场景中能运用这些知识来采取适当的行为,以解决自身所面临的道德问题①。

体验学习主要具有过程性、参与性、自主性等特征。在体验学习理论中,学习是一个过程,一个结合体验、感知、认知与行为四个方面有机整合和协调统一的过程。在这个过程中,学习者通过四个环节实现知识和经验的不断重新建构,从而达到掌握知识、达成学习结果的目的。体验学习的关键在于处理好具体与抽象、反思和应用之间的对立统一关系,不断地学习到新的知识、获得真知并且创造新知识。在此学习过程中,更多是发挥学习主体的积极参与性,即学习者的主体在场,实现自己的亲身体验。在库伯看来,体验既可以是客观具体(具体体验)的,也可以是主观抽象(抽象概括)的。问题不在于体验形式的本身,而在于不同形式的体验之间能否建立联系。库伯一直都强调体验在学习中的重要性,也就是学习者本身的亲身参与。这是获得体验的基础和前提,也是体验学习得以进行的基石,因而具有参与性的特征。当然,在体验学习中,也有自主的一面,也就是说学习者亲身参与的体验不是强制的、被动的,在学习内容选择、观察反思深度、自我体验程度等方面有一定的自主选择性和自我掌控性。

二、体验学习法适用于网络空间大学生社会责任感的培育

体验学习理论强调以学习者为中心的,注重从体验开始有效学习,然后进行反思,从体验和反思中获得进步,再总结形成自己的知识和经验,最后将所学应用于实践当中,形成以体验学习理论为指导体验学习法。体验学习理论的理念、方式和体验学习法对网络空间大学生社会责任感的培育具

① 朱理鸿:《体验学习与高职思想政治理论课程实践教学探讨》,载《教育教学论坛》,2015年第12期,第224—225页。

有很好的指导作用和很强的适用性，在实际中是值得借鉴的。

第一，网络空间大学生社会责任感的培育需要强化大学生这一网络行为主体的自我体验，这与体验学习法的基本要求是一致的。体验是指亲身经历、实地领会和亲身实践，通过充分运用自己的主观来感知事物，在对客观事物进行体验认识的过程中产生和获得正确的认识和理解。体验学习能够加深学生对社会责任知识的理解，使学生更为深刻地认识和掌握网络空间社会责任感培育的相关知识。教育心理学表明，学习者在学习过程中进行了体验和感悟，就能更加有效地掌握相应知识点，更为深入地领悟知识要求并付诸实际行为。在网络空间大学生社会责任感的培育中，应用体验学习法能够加深学生对社会责任和社会责任感相关知识的理解，并能够更好地去践行。体验学理论特别强调体验，这一点十分契合网络空间大学生社会责任感的培育。从整体来看，大学生在网络空间的生活与现实空间的生活是息息相通的。在两个空间里，大学生在社会责任感的践履上都必须强调其主观体验。如果离开了亲身参与，大学生就只能获得间接的经验，其效果当然就会大打折扣。在网络空间大学生社会责任感培育中加强大学生的体验和感悟，让他们通过体验和反思观察，提高其主体在场感，通过更多的体验而产生深切的感悟，就能更好地实现网络空间大学生社会责任感培育的目的。运用强化体验的体验式学习法能够促进大学生在网络空间更好地关注自我体验、优化自我体验，在体验中提升自我的社会责任感。

第二，体验学习法注重心理上的情感体验和心理满足，与网络空间大学生社会责任感的培育具有内在的契合性，能够满足大学生在网络空间的心理需求和自我发展，促进网络空间大学生社会责任感的培育。网络空间大学生社会责任感培育的问题是随着互联网和信息技术的进一步发展，为促进大学生更好地成长成才而提出的命题。其目的并不只在于教会大学生理解和掌握相应的网络技术和社会责任的知识，而是帮助大学生实现在网络空间的自我提升、自我发展，更好地在网络空间承担相应的社会责任，真正成为网络社会的合格公民。此培育是建立在大学生自我体验和实践认知基础上，更要依靠大学生的积极参与和主动实践才能养成，需要满足大学生的心理需求和自我发展才能得到巩固并长期发挥作用。因此，体验学习理论和体验学习方法是符合网络空间大学生社会责任感的培育需求的,也会有利于创造出更多富有网络空间大学生社会责任感培育特色的具体做法,有利于真正提升网络空间大学生社会责任感培育效果。

网络空间大学生社会责任感的培育不是一个封闭的体系,需要运用教育学、心理学等各学科交叉的相关知识和理论指导。从理论类型来看,体验学习理论属于教育心理学,体验学习法也就是运用体验理论指导的具体方法,网络空间的社会责任感其实也属于心理学的范畴。因此,研究分析大学生在网络空间或网络社会的心理状态,剖析其心理特征,了解其在网络空间的心理需求,更好地运用体验学习理论的相关依据和方法,在网络空间大学生社会责任感培育上能够达到更为理想的效果。

体验学习法是网络空间大学生社会责任感培育的有效方法之一,特别是在体验学习圈中,具体体验、反思观察、抽象概括及行动应用四个学习环节都契合网络空间大学生社会责任感培育的相应环节与内容,能够更好地提升大学生的参与性和主动性。体验学习法的运用也有利于克服仅靠以理论灌输法为主的单一教育方法的问题,能够提升大学生真正乐于参与社会责任感培育的积极性和实际效果。

三、网络空间大学生社会责任感培育中运用体验学习法的基本要求

体验学习法运用到网络空间大学生社会责任感的培育中,也有一定的要求,在实际中运用也需要遵循这些要求以更好地发挥体验学习法的作用。

首先,我们要提高对体验学习法的思想认识,要充分认识到体验学习对网络空间大学生社会责任感培育的重要教学指导作用。有的教师习惯于把理论灌输甚至是说教作为唯一重要的方法,以为把相关的结论和知识点原封不动地教给甚至是强制灌输给学生就可以达到培育的目的,从而忽视了大学生这个行为主体在网络空间社会责任感培育中的体验和感悟。这样做的实际效果是很不理想的,其主要原因是我们还没有充分认识到体验学习法在网络空间大学生社会责任感培育中的作用,还没有从思想上和实践上

接受和运用好体验学习理论和体验学习法。因此,我们要切实提高对体验学习和体验学习法的认识,把体验学习的理论和方法贯穿到网络空间大学生社会责任感培育的过程中,作为重要的方法来运用以提高网络空间大学生社会责任感培育的实效。

其次,要采用多种措施坚持和充分运用体验学习法,充分发挥其在网络空间大学生社会责任感培育上的作用。如创设教学情境,做好理论准备,运用多种技巧来真正加强大学生在网络空间培育社会责任感的具体体验和反思观察,提高学生对网络空间大学生社会责任感培育的主体在场感。我们要对照体验学习理论和体验学习法,努力增强大学生在网络空间的社会责任感体验,通过增强他们的具体体验来加强社会责任感的培育。网络空间社会责任感的培育因网络本身的虚拟性而显得有些虚幻,特别是对大学生来说,因深入社会实践少,社会经验和社会阅历相对较少,对社会责任感的认知也多停留在书本知识的层面。因此,网络空间大学生社会责任感的培育就要给他们提供丰富的具体体验,通过他们自身的体验来感受和培育这种强烈的情感,最终实现培育目标。大学生在网络空间社会责任践履方面要获得更好的具体体验,就需要我们在运用体验学习法时创设具体的情境,把带有一定虚拟性的社会责任感带入具体可感知的情境中来进行。如通过网络媒体播放已有的文字和视频资料,把学生的网络空间相关的生活素材加以剪辑制成图文并茂的体验情境;也可以通过编排小型网络情景剧,以角色扮演的方式给大学生提供一个全方位的网络社会生活体验情境。通过网络空间生活情境的体验而不是简单的理论学习,让大学生产生真实的生活体验,再适当引导进行反思观察、感悟体察,从而得出自己的观点和心得体会,更好地培育在网络空间的社会责任感。

最后,运用体验学习法要做好引导,确保其实际效果。根据培育所设情境进行迁移运用,从而实现更好的应用,真正提升网络空间大学生社会责任感的实践能力,促进和提升培育效果。网络空间大学生社会责任感培育的最终目的还是践行,真正体现大学生在网络空间的社会责任行动上。这就需要引导大学生进一步实现迁移运用,在网络空间生活中有效运用通过体验得到的观点和体会来指导自己的行为,真正提高自己的网络空间社会责任践行能力。

体验学习法注重大学生自身的体验与感悟,是有效弥补目前网络空间大学生社会责任感培育不足之处的有效方法。当然,我们不能机械割裂、简单套用,而要将其作为一个整体来加以有效运用,才能真正有效推进网络空间大学生社会责任感的培育,更好地提高网络空间大学生社会责任感培育的实效性。

第三节　实践教育法

实践教育法作为一种思想政治教育的方法,主要是指在社会责任感培育过程中,有目的、有计划、有组织地引导大学生参与网络空间的主题实践活动,使他们在社会责任感培育问题上得到启发、增长知识、加强培育,在运用好网络空间的过程中提高自己对社会责任感的认识,不断提高对网络空间社会责任感的价值认知、价值选择、价值判断能力。2019 年 10 月,中共中央、国务院印发《新时代公民道德建设实施纲要》,提出了要丰富网上道德实践的要求,指出互联网为道德实践提供了新的空间、新的载体。网络空间的社会责任感是新时代道德实践的新内容和必然要求。我们常说"实践出真知,磨炼长才干",在社会生活中,任何事情只有通过自己的尝试,才能真正认识、理解、掌握,只有经历过磨炼才能真正增长自己的才干。这里所强调的是社会实践在人的成长中的重要作用。在网络空间社会责任感培育的过程中,实践教育同样是非常重要的方法。

实践教育法与体验学习法在培育网络空间大学生社会责任感上是相互关联、相辅相成的,但也有不同之处。如果说体验学习法重在强调大学生网民个人主体在网络空间的感受和体验,实践教育法就重在让大学生网民走出个人的主观限制,通过深入社会、观察他人,以一定的社会实践活动形式来收集、了解和分析研究不同网络主体在网络空间所表现出来的社会责任感情况,并由此反观自我、对照自己,通过感悟思考来提升自我的网络空间社会责任感。

一、社会实践是大学生社会责任感培育的重要途径

社会实践对于大学生来说并不陌生,大学生在大学期间或多或少参加过不同的社会实践,只不过都是从传统意义上的社会实践角度来理解和践行的。广义上的社会实践是指人类所有的认识世界、改造世界的各种活动,这种改造世界、认识世界的活动往往带有一定的目的性、计划性;同时也是有组织的活动,积极参与到社会生活中来更好地认识和改造世界。狭义上的社会实践则主要包括假期实习、校外实习、专业实习等,如利用假期进行的"三下乡"、利用课余时间开展的"进社区"等活动,也包括大学生的兼职工作。这种传统意义上的社会实践是大学生社会责任感培育的重要方式和途径,但随着社会和时代的发展,社会实践也被赋予了新的内容和要求。我们认为凡是课堂理论教学之外所开展的与教育内容相联系的,由教师主导组织的且重在强调学生的主动参与的教学活动,都是社会实践活动。

在网络空间大学生社会责任感的培育问题上,我们所说的实践教育是与理论学习相对应的概念。通过前期的理论学习之后,具备了一定的理论知识积累和理论经验准备,需要到社会生活中进行相应的验证、体会和提升。这种实践教育活动可以由学校、班级按教学进程或学校课程教学要求组织,也可以由社团、任课教师或学生群体自发组织而开展,其直接目的在于促进大学生通过多种方式更好地了解和认识社会、关注与服务社会,以更好地了解国情社情、增长自己的实际才干、锤炼个人品质。从这种实践教育活动的开展场域来看,可以是在现实生活空间里进行,也可以是在网络空间进行,而要培育网络空间大学生的社会责任感,则需要在网络空间进行相应的实践教育活动,才能更好地达到培育目的和效果。

社会责任感是在生活实践中产生和形成的,所关照的是生活实践并服务于生活实践,更好地引导生活实践的发展。作为社会生活的个体,只有在了解社会责任感的相关理论知识基础上,通过自己的实践体验才能更好地强化社会责任感,通过在实践生活中不断地练习和领悟、内化和强化才能逐步培育起强烈的社会责任感,并将其用于实践生活中,从而实现社会责任感

的培育。对大学生来说,积极参与社会实践活动对其成长、对其社会责任感的培育是非常重要的。通过实践活动来培育大学生的社会责任感,也是非常现实可行的路径。社会责任感的本质告诉我们,个体培育社会责任感的最基本和最有效的途径是实践活动。心理学理论揭示人的社会经验的取得都要通过认知、情感和适应三个心理过程实现。从心理学角度讲,社会责任感要通过社会责任认知、社会责任感受和社会责任适应的过程,实践教育是最能将这三个过程有机统一起来的途径。[①]

当代大学生参与实践教育活动,对增强其社会责任感而言,是一种最为有效也最为现实的方式。实践学习与理论学习一样,是大学生增强社会责任感不容缺位的重要环节。社会实践活动蕴含着丰厚的人文底蕴,通过鼓励大学生参与社会实践活动,有助于将之所蕴含的社会责任价值挖掘出来,有效引导当代大学生确立起崇高、光荣而伟大的社会责任感。[②] 在"互联网+"时代,网络空间大学生社会责任感的培育无疑要通过大量有深度、有广度的社会实践活动来进行。

网络空间是现实生活空间的反映,在现实社会生活空间通过开展社会实践活动所培育的社会责任感,会反映到网络空间中去。除了现实生活空间中的社会实践外,网络空间中大学生的社会实践对网络空间大学生社会责任感的培育显得更为重要;只不过网络空间社会实践活动的组织和开展方式更为多样化,对大学生网络空间社会责任感的培育也更为重要。

二、社会实践在网络空间大学生社会责任感培育中的作用

作为网民的大学生进行了登录上网就是参与了社会实践活动,无论是上网娱乐还是学习,无论是网络游戏还是网络交往,都是以不同的方式在进

[①]　王继军:《论大学生社会实践与社会责任感的培养》,载《河北师范大学学报(教育科学版)》,2009 年第 2 期,第 79—81 页。

[②]　伍安春:《当代大学生社会责任感培养研究》,中国社会科学出版社,2020 年版,第 153 页。

行网络空间的社会实践,这种社会实践对网络空间大学生社会责任感的培育具有非常重要的作用。

(一)基础支撑作用

高校之所以被称为象牙塔,主要表现在高校的校园和文化具有相对独立的一面,同时又或多或少地以物理的方式如围墙、隔离带等与社会相对疏离。这当然主要是为了使身处其中的大学生尽量少受外界的各种干扰,从而更好地努力学习、完成学业,不断提高素养和专业技能,但也造成了在校大学生与现实社会生活空间的相对隔离,他们了解社会、观察人生的视野和触角受到了一定的局限,对社会大生活、社会大环境缺乏深入了解和深刻体验。大学生又因各种现实条件的制约而不能真正脱离校园走入社会生活,也不能不加选择地接受各种社会信息资源。因此,如何让大学生能够身在校园又走出校园,能够从书本和学校的视野扩大到社会大生活中,就是非常重要的问题。对此,我们认为网络空间的社会实践是较好的解决方式之一。

社会实践是架起大学生与社会生活联系的桥梁。在社会实践中,大学生能够亲身感知、体验生活,也就能够更好地跳出个人主义和主观主义的小圈子,比较全面地感受社会生活的变化和发展,更好地了解和掌握国情民情社情,更好地找到自己在社会生活中的正确位置,并从内心深处培育和强化自己的社会责任担当,实现从理论到实践的转换,进一步增进对社会的认同和热爱,以强烈的社会责任感更好地投身社会、更好地服务人民,从而实现社会责任感的入脑入心。他们在网络空间也就能够做到与现实社会生活空间一样,表现强烈的社会责任感和责任担当精神。在这个过程中,社会实践对现实生活空间中的大学生社会责任感培育和网络空间中的大学生社会责任感培育都能够发挥基础性的作用。

社会实践教育强化大学生对社会责任感的认知,更好地夯实网络空间大学生社会责任感培育的基础。大学生通过社会实践活动深入社会、了解社会,可以更好地在实际中进一步加深对社会责任感的认知、理解,更好地开展自我教育,有利于大学生更好地端正对社会责任和自我责任担当的思想认识,拓展社会生活视野,进一步促进他们对社会责任相关知识和理论的理解和运用,在社会责任和社会责任感的培育上获得更加深刻的感知和更加强烈的自我激励,从而树立起强烈的社会责任意识,增强为国家和民族发展、为他人幸福生活而贡献自我力量的责任感和使命感。

(二)双向促进作用

社会责任感的培育最终要体现在社会责任行为上,也就是依靠大学生的责任意志来实现其责任担当,在具体的社会实践活动中通过其言行来体现和实现,并承担相应的责任。一方面大学生可以通过多次的实践活动来进行社会责任感培育和训练,也可以用多种方式来体验和感受社会责任的落实情况,以及社会责任失范行为可能带来的不良社会后果。因此,在社会实践中,通过反复强化大学生的社会责任行为训练,既可以促使他们的责任行为得以强化、社会责任感的意志不断坚定,并逐渐形成良好的社会责任担当意识和行为习惯,从而发挥社会责任感的导向作用;也可以使他们自觉地将外在的社会责任要求内化为自我责任意志,不断以强烈的自我社会责任感驱使和作用其心理与行为,更为自觉地抵制各种不利于履行社会责任的思想观念和认识偏差,排除社会责任失范行为。另一方面,通过社会实践教育培育的社会责任感也能够很好地引导和促进社会实践活动更好地开展和进行。"纸上得来终觉浅,绝知此事要躬行",社会实践是大学生参与社会生活、认识社会和改造社会的能动活动,在这个过程中,大学生通过自身的行动参与到真实的社会生活场景中,得到感知和体验,实现提升和发展,更重要的是能够更好地促进责任自觉、提升责任意识、强化责任情怀;同时,社会责任感对大学生的社会实践具有导向作用,具有强烈的社会责任感才能确保大学生的社会实践不偏离既有的轨道和要求,才能更好地增强大学生对社会责任感的认同,更好地形成理性客观的社会实践态度和立场,更好地掌握分析、认识社会实践活动事件的能力,从而增强大学生参与社会实践的社会责任感,而网络空间的社会责任感培育也同样具有双向促进作用。

三、实践教育法在网络空间大学生社会责任感培育中的具体运用

实践教育法是网络空间大学生社会责任感培育的重要方法之一,运用实践教育法培育大学生的社会责任感,具体的操作流程和细节要求会因多方面的因素而有所不同,但总体来说涉及明确社会实践教学的目的、社会实践任务和情境的创设、社会实践进度的安排、社会实践的评价分析等。

第一,明确以培育网络空间社会责任感为目标的实践教育目标体系。教师组织社会实践活动时,一定要有明确的目标。大学生社会实践活动的目标是多方面的,包括知识目标、能力目标、素养目标等,共同构成其目标体系。在网络空间社会责任感的培育上,要把目标体系作为明确的教学要求,要求大学生在现实社会生活空间和网络空间中置身于真实的社会情境中,真正接触和了解社会现实生活中的真实事件、感受纷繁复杂的社会生活,有效获得社会生活的第一手经验,加深对国情世情、社会民情的了解和思考,在面临现实的社会生活问题时能够以负责任的心态来面对、用担责任的行为来处理,从社会责任感的角度客观地、全面地观察和分析问题,真正成为社会生活的亲历者而不是解说者、社会责任行为的行动者而不是旁观者,在亲身参加社会工作、处理社会问题的过程中强化责任教育,培育和增强社会责任感。

第二,加强社会实践中责任行为的体验和锻炼。要根据网络空间大学生的社会责任实际和现实生活情况,确定相应的社会实践主题和活动内容,制定可行的社会责任感培育方案和实践教育活动方案。在组织和开展社会实践活动的过程中,从社会实践层面着手开展社会责任感的培育,并强化大学生在现实生活空间中的社会责任行为体验以促进其网络空间社会责任感的培育和提升。同时,更要把这种社会实践活动的范围和场域扩展到网络空间,如组织开展网络调查、云走访、红色展馆云参观、网上志愿服务活动,以跟帖、评论等方式参与相应的网络事件,拍摄和制作相应的视频、微电影,参与电商直播帮助农产品销售、乡村振兴网络服务等主题活动,建设网

上实践基地、网络社会实践社团,开展网络安全宣传教育系列活动。特别是对于计算机类专业或电子信息类专业的大学生,可以发挥他们的专业特长,组织开展网络安全检查、清朗网络空间建设志愿活动等,让大学生通过现实空间和网络空间的社会实践活动得到教育,更好地体验和感悟社会责任感的践行,以加强网络空间中的社会责任行为的体验和社会责任感的培育。

第三,运用实践教育法培育大学生社会责任感时要处理好教师与学生、线下实践与线上实践、专业课程实践与社会责任实践等关系,如此才能更好地促进社会实践活动的开展。

首先,处理好教师与学生的关系。与理论讲授课堂教师主导有所不同的是,教师在社会实践中主要是发挥组织引导和安全保障等方面的作用,大学生既是社会实践教育的主体又是社会实践行为的主体。在网络空间大学生社会责任感的实践教育过程中,教师的主要任务是引导大学生掌握社会责任认知的理论知识和行动基础知识,以引导学生更好地依据和借助社会责任感培育的相关理论依据,运用马克思主义方法论和思维方法,深入体会社会责任感的相关要求并且内化为自身的行为,并用自己的责任行为来分析和面对、解决社会生活中所出现的各类问题,甚至是责任失范行为和不良思潮、思想及言论,最终落实到社会责任感的培育上来。作为教师,应明确网络空间社会责任的要求,并指导学生通过负责任的社会行为来从理论、方法、思维等层面提升大学生的责任意识和社会责任感。作为大学生则应在完成相应社会实践活动的过程中,真正从网络空间社会责任感培育的角度来进行自我反思,细细体会其中的社会责任意蕴和社会责任价值,并内化为自身的责任意志,最终以负责任的行为来回答和解决相类似的问题,从而更好地强化自己的网络空间社会责任感,更好地以责任行为承担社会责任,并把这种社会责任意识和社会责任行为应用到网络空间中去,从而实现网络空间社会责任感的有效培育。

其次,处理好线下实践与线上实践的关系。线下实践活动直观可感,对大学生的感染力较强,也具有很强的针对性和互动性;而线上的实践活动因其虚拟性的一面往往让人有些难以捉摸和有效把握。我们一般认为社会实践活动都是线下面对面开展的实践活动,似乎线上开展实践活动是比较虚和不靠谱的。实际上网络空间是现实生活空间的延伸和映射,线上与线下相互融合而不可分割。因此,不要割裂线下实践与线上实践的关系,而要把二者有机结合起来,做到相得益彰。

网络空间的实践资源是海量的,线上实践活动有助于大学生多方选择社会实践资源。大学生在网络空间进行社会实践活动时,也能更好地结合自己的专业知识、发挥专业优势,更好地形成对于网络资源的正确认知,树立正确的网络意识和网络伦理观,这本身就是网络空间社会责任感培育的重要内容。线上进行的网络空间社会实践活动可以突破时间、空间等因素的限制,整合多方力量,更好地突破当前大学生社会实践活动的制约因素,并为大学生的社会实践营造线上实践环境,作为网络原住民的大学生也乐意在网络空间进行相应的社会实践活动。通过开展线上与线下、现实与虚拟相结合的社会实践活动培育网络空间大学生社会责任感,既可以有效拓展社会责任感培育的场域,又可以丰富社会实践活动的内容、拓宽社会实践的路径,实现社会责任感培育的多元化。大学生在线下现实生活空间里具有高度的社会责任体验和社会责任感,就能更好地迁移和应用到网络空间,融合进行网络空间相应的社会实践活动,更为有效地促进网络空间社会责任感的培育。因此,我们要积极利用网络空间开展社会实践活动,把线上与线下的实践活动相互衔接起来,实现线上线下的翻转和融合,强调大学生在线上与线下空间里的社会责任体验和社会责任感培育,实现互相衔接而又联动融通,发挥线上实践与线下实践的叠加效应,以多层次、多维度的社会实践活动激发大学生在现实生活空间和网络空间的社会责任感,强化社会责任的主体意识和内生动力,更好地提升大学生社会责任感培育的广度和深度。

最后,处理好专业课程实践与社会责任实践的关系。对大学生来说,专业实践是他们专业学习过程中非常重要和关键的一环。在专业实践中,大学生将所学课本知识应用于相应的岗位实习中,为走入社会、服务社会做好相应的准备和角色转换。因此,专业课程的实践是非常重要也非常受重视的。以培育大学生社会责任感为主的社会实践活动,则是重在通过系列与专业相关的或是不相关的社会实践活动,来强化大学生的社会责任感意识和社会责任感,并转化为自觉的社会责任行为,为承担社会责任做好思想准备。两者侧重有所区别但又是相互关联的,专业课程的社会实践中肯定有加强社会责任感培育的内容,同样社会责任感培育的实践活动也可以融入专业课程实践的内容。大学生通过现实空间和网络空间的社会实践活动,结合专业课程实践开展相应活动,可以实现在专业课程实践中培育其社会责任意识和社会责任感。同时结合社会责任感培育内容,又可以强化和促进专业课程的社会实践,有效地激发大学生学好专业,并培养他们社会责任感和使命感,更好地树立和铸牢他们的社会责任意识和社会责任感。因此,我们要处理好专业课程实践与社会责任实践活动之间的关系,要将社会责任感的培育融入专业课程实践教学活动之中,在专业课程的社会实践中更好地提升和培育大学生的社会责任意识和社会责任感,不能将二者割裂甚至对立起来。

第六章　网络空间大学生社会责任感培育的实践路径

网络空间大学生的社会责任感的培育,需要多方合力共同推进,采取有效和可能的实践路径。本书依据网络空间大学生社会责任感培育的相关理论,运用相应的方式方法,实行课程化、生活化和一体化培育的实践路径,能够有效促进网络空间大学生社会责任感的培育。

第一节　课程化路径:通过课程教学系统培育

作为网络主力军和原住民的大学生,在网络空间所表现出来的社会责任感不尽如人意,很多大学生们在网络空间与现实生活空间中的行为往往截然不同,主要原因还是社会责任感的缺失,除了与互联网空间本身的虚拟性相关之外,大学生在网络空间不知道如何遵守社会责任要求、没有系统培育网络空间社会责任感是重要原因。本书认为培育网络空间大学生社会责任感,需要通过开设专门课程、开展课程教学的方法来系统指导大学生网民如何正确上网、如何有效遵守网络道德、如何更好地承担网络空间社会责任,从而引导大学生网民培育强烈的网络空间社会责任感、掌握和遵循网络伦理、树立和强化网络空间的社会责任意识,并以此来净化网络空间,建设清朗的网络空间。课程化培育大学生网络空间社会责任感的有效路径包括开设专门的网络伦理课程,将其作为公共选修课或专业必修课纳入人才培养体系,同时也可以借助相应的课程开展课程思政,从而促进网络空间社会责任感的培育。

一、课程化是网络空间大学生社会责任感培育的重要路径

课程是指体系化、条理化、序列化的教学内容或教程,是为实现学校的教育目标而规定的教学科目及其目的、内容、范围、分量和进程的总和,也包括为学生个性的全面发展而营造的学校环境的全部内容①。网络空间大学生社会责任感培育的课程是指包含社会责任感培育在内并纳入人才培养方案的专门教学内容,通过一定学时的教学实施来提升网络空间大学生的社会责任感和网络素养。据此确定课程名称可以为网络伦理,主要是通过该课程教学,在推进学生素质教育的过程中与学生实践深度融合,注重提升网络空间大学生的社会责任感,发挥课程育人的作用,提升他们的信息素养和网络空间社会责任担当意识,自觉践履网络空间的社会责任感。

通过课程化方式开展网络空间大学生社会责任感培育是必要的。首先,从高校学生网络行为实际来看,有必要开设此课程以培育其网络空间的社会责任感。对大学生来说,上网已经成为日常生活的一个重要部分,他们上网通常以通信聊天、娱乐休闲等功能为主,但也有部分学生在网上涉猎负面、低俗内容,甚至沉溺其中不能自拔,最终导致厌学或被学校劝退。这说明一些学生不能让互联网在其生活中充分发挥应有作用,也不能从网络空间社会责任的角度来看待和使用互联网。要培养大学生网络空间的社会责任感,就需要通过系统的培育实现从知到行、以知促行,只有知得深才能行得好、只有知得清才能行得稳。这种系统性的知,就需要以课程教学的方式来系统组织开展。

其次,从我国网民成长历程来看,也有必要通过课程化的方式来培育网络空间大学生的社会责任感。2000 年至今,是互联网的快速发展阶段,随着商用互联网服务的开展和百姓上网工程的启用,我国互联网应用呈爆发式增长。互联网是一种技术,上网是一种对互联网工具使用的技能。对于作

①　杨修平:《论课程育人的本质》,载《大学教育科学》,2021 年第 1 期,第 60—69 页。

为网络原住民的大学生来说,互联网工具都会使用,互联网技术都或多或少地掌握了一些,但是掌握了技术、会使用互联网工具,并不必然意味着网民就能对互联网进行积极利用,更不意味着大学生能够遵循网络空间社会责任的要求来指导自己的行为,这就需要通过课程教学的方式进行理性引导。

最后,从当下网络空间大学生社会责任感培育的开展情况来看,十分有必要开展此课程。作为互联网诞生地的美国,非常注重开设专门的课程和讲座来进行网络伦理教育,其中就包含了网络空间社会责任感培育。早在20世纪七八十年代,美国的大学就相继开设了计算机伦理学课程。网络信息伦理教育课程也和其他课程一样正式成为大学教育的一个重要组成部分。21世纪初,韩国从小学二年级起便开设了"网络礼仪"课程教育,旨在教育学生们避免在网上使用侮辱性语言,提高保护知识产权和个人信息的意识,实际上就是教育孩子们从小要更好地履行网络空间的社会责任。而我国有关网络空间社会责任感培育的课程化教育相对滞后。在国内,首先把网络伦理或网络道德引入课堂的,是2001年南昌大学开发的"思想道德修养"全程教学辅助课件,其中单列了一个章节来讲述网络道德的内容,首开网络道德或网络伦理与社会责任教育的先河。其后,也曾有高校开设了网络伦理与社会责任教育课程并编写了相应教材,但大都是作为大学本科信息安全专业或伦理学专业课程来开设的,并没有开设针对全体高校学生的普修或选修课程。

通过课程化路径开展网络空间大学生社会责任感培育课程是可行的,主要表现在以下三个方面。

一是大学生有需求。作为高校大学生来说,网络并不陌生,但对于网络社会的伦理和所应承担的社会责任却不甚了解,特别是对网络空间社会责任感的履行知之甚少。同时大学生也希望能够比较系统地了解和掌握网络空间社会责任感、网络伦理与社会责任方面的理论知识,更好地指导自己的网络生活。据调查,78.4%的大学生认为有必要系统地学习如何上网、合理利用网络资源,如何在网络空间承担相应社会责任的课程。这说明,以课程化的方式培育网络空间大学生社会责任感是符合大学生需求的。

二是教育行政部门有要求。早在2014年4月,教育部召开教育系统"扫黄打非·净网2014"专项行动座谈会,会议明确指出要发挥思想政治教育课程、互联网专业课等主渠道作用,将学生网络道德教育等纳入课程教学,要开展网络文明教育和网络法制教育,增强对网上有害信息的甄别、抵制、批判能力,形成科学、文明、健康、守法的上网习惯,这里就包含着如何履行网络空间社会责任的内容。为此,对大学生来说,通过课程化的方式、开设网络伦理与社会责任方面的课程更具有直接效果,通过课程化的教育教学方式,能更好地让大学生掌握网络社会的伦理道德要求、遵循网络空间的社会责任,更好地培育网络空间的社会责任感,实现自我教育、自我约束和自我保护,更好地发挥网络在其生活的作用。

三是实践证明是有效可行的。通过课程化的方式来培育网络空间大学生社会责任感,开设相应课程是可行的。自2008年以来,笔者所在学校便面向大一新生开设网络伦理与社会责任的选修课程,以专题讲座的形式,对网络伦理、社会责任的各方面知识进行较为系统的讲授和讨论,帮助他们树立正确的网络观、责任观,学会如何掌控自己的网络行为、有效避免网络失范行为等。该课程很受学生欢迎,选课人数一度达到1200人/期。2018年开始,学校开展培育网络空间大学生社会责任感的"网络伦理"专业必选课程教学,深入探索和检验前期成果的教学实效,进一步强化了对网络空间社会责任感的培育,并对比分析和实证研究大学生对网络社会事件的价值判断能力和履责能力,凸显了网络空间社会责任感培育的成效,也证明了课程化路径培育网络空间大学生社会责任感是可行的、有效的。

除了以专门课程教学的方式开展网络空间大学生社会责任感培育之外,课程思政也是重要的路径之一。在专业课程或其他所有课程教学中融入网络空间社会责任感培育的相关内容,从教学设计、教学内容到教学考核评价等环节都贯穿起网络空间大学生社会责任感培育的相应要求。因此,我们首先要从观念上重视课程教学中开展社会责任感包括网络空间社会责任感的培育。无论是哪一门课程的教师,都要从观念上重视社会责任感的培育,把大学生社会责任感的培育放在教书育人的首位,把社会责任感的培育作为所授课程教学的重要内容之一,真正树立全程育人、全面育人的牢固意识。同时,要正确认识课程教学与网络空间大学生社会责任感培育的关系。大学阶段的专业课程虽然侧重点与思想政治理论课程不一样,但不能由此认为社会责任感的培育只是思想政治理论课程教学的任务和内容,与专业课程教学无关。所有的课程教学都有培育学生社会责任感包括网络空间社会责任感的要求和目标,我们要把社会责任感的培育有机融入、渗透和贯穿在课程教学中。

二、网络空间大学生社会责任感培育课程化路径的要求

对于专门课程来说,要把网络空间大学生社会责任感的培育作为主线贯穿在整个课程之中,通过系统的课程教学来实现课程培养目标,以更好地培育网络空间大学生的社会责任感,在此过程中也有其相应的要求。

(一)明确界定课程定位和性质

网络空间大学生的社会责任感实际上就是要求大学生能够遵守网络空间的行为规范,积极承担和正确履行作为一个网民在网络空间的基本权利和义务,更好地维护网络空间这个虚拟社会的正常运行与发展,说到底这是一个培育和提升大学生人文素养或者说信息素养的课程。因此,相对于各专业的专业课程来说,网络空间大学生社会责任感培育的课程属于人文素质教育类的课程。每个大学生,不论所学专业是什么,开展上网活动或者作为网民,只要踏入网络空间就都需要了解和遵守网络空间伦理规范、承担网络空间的社会责任,因而需要具有良好的网络空间社会责任感。基于此,从网络空间大学生社会责任感培育课程的性质上来说,无论是人文社科类专业还是理工科专业,都可以作为公共选修课程或专业基础类课程。但对于计算机类专业,如计算机应用、网络技术等偏硬件类的专业学生来说,可以作为公共选修课,也可以作为专业选修课;对于软件技术、网络安全等专业来说,因为这两个专业的学生今后就业的工作可以说与网络空间这个虚拟的社会联系更为紧密,可以作为公共选修课,如作为专业基础课或专业选修课来开设则会更好。

至于此门课程开设的时间,既可以选择在刚入学的第一个学期,也可以选择在专业学习开始的那个学期,可以根据情况具体来定。从实际情况来看,我们认为在第二学期和第三学期开设此门课程比较合适,第二学期主要是作为公共选修课来开设。对于大学生来说,进入大学之前的上网,主要是作为普通网民的一般性行为,没有把网络空间的活动与所学专业结合起来思考,也没有任何专业性的要求。经过第一个学期的学习后,大学生们对自己所学专业的情况有了深入了解和体会,特别对自己在专业学习过程中与网络空间的连接有了更深入的理解。对网络空间、网络社会的深入了解和体验就能够更好地以网络公民的角度来看待网络空间,深入理解网络空间的基本特性,如在此时加入专门课程的学习,对网络空间的社会性、如何在网络空间承担相应的社会责任也就有了更为理性的基础,也能够更好地实现从普通网民到网络公民的转变。如果在第三学期开设此门课程,最好只针对计算机类专业的学生,作为专业学习的补充和提升,更能彰显本课程的人文素养培育的特性。

(二)有效确定教学目标及教学内容

毫无疑问,网络空间大学生社会责任感培育课程的教学目标就是通过对网络空间的社会责任进行全方位的解读和教学,通过系统的理论指导和实践教学来培育和提升大学生网络空间的社会责任感。从知识目标来看,包括了解互联网发展历史,理解网络空间和网络空间社会责任感的相关概念、内涵及要求,掌握网络空间对大学生社会责任感的要求和内容,了解大学生在网络空间所存在的一些社会责任失范行为及矫正办法,为网络空间社会责任感的培育奠定相应的知识基础,做好相应的学理储备。从能力目标来看,主要是培养大学生正确登录上网、网络表达和网络参与的能力,在网络空间与其他成员进行有效沟通与协调的能力,有效判别网络空间的社会责任行为并识别、指认和纠正网络空间社会责任感缺失行为的能力,同时具备解决与网络空间社会责任感相关问题的能力。从素养目标来看,主要是能够自觉以社会主义核心价值观和相应道德规范及法律法规指导网络空间的行为,有效避免网络空间社会责任感缺乏或失范现象,自觉提升网络空间的自我素养,成长为新时代的高素质网络公民。在教学内容的设计与确认上,要从互联网技术发展的历史、网络空间发展的历史开始,让大学生明白网络空间也是现实社会的虚拟反映,同时结合社会责任感的相关知识,从学理上构建网络空间大学生社会责任感培育的知识体系,然后通过理论和实践教学,让大学生更好地获得网络空间社会责任感的真实体验,理解和掌握网络空间的伦理意蕴及社会责任感的要求,分析其利弊得失,注重结合网络空间社会责任行为的正反两个方面的案例,启示和警醒大学生在网络空间要注意承担和履行相应的社会责任,从而实现对网络空间大学生社会责任感的理论理解和思想教化。

因此,作为网络空间大学生社会责任感培育课程,首先要以网络伦理和网络空间社会责任感为主线,有效串联和结合网络空间的发展,并根据互联网发展的历程说明网络空间的发展状况,同时要结合网络空间大学生社会责任感的培育,来强化和拓展到网络空间的伦理教育和行为规范。其次,要从网络空间伦理规范的角度来培育大学生网络空间的社会责任感。在网络空间要处理人与人、人与社会的关系时所要遵循的道理和准则就是网络社会的伦理,因此在网络空间处理人与社会的责任时所要遵守的伦理规范就是网络伦理中的社会责任内容,也要对计算机专业学生在网络空间的伦理即专业伦理进行相应的教学和讲解。

具体教学内容可以分为四个方面:一是互联网技术的发展历史,以及网络空间也就是网络社会的发展情况和大致历程;二是在网络空间的社会行为中究竟要遵守的行为规范和履行的社会责任,特别是在最基本的网络空间活动中,如登录上网、网络参与、网络表达和网络交际等行为中的社会责任感要求及其培育;三是有效避免、校正和抵制大学生在网络空间的社会责任感失范行为;四是作为计算机类专业大学生所应培育的社会责任感和专业伦理要求。通过实践教学组织开展网络空间的实践体验和反思总结,进一步强化和培育大学生在网络空间的社会责任感。

(三)做好教材的选用和开发

要通过课程化的路径系统培育大学生网络空间的社会责任感,在教材上要选用适用性强的教材,要能够紧密围绕大学生在网络空间的各类行为来渗透和加强社会责任感的培育;所选教材也应该是通识化的教材,是能够适合各专业学生使用的、相对浅显易懂的教材,而不是计算机类的专业教材。目前国内已有网络伦理或计算机伦理方面的教材,如徐云峰等编著的《网络伦理》、冯继宣主编的《计算机伦理学》,也有周兴生著的《青年网络伦理》等。

徐云峰等编著的《网络伦理》2007年由武汉大学出版社出版,主要是面向计算机类的信息安全技术专业而组织全国40多所高校联合编著的教材。这本书把网络伦理约束作为网络安全战略的一个重要组成部分,多角度地对网络伦理规范、原则、对象、研究方法及其对策进行具体阐述,涉及计算机科学、社会学、法学、哲学、史学、文学、伦理学、管理学和心理学等多种学科,包括网络与网络安全、网络安全与网络伦理、网络伦理与传统伦理、网络问题与伦理危机以及网络规范等内容,分析网络技术与伦理价值选择之间的内在关联性,研究造福人类及其环境的技术与伦理实践,旨在促成网络技术与网络伦理体系两种因素的良性互动,构筑一个用社会主义荣辱观引领网络文明新风的虚拟社会,构建我国信息安全的立体防御体系。全书共分为六章:第一章为网络与网络安全,包括登录互联网和点击网络安全两节内容;第二章为网络安全与网络伦理,包括对网络安全战略和传统伦理学概述、网络伦理学基本理论的阐述;第三章主要说明网络伦理学的研究范畴,对网络伦理的"善"与"恶"、网络行为的应当与不应当、网络行为价值的有与无、网络居民的平等权、网络居民的信用度、网上服务和网上评论与评价等内容;第四章为网络时代现象,讲述了虚拟社会的浮躁、网络文化的颠覆和网络语言的革命;第五章是网络伦理危机,包括网络隐私的"走光"、人际关系的尴尬、公共信息的"恶搞"和国家安全的忽略等;第六章为正确规范网络行为,主要有网络道德体系的构想、网络立法执法的完善、网络行业制度的自律和网络行为教育的启迪等内容,其中特别讲述了大学生网络行为规范教育。

教材中指出,随着网络的迅速发展和高校校园网的建设日益完善,大学生已成为网络社会的主要群体之一。作为大学生来说,虽然在文化知识总体上高于其他网民群体,但其人生观世界观尚未定型,文化修养、自律能力等综合素质还不高,因此其网络失范行为不仅不比其他群体少,而且失范行为的智能化程度更高,手段与方法的技术性更强,违法犯罪的后果也更严重。我们对大学生的网络行为规范教育严重滞后于对大学生的网络技术知识教育。这里的网络行为规范教育可以说就是包含以网络空间社会责任感为主要内容的网络伦理教育。教材中对大学生网络行为规范教育的内容和任务主要有网络法制教育和网络伦理道德教育两个方面;同时指出在进行大学生网络行为规范教育时,要处理好以上二者之间的关系,在进行网络法制的同时,必须加强"网德网风"教育,将工具理性、网络技术的发展与人文精神的培养、物质文明与精神的发展有机结合起来,同时发挥网络法制教育与伦理教育在预防大学生网络行为失范中的作用,使伦理道德成为网络文明的最坚实的深层依托。

在具体途径方面,教材中指出要开设相关网络行为规范的系列教育课程供大学生选修。这就是以课程化的路径开展网络空间大学生社会责任感的培育,这里的课程定位为选修课,同时指出国外一些高校已经开设的网络伦理学、网络文化学之类的课程,在国内也要开设网络法、网络伦理、网络文化之类的课程,以深化和强化大学生网络行为规范教育。

冯继宣主编的《计算机伦理学》可以说是对计算机专业学生进行网络空间社会责任感培育课程化探索而编写的教材,主要探讨了计算机与人类之间的相互作用关系和伦理影响,提出了计算机技术设计者和使用者应当在日常工作、学习和生活当中恪守道德行为规范的思考,以及计算机信息产业给生态环境带来的负面影响等问题。教材分为上、中、下三篇,上篇为计算机技术与伦理学基础,对计算机伦理学进行了概述,对计算机伦理的基本原则和伦理分析方法、计算机技术的社会环境进行了阐释。中篇为计算机伦理学基本问题,讲解了 IT 职业道德和社会责任、信息技术带来的社会影响、软件品质和 IT 的风险及其管理、信息技术与知识产权、计算机技术与隐私保护等内容。下篇为计算机伦理学相关问题,讲解了与计算机犯罪、计算机技术相关的经济问题等。从教材名称及章节编目可以看出,这是对计算机专业学生进行网络伦理教学的教材,更适宜于 IT 类专业学生、计算机技术人员、各行各业计算机用户等。其中专列一节,对 IT 职业人员的社会责任进行了分析,指出职业人员的社会责任感的实质问题,是对"自己与他人""自己与社会的关系"的认识问题①,其实就是对大学生进行社会责任感的培育,指出对于计算机职业人员来讲,运用人机工程学原理努力设计制造出与自然相协调的、稳定可靠的、不对人类造成伤害的技术成果、产品和工程项目,减少环境污染和生态破坏,减少辐射、减少使用计算机而带来的职业病就是信息时代应承担的社会责任,而对于广大计算机、互联网用户而言,应该正确认识 IT、恰当使用 IT、妥善对待 IT,运用技术造福人类。其实,这里就包含了深刻的社会责任感培育的内容。

　　周兴生的《青年网络伦理》也是网络空间大学生社会责任感培育的重要读本,这里的青年其实更为接近大学生。此书更为系统化地阐述了青年大学生在网络空间所应遵守的伦理规范,关注青年对互联网的认知、应用及其责任担当的问题,在对互联网的发展、特征及其青年网络伦理理论的一般性研究基础上,从登录上网、网络参与、网络表达三个层面探讨青年网络伦理认知、行为和责任,最后讨论计算机科学和技术专业学生及从业人员的伦理要求和社会责任。书中把社会责任作为重要内容来进行了阐述,其意图主要是实现如何有效培育大学生在网络空间的社会责任感。全书分为六章,第一章为网络:开放的人性实验室,主要是介绍和认识互联网以及互联网在中国的发展状况。第二章为网络伦理学与青年网络伦理,主要阐述网络伦理的基本问题和青年网络伦理。第三章为登录上网,包括青年登录上网状况、娱乐无极限、上下求索、网络安全和隐私等内容。第四章为网络参与,主要分析了网络互动参与的伦理意蕴、青年网络参与现象分析、青年网络主要失范行为等。第五章为网络表达,探讨了网络公共领域、网络空间表达的自由和限度、青年与网络表达等。第六章为专业伦理和社会责任,主要阐述了专业伦理、网络企业与社会责任等内容。该书力求探讨和解决的问题是:如何认识网络? 青年应该如何应用互联网? 网络使用中要有怎样的责任担当? 从青年对互联网建设和应用,到青年网络参与的伦理价值,到网

---

① 冯继宣:《计算机伦理学》,清华大学出版社,2011 年版,第 71 页。

络表达和网络群体激化现象,再到计算机专业伦理的价值等方面,指出了对青年大学生网络行为的培育之道,既关注青年大学生在网络利用方面的伦理,又探讨了网络伦理的过去、现状和未来,落脚在青年大学生在网络伦理方面的价值取向和行为倾向,为青年网络空间大学生社会责任感的培育提供了很好的蓝本。

当然,以上的教材也因多方面的原因,还存在一定的不足和需要进一步完善的地方,但在网络空间大学生社会责任感培育问题上,都可以作为很好的教材进行课程化的教育教学之用。

(四)组织做好实践教学和考核评价

网络空间大学生社会责任感的培育虽然是在虚拟空间的行为表现和担当,但在课程化培育的过程中,仍然需要加强实践教学的环节。课程关注的是网络空间的行为规范,自然也就需要在网络空间进行实践。因此,大量网络事件的观察分析、正确的网络言论与网络表达等都可以作为实践教学的重要内容,只有把这些网络空间中的责任事件和失范事件进行案例剖析,并要求学生进行相应的网络实践,才能够达到教学目的。

至于考核评价方面,主要以学生的实践环节自评、互评和教师评价相结合为主,关键是考查学生经过课程学习后,其网络空间社会责任感是否有质的提升,能否在网络空间表现自己的社会责任感和责任行为,同时对一些网络事件能否从社会责任感的角度进行分析,结合平时学习平台相关情况进行综合评定。

(五)做好网络资源建设

培育网络空间大学生社会责任感的课程,最好是通过网络教学平台进行教学,应当建立相应的网络课程资源,把课程教学的相关内容、教学案例、网络事件等作为最好的内容,打造优秀的网络学习资源,同时建立案例资源库和学习作业库,更好地促进课程教学的开展和网络空间大学生社会责任感的培育。

三、专业课程教学中的网络空间大学生社会责任感培育

除了开设专门课程来培育网络空间大学生社会责任感,其他的专业课程也可以有效培育网络空间大学生的社会责任感,即前文所说的课程思政。只不过,对于网络空间大学生社会责任感培育的其他课程来说,主要是在教学过程中加强培育、凸显网络空间社会责任感的要求,当然也有其要求和策略。

首先,要从观念上重视专业课程教学中网络空间大学生社会责任感的培育。无论是哪一门课程的教师,要从观念上重视网络空间大学生社会责任感的培育,把大学生网络社会责任感的培育放在教书育人的重要位置,把网络空间社会责任感的培育作为所授课程教学的重要内容之一,真正树立全程育人、全面育人的牢固意识。其次,要正确认识课程教学与网络空间大学生社会责任感培育的关系。大学阶段的专业课程也好,专业基础课程也好,侧重点虽然不是网络空间社会责任感的培育,但不能由此认为其与专业课程的教学无关。其实所有的课程教学都有培育网络空间大学生社会责任感的要求和目标,我们要把社会责任感的培育有机融入、渗透和贯穿在专业课程教学中,达到"润物细无声"的效果。

在课程教学目标上,要把专业知识传授与网络空间大学生社会责任感的培育并重并行,可作为素质目标的内容之一进行统筹考虑和协调安排。当前所有的课程教学都需要借助互联网信息技术来开展和进行,那么,大学生在网络空间的社会责任感就或多或少地决定着课程教学能否顺利进行和有效完成。完全不纳入网络空间大学生社会责任感的培育教育,或者漠视和抵制网络空间大学生社会责任感培育的内容,都是错误的认识和做法。

在教学内容上,要在专业课程教学设计中融入网络空间大学生社会责任感培育的要素,可以选用网络空间大学生社会责任感方面的案例来支撑和例证相关课程的教学内容,选择既反映所授课程的知识同时又能进行网络空间社会责任感培育教育的案例来向学生进行讲解。如对学科知识中的榜样人物身上所体现的社会责任感的分析,在理工科课程的内容上可选取

由于缺乏网络空间社会责任感而导致失败的案例,不仅可以从正反两面增加学生对理论知识的理解,也可以激发学生内心深处的网络空间社会责任感,并在此过程中进一步强化其培育。

在教学过程中,要把网络空间大学生社会责任感的培育蕴涵其中,可根据各学科的特点,充分发掘和丰富教材和教学中所蕴涵的网络空间社会责任感培育因素,把学科教育内容始终与社会责任感教育交融起来,从而有效提升大学生的社会责任感,帮助他们树立正确的世界观、人生观和价值观。

在教学评价上,要实现课程考核与网络空间大学生社会责任感考核的并存。网络空间大学生社会责任感的培育作为课程教学的素养目标,就要有考核评价,在这个环节上同样要注重社会责任感的培育,要在评价体系中增加社会责任感考核的内容。不一定要单列考核项目或考核标准,可只作为参考性考核内容,结合课程考核的实际情况灵活采用,用情境性试题的方式或案例分析的方式直接命题考核;也可以结合课程知识进行有机融合,不单独考核;还可以结合实践操作,在实践动手的过程中考察网络空间大学生社会责任感的践行情况。

第二节　生活化路径:融入日常生活有效培育

将陶行知的生活教育理论中"生活即教育""社会即学校"原理推广应用到网络空间里,那就是网络生活就是教育、网络社会就是学校。网络空间社会责任感的培育是网络生活中需要教育的重要内容,必须融入大学生的网络生活和现实生活中,实现"生活化"的培育路径,让源于生活的网络空间社会责任感培育更好地融入生活、服务生活、引领生活,更好地实现培育目标,真正提升大学生网络空间的社会责任感、营造高质量的网络生活。因此,生活化也就成为网络空间大学生社会责任感培育的重要路径之一。

一、网络空间大学生社会责任感的培育要实现生活化

随着互联网信息技术的飞速发展,上网已经没有任何的技术性门槛,任何人在任何时间、任何地点尽情上网冲浪已经成为重要的生活方式,特别是作为大学生来说,网络已经成为生活中一个非常重要的、无可取代的场域。生活是人们存在的基本状态,生活也是人类个体成长和职业发展的土壤,陶行知的生活教育理论告诉我们生活无时不含有教育的意义。网络空间大学生社会责任感是源于生活的,要更好地融入、服务和引领生活,就要实行"生活化"的培育路径。网络空间大学生社会责任感的培育所关注的是大学生的网络生活,而网络生活也成为大学生日常生活的重要组成部分。因此,网络空间大学生社会责任感的培育既要关注大学生的网络生活,也要引领和指导大学生的网络生活,实现生活化的培育既是网络空间大学生社会责任感培育的现实需要,也是其内在要求。

包含网络空间生活在内的大学生的日常生活是网络空间大学生社会责任感培育的源泉。网络空间大学生社会责任感的培育源于大学生网络空间生活的需要,大学生在网络空间的生活不断变化且随时代变迁而发生相应的变迁,正是这种网络空间生活的变化和发展,需要生活在网络空间的大学生具有高度的社会责任感,离开了大学生的网络生活,网络空间社会责任感的培育就失去了其存在的必要。同理,网络空间大学生社会责任感培育的内容也来源于大学生的网络生活。马克思主义认为人们的社会存在决定人们的社会意识,网络空间大学生社会责任感是大学生在网络生活中的意识组成部分,来源于大学生的网络生活,也更好地服务于大学生的网络生活。网络生活也就成为网络空间大学生社会责任感培育的目的,是为生活服务的,是为了更好地满足生活、引领生活的。此外,网络空间大学生社会责任感培育的实效最终要通过大学生的生活发挥作用,转化为生活的原则和规范,才能更好地体现培育实效、实现培育目标。

生活教育理论立足于生活,强调生活决定教育,教育的目的就是培养"真人",即真善美全面协调发展的"手脑并用""在劳力上劳心"的人。网络

空间也是学做真人的重要空间。在现实生活中做真人,在网络生活中也要做真人,只有做到网上网下一致、网上网下协同,才是真正的真人。而要培养真人,必须基于生活,包括现实生活和网络生活,因此,网络空间大学生社会责任感培育生活化与生活教育理论的价值取向相契合,实现网络空间大学生社会责任感培育的生活化,把培养网络生活中的"真人"作为基本价值取向,引导大学生在网络生活中培育强烈的社会责任感,以大学生的生活来作为依托,通过生活化的路径来培育是完全可能的。

网络空间大学生社会责任感培育的生活化路径也是可行的。这是因为网络空间大学生社会责任感培育的生活化与大学生信息素养的培育是一致的,是同向同行的。随着通信技术及计算机技术的兴起与发展,以网络生活为主要表现的信息社会扑面而来,大学生提升信息素养、培养信息社会责任是其健康清朗网络生活的基础,也是其职业道德和工匠精神培育的基础性内容,还是其职业发展与服务社会的精神基石。这种信息素养是包含网络空间社会责任感在内的信息素养,其培育应有效融入网络社会生活实践,离不开有意识、有目的、有计划的教育教学活动。网络空间社会责任感的培育要与生活相结合,引导大学生在网络空间做出合乎社会要求的言行,从而更好地选择有价值意义、幸福美好的网络生活。每一个大学生在积极体验现实生活和网络生活的基础上,有针对性地提升信息素养,做一个网络空间中的有道德的真人。网络空间的社会责任感源于现实生活和网络生活,只有实现生活化,才能更好地在生活中进行培育,才能更好地反过来引领和指导大学生的网络生活。离开了大学生的现实生活,大学生网络空间的社会责任感培育将会成为无源之水、无本之木,失去了基础和依靠。同理,大学生如在网络空间没有良好的社会责任感,网络生活也将改变模样甚至完全颠覆他们的人生。因此,网络空间的社会责任感只有在大学生的现实生活和网络生活中才能更好地形成和发展,才能更好地发挥作用,也只有落实成为大学生在网络生活中实实在在的行动才能更好地体现其价值与意义。

实行生活化路径同样是网络空间大学生社会责任感培育的内在要求。网络空间大学生社会责任感培育最终是要回归其网络生活的,在培育过程中如果脱离生活,就会造成培育与网络生活两张皮的现象,理论与实践就会脱节,从而出现低效乏力。网络空间大学生社会责任感培育首先要基于大学生的网络生活,也要基于与大学生网络生活所对应的现实生活。网络空间大学生社会责任感的培育是一个螺旋上升的自为自成的过程,在这个过程中,大学生既是网络空间社会责任感培育的主体实行者,又是主要受益者。网络空间大学生社会责任感培育生活化必然要求这种培育基于大学生的网络生活,从大学生的网络生活出发,以大学生的网络生活经验为起点,同时基于他们所经历或正在经历的线下现实生活,即包括他们的整个社会生活,既包括网上网下的生活,也包括他们的学校生活、家庭生活、社会生活,其目的就是要引导大学生成长为堪担大任的时代新人。所以,网络空间大学生社会责任感培育要实行生活化,必须在他们的生活中进行,融入他们的生活,以现实生活和网络生活作为切入点,以生活中的现实问题为导向,通过丰富多彩的生活化培育活动,强化他们对网络空间社会责任感的体验,提升他们对网络空间社会责任感的履行能力,更好地消解网络空间的社会责任感失范行为,使他们在具体的网络生活和现实生活情景中能够自觉地遵守社会责任感的要求和相关规范,形成良好的网络空间行为习惯和品德操守,自觉提升信息素养。另外,大学生网络空间社会责任感的生活化培育路径最终是为了网络生活、服务网络生活,最终转化成为大学生在网络空间的社会责任情感和社会责任行为,服务于网络生活中的大学生,促进他们的成长成才。

二、网络空间大学生社会责任感培育生活化路径的要求

在网络空间大学生社会责任感培育的生活化路径中,要实现内容生活化、场景生活化、语言生活化。

(一)内容生活化

网络空间大学生社会责任感的培育有其相对固定的培育内容和知识体

系,生活化的路径要求实现培育内容的生活化,要做到内容聚焦大学生的生活①,更需要聚焦大学生的网络生活。

一谈到网络空间社会责任感的培育,我们可能就会从社会责任感的内涵、历史沿革和理论体系,从历史和现实、从宏观到微观等多个角度进行理论讲解,并提出相应的理论要求和行动遵循,告诉大学生们应该怎样做。从思想理论的角度进行辨析、从行为方式的层面提出要求,让大学生可能产生的第一反应就是灌输式的思政教育、说教式的理论宣讲,内容枯燥乏味、方式陈旧古板,他们自然就没有了学习的兴趣,更不用说要参与和实践了。最终得到的结果是说的说了、教的教了、学的也学了,但就是在网络生活的行动上没有改变、网络空间的社会责任感没有得到提升和强化。究其原因,主要是内容上脱离了大学生的生活,特别是网络空间的生活实际,其内容与网络生活完全脱节、无法关联,也就是没有做到生活化。因此,要实现网络空间大学生社会责任感培育的生活化,就要在借鉴陶行知的生活教育理论基础上实现培育内容的生活化,教学内容上"要体现时代性、把握规律性、富于创造性,真正融入大学生的生活,教育内容要为学生所喜爱,能够启迪学生,在生活中思想受到教育、境界得到提高"②,让网络空间大学生社会责任感的培育关注生活、回应生活、服务生活、引领生活,把大学生的网络生活作为第一场所,把大学生网络生活中鲜活的、引人注目的事例引入到培育过程中,引导学生在网络生活中以正确客观的态度、以高度的社会责任感来理解和分析,更重要的是要把培育内容与大学生网络生活实际情况结合起来,运用到培育中去。

具体来说,主要是对接和关注大学生的网络空间生活,我们可以从网络参与、网络表达、网络安全和专业伦理等几个模块来构建网络空间大学生社会责任感培育的内容,结合大学生在网络生活中遇到的具体事例来进行培育。比如在遇到网络热点事件,大学生该如何来表达自己的观点;遇到网络

---

① 顾志芳:《生活化教学三要义》,载《教学与管理》,2016 年第 12 期,第 50-51 页。

② 韩志宏:《高校思想政治教育生活化的实现路径探析》,载《学校党建与思想教育》,2014 年第 3 期,第 78-80 页。

暴力,我们该如何应对,特别是如何让自己不成为网络暴力的施行者,同时如何以较好的方式来制止或平息网络暴力;如何客观全面地看待网络上的人和事,如何以合理方式来避免网络失范行为。更重要的是把网络空间社会责任感的培育作为自己的一种生活方式或生活内容,把现实生活中的日常行为与自己在网络空间的行为进行对比,在体验中思考自身在网络空间中与现实生活中行为的异同,从而更好地理解自我、关注自我,更好地把网络空间的社会责任感融入到自己的网络生活中。把网络生活的情境与培育要求结合起来,把网络空间社会责任感的抽象原理与大学生的网络生活实际连接起来,把大学生丰富的现实需求和个体倾诉结合起来,通过关注与支持他们的积极诉求和美好意愿,让他们在网络生活空间中做出负责任判断和行为选择,更好地学会在网络空间中对自己负责、对他人负责、对社会负责,更好地体现和表达自己正确的人生观、世界观和价值观。

(二)场景生活化

"场景"这个词本是一个影视用语,指的是在一定的时间、空间内人物发生的行动和事件。这里所说的"场"指的是网络空间里的时间和空间、"景"指的是网络空间里的情景和互动。全球科技创新领域著名记者罗伯特·斯考伯和资深技术顾问谢尔·伊斯雷尔2014年出版的《即将到来的场景时代》一书里指出,未来互联网将进入所谓"场景时代",即借助大数据、移动设备、社交媒体、传感器和定位系统所形成的"看得见""记得住""可感知"的生活时代。今天,实质上我们已经进入了作者所说的这个场景时代。我们所说的网络空间是一个数字空间,是对生活的一种数字化表现形态。大学生们就是这个数字化生活空间的原住民,在此空间里以数字化为主要生存方式,无论是衣、食、住、行还是游、娱、购等基本生活活动都以数字化的方式,以看得见、记得住、可感知的方式来进行。那么,在这个互联网的场景时代,要培育大学生网络空间的社会责任感,就要更好地实现场景生活化,以期实现更好的培育效果。

实现网络空间大学生社会责任感培育的场景生活化要做到以下几点。

一是要构筑场景意识,并以场景意识来统领自己对网络空间社会责任感的培育。网络在大学生的日常生活中使用非常广泛,网络空间成为大学生日常生活的第二空间,很多大学生在网络空间发言论、表感情、晒幸福、诉苦衷,甚至是指点江山、激扬文字,可以说是自由挥洒、无拘无束,有时会完全忘记了网络空间也是一个重要的公共生活空间和公共生活场景,由此而产生一些抵触或违反网络空间社会责任的失范行为。事实上,我们要认识到在网络空间有强烈场景意识,并以此来统领大学生在网络空间的相关行为,要深刻认识到网络空间是现实生活空间的反映,也有相应的社会行为规范和社会责任的要求而要受到相应的约束,不得有逾越或违背现实生活场景中对社会责任和社会行为规范要求的行为和言论。网络空间是生活的场景和特殊空间,网络空间不是自己一个人的空间,更不是某个人的"私家花园",而是由很多网民组成的。这些网民即使相互不认识,网络空间的生活场景看来也是虚拟的,但对应到现实中就是一个个真实的人,就是一个个真实的生活场景或生活场景的影射。大学生们在网络空间的一言一行,不是无关他人的自由行动,而是与网络空间每一个人直接相关,与其中的每一个网民直接相关。对于在网络空间的言行或失范行为,不要以为网络是虚拟的就不能被人看到或发现,实质上网络空间里每一个网民的言行都能被发现和可追溯。因此,我们在进行网络空间大学生社会责任感培育时,实行生活化的路径就要强化这种"场景意识"、强化主体在场,要强化网络空间的场景就是现实生活中相对应场景的意识,要认识到网络空间跟现实生活空间一样,都是公共场所,在网络空间发表任何言论或采取任何行动,就是在现实生活中的公共场所发表言论或采取行动。如果我们在网络空间没有履行相应的社会责任出现社会责任感缺失的行为,就是在现实生活中没有履行相应的社会责任,就是在现实生活中出现社会责任感缺失的行为。只有这种场景意识强化了,才能时时提醒自己在网络空间的生活中,也是在一个现实场景中,时刻保持相应的社会责任感,做一个负责任的好网民。

二是要运用场景思维,并运用场景思维来指引自己的网络空间社会责任感的培育。通过场景生活化路径培育大学生的网络空间社会责任感,除了要有强烈的场景意识外,还要运用好场景思维,并把这种思维作为自己在网络空间所有行为的重要指引。场景思维是一种新的教育连接方式,能够用思维点燃思维①,作为移动互联网时代的必然产物,场景思维对互联网运营来说,在提升互联网的个性化服务水平、整合用户行为等方面具有重要价值②,同样对于我们进行网络空间社会责任感的培育也具有非常重要的意义。

　　作为大学生网民,我们一进入网络空间,就进入了一个已经营造好的场景,只不过这个场景是数字化的,是对生活场景的虚拟现实,当然也有一些纯粹虚构的场景,如网络游戏、网络文学作品所描绘的场景,因此,我们要充分运用场景思维,来有效指引自己在网络空间的行为和活动,更好地强化社会责任感的培育。首先是运用场景思维更好地感知和响应网络空间的各类场景,比较全面、理智地感知自己在网络空间所身处的场景。网络空间所构建的网络社会,实际上就是各种场景的叠加与推送,作为大学生网民来说,如何有效地感知场景并做出合理的反应,是我们履行网络空间社会责任感的基础和前提。作为网络空间的运营方总是会不遗余力地打造能够最大限度吸引网民的网络空间场景,以实现互联网利用的最大化和所承载的利益最大化,说到底,网络空间的内容和所提供的服务,都是为了网络场景应用的最大化。作为网络空间的大学生,登录上网后就要能够感知各类场景,明确网络空间中相应场景的要素、目的和期望,从而根据场景做出反应和行动,实现网络空间的良性互动和有序律动。试想大学生在进入网络空间后,如果不能很好地运用场景思维,又怎么能够很好感受网络空间各类场景的要素、目的和期望? 又怎么能够根据相应场景做出合理合适合法的网络行为响应呢? 其次,我们要充分运用场景思维识别相应场景,避免网络空间的社会责任感失范行为。在现实生活中存在各类场景,在网络空间也存在各类场景;在现实生活中,大多是正向的、积极的场景,然而也负面的、消极的不良场景,同样网络空间也存在负面的、消极的场景,不可否认的是一些不法分子、别有用心的网络运营者或其他人员利用网络空间本身的虚拟

---

　　①　李传庚:《场景思维:一种新的教育连接方式》,载《人民教育》,2016 年第 20 期,第 52-54 页。

　　②　舒佳馨、林依静:《场景思维在移动互联网时代的价值和场景构建方式》,载《新闻研究导刊》,2020 年第 3 期,第 1-4 页。

性、匿名性等特点,刻意制造了一系列容易让网民笃信不疑但又可能导致损失的场景,诱导网民在这些场景中做出相应的行为,导致了网络空间中各类不良场景比现实生活空间中的更常见、更隐蔽,更难识别和应对,网民对网络空间的场景感知和识别更加困难或疏于防范,由此而遭受的各类损失更为常见。这也就是网络违法犯罪活动得以滋生蔓延,甚至屡禁不止的重要原因之一。因此,在网络空间的社会生活中,我们要时刻牢记场景思维、运用场景思维,同时把这种场景思维作为培育网络空间社会责任感的重要思维指向和行为指引,更好地促进网络空间的社会责任感培育。

三是要联结生活场景,把网络空间的场景与现实生活的相应场景对照、复现,并开展行之有效的联结,以现实生活中的场景指导自己在网络空间相应的场景中的言行,以同样的社会责任感来承担相应的责任行为,并以此来规范自己的网络空间社会责任感培育。大学生在现实生活中都具有比较高的社会责任感,有学者采用责任感量表和问卷调查,对大学生现实生活中社会责任感的整体水平、个体特征、家庭背景以及学业成绩等方面进行了分析和研究,得出的结论是现实生活中大学生的社会责任感的总体水平较高[1],并且绝大多数的当代大学生主流的价值取向是积极、健康、向上的,热爱祖国、富于正义感、具有强烈的民族自豪感和责任担当精神[2]。然而到了网络空间,能不能把这种高度的社会责任感同样运用好、表现好,就需要把网络空间的生活场景与现实生活中的场景联结起来。这种联结是一种软联结,靠的是大学生加强自我的修养和对网络空间生活场景的认知和理性解读,从而把现实生活场景中所表现的良好社会责任感运用、平移到网络空间的生活场景中来,实现自己的身体在场、生活在场,就相当于自己的主体在场而有效消除网络空间的主体缺失感,从而实现网上网下一致、网上网下统一,真正促进网络空间社会责任感的培育。

(三)语言生活化

网络在改变我们的生活方式的同时,也改变着我们所使用的语言。

---

① 黄四林:《大学生社会责任感研究》,北京师范大学出版社,2019 年版,第 34 页。
② 刘峰:《当代大学生社会责任感培育实证性研究》,中央编译出版社,2019 年版,第102页。

在日常生活中所使用的语言,无论是口头语言还是书面语言,都是用来表达思想、交流情感的符号体系,是人们进行有效沟通、传达各种信息的重要工具。我们在网络空间表达思想、交流情感时所使用的语言会深深地打上网络的烙印,作为网民经常使用的一些语言就会逐渐形成别具特色的语言体系,这就是我们所说的网络语言。当然,网民在网络空间常使用的语言,传播开来以后就具有很强的生命力和感染力而为更多的网民所使用。网络空间语言来源于现实生活,然而由于网络空间自身的特点以及网络社会的语言环境等,网络空间语言与现实生活语言又有很大不同,且呈现出一些新的特点,如符号化、情感化等;且随着微博、微信、贴吧、论坛、抖音、B 站等社交平台的大量兴起,网络语言更是异军突起,反过来在更大的程度上影响着我们的日常生活,特别是一些大众化和生活化的流行网络语言、表情包、缩写体、二次元漫画等网络语言及表达方式也逐渐兴起。这种网络语言贴近生活,又有"草根叙事"的优势,特别符合大学生的口味、切合大学生的生活实际,因此受到了大学生的普遍喜爱和追捧,不仅在网络空间里使用着这些网络语言,而且在日常现实生活中也时常运用。这就在一定程度上塑造了他们新的话语习惯和话语系统,形成了新的语言表达模式。很多大学生在日常生活交流中喜欢使用网络语言,据相关调查,经常使用的占 61.02%,偶尔使用的占 23.73%,基本不用的占 13.56%,完全不用的占 1.69%[①]。这说明,大学生在日常生活交际中使用网络语言的现象越来越普遍,网络语言已与大学生的生活相融合而出现了"生活化"特征。

这种生活化主要源于网络语言更符合大学生喜欢新奇的特点,也因其便于表情达意、更贴近大学生的日常生活感受而深受大学生的喜爱。从之前的"囧""山寨""打酱油"等,到近年来的网络热词,如 YYDS(永远的神)、绝绝子(太绝了,太好了)、躺平、伤害性不高但侮辱性极强(某些事没有实质性伤害,但是令人面子上难堪)、我看不懂但我大受震撼(源自导演李安评价一部影视作品的话,表示无法理解某件事情,感到很震惊)等,都已经在大学

---

① 王璐:《大学生网络语言"生活化"调查研究——以浙江财经大学的在校生为例》,载《苏州教育学院学报》,2016 年第 6 期,第 117–121 页。

生的日常生活中被普遍使用。比如 YYDS,在 2020 年东京奥运会比赛期间,网络上多次用 YYDS 来赞赏运动员——杨倩夺得东京奥运会首金,全网惊呼 YYDS。全红婵一场决赛跳出三个满分,全网又齐喊 YYDS,苏炳添 9 秒 83 打破亚洲百米纪录,YYDS 再次刷屏。此后人民日报微信公众号也使用 YYDS 来称赞中国举重队的优秀表现,进一步提升了 YYDS 的传播热度①。可见,网络语言对网民来说,很具有感染力,作为网民群体中善于接受新鲜事物的大学生,这样贴近他们生活感受的网络语言特别能够引起他们的共鸣而热衷使用。

因此,我们在培育大学生网络空间的社会责任感时,就要实现语言的生活化。一是要借鉴和采用网络语言的生活化特征,融入和转换网络空间大学生社会责任感培育的话语体系。在进行网络空间大学生社会责任感培育时,不能只采用过于文本化的语言,在注重逻辑思辨的同时,可以把网络语言这种生活化的特征充分运用起来,也可以有效整合和转换网络空间中所使用的网络语言要素,有效结合传统思想政治教育话语体系并在网络空间里实现完美转身,在全面讲授网络空间社会责任感的相关内容时更好地引起他们的共鸣,既能够达到社会责任感培育的目的,又能够让大学生网民喜闻乐见,克服“有理说不清”“说出没人听”的困境,从而更好地实现培育目标,达到内化于心、外化于行的效果。二是在进行网络空间社会责任感培育时,要善于运用大学生喜闻乐见的积极的网络语言,把那些真正为社会所认可的网络流行语运用起来,特别是把网络空间生活的场景有效营造出来,不能脱离网络空间的真实生态而进行理论教育,更不能脱离网络空间里大学生们所使用的语言体系来进行灌输培育。唯其如此,才能更好地显现网络空间大学生社会责任感的培育效果。

当然,我们在实行网络语言生活化的过程中,也要把握好相应的度,不能过度地依靠或不加思索地使用网络语言,否则就可能会造成滥用或误用的局面。网络语言的广为传播,对于营造多姿多彩的网络空间、对于社会责

---

① 麦可思研究:《“2021 年度最热网络用语”出炉! 大学师生交流必备》,(2021－12－14)[2023－05－20]. https://baijiahao. baidu. com/s? id＝1719115216320113140&wfr＝spider&for＝pc。

任感的培育和思想知识文化的传授、对于更好地传递网络空间的正能量都具有积极作用和重要现实意义。但在网络空间社会责任感的培育上,我们在运用网络语言、推进生活化培育路径的过程中,要突出选用网络语言的针对性与实效性,通过网络语言的运用促进网络空间社会责任感培育的生活化,最大限度地发挥网络语言的积极作用,将网络语言应用于网络空间大学生社会责任感的培育问题上来,使培育语言体系更加生活化,能够真正为培育大学生网络空间的社会责任感而服务,而不是借用一些似是而非的网络语言来增加噱头、赚取吆喝,更不能因对网络语言了解有限、把握不够而给网络空间大学生社会责任感的培育带来人为误导和负面影响。

三、网络空间大学生社会责任感培育生活化路径的注意事项

对于大学生来说,在网络空间的各种活动都是围绕日常生活而展开的,要有效培育大学生网络空间的社会责任感,就需要真正回归到网络空间的生活中来。生活即教育,那么,网络空间的生活也是教育,所以我们要把网络空间大学生社会责任感的培育融入大学生的网络空间生活,推行生活化的培育路径,通过内容生活化、场景生活化和语言生活化等方式,在网络空间生活中有效培育大学生的社会责任感。当然,这种生活化的路径也有要注意的地方,不能随意化、扩大化或者绝对化,那样反而会影响网络空间大学生社会责任感的培育。

一是在培育内容生活化时,要把网络空间大学生社会责任感的培育与大学生的网络生活融合起来,对接和关注大学生的网络空间生活,结合大学生在网络生活中遇到的具体事例来进行培育。但我们也要看到,大学生的网络空间生活也有非理性的一面,在生活化的网络空间里,很多大学生喜欢在自己的网络空间如微信朋友圈、微博或各种论坛上"晒生活",晒出来的生活可能会有一些不好的内容,这也会给网络空间社会责任感的培育带来一定的困扰。这就告诉我们在进行生活化路径培育网络空间大学生社会责任感时,要关注的是充满正能量的网络生活,这样的生活内容才能融入网络空

间社会责任感的培育,不能不加辨别地把个人的并不能代表网络空间生活主流的东西也融入网络空间社会责任感培育中,更不能把那些不健康、不道德甚至负能量的东西带进网络空间生活作为社会责任感培育的内容。如果那样的话,其结果就会与我们网络空间社会责任感培育的目的背道而驰。

二是在实行网络空间大学生社会责任感培育的场景生活化时,通过构筑场景意识、运用场景思维和联结生活场景等的过程中,要注意分清场景本身的特性,即生活中的场景有真实与虚拟的区别。在培育网络空间大学生社会责任感时,要以真实的场景来进行,这样才能确保大学生网络空间社会责任感培育的真实性和可靠性。如果采用虚拟的场景,就有可能导致网络空间大学生社会责任感培育本身的虚拟和不可信,从而影响或阻碍其培育。在场景生活化的过程中,所选用的场景是要经过一定的遴选,不能随意或滥用。只有那些具有一定教育意义和教育功能的场景,才能真正发挥其教育的功能,达到有效培育网络空间大学生社会责任感的目的。

三是在运用语言生活化的过程中,同样需要注意这种网络语言的采用是否切合或适合网络空间大学生社会责任感的培育。既不能因为网络语言本身的特点而对其"敬而远之"、不予采用,也不能因为对网络语言的偏好而全部照搬照用,更不能因为网络语言的采用而影响日常生活的沟通和表达。要把握好一定的度,合理有效地借用生活化的网络语言来提升网络空间大学生社会责任感培育的生活气息,更好地促进培育效果。通过网络语言生活化和利用生活化的网络语言进行网络空间社会责任感的培育,也能更好地发挥社会责任感培育的导向功能,有效帮助大学生全面、深刻、自主地掌握网络空间社会责任感培育的相应内容,真正实现好内化于心、外化于行的培育成效,切实帮助大学生提升甄别网络空间社会生活中纷繁复杂的信息内容,明确在网络空间所应承担的社会责任,不断升华其自身的道德要求和行为规范,更好地促进网络空间大学生社会责任感的培育,提升大学生在网络空间的道德水平和综合素养。

第三节　一体化路径:实现整体有机融合培育

在互联网飞速发展的今天,网络空间大学生社会责任感的培育是时代发展的要求,也是一个系统性的工程,需要全员参与、全过程培育以及全方位拓展才能更好地实现培育目标,也需要大学生个人以及学校、家庭、社会等多方因素统筹协同努力才能更好地完成培育工作。对于大学生个人来说,既需要他们从思想上认识到网络空间社会责任感的重要性,也需要他们在行动上具体落实这种社会责任感,做到知行合一、线下线上一致,在做好自律的同时也需要他人的监督以更好地承担网络空间的社会责任感。大学生社会责任感培育是一个系统工程,必须完善全员参与机制、全过程培育机制以及全方位拓展机制。这是一个纵向衔接、横向协调的过程,网络空间大学生社会责任感的培育需要一体化的设计与推进,实现全面融合培育,做到学校、社会和家庭形成一体化培育合力,大学、中学和小学形成一体化培育资源,网上网下、宏观微观形成一体化培育体系,从而更好地实现网络空间大学生社会责任感培育的全面协同、整体推进和战略发展。

一、网络空间大学生社会责任感的培育需要构建一体化路径

网络空间大学生社会责任感培育的一体化不是把"网络空间"和"社会责任感培育"简单地拼接归为一体,而是强调网络空间大学生社会责任感培育的多元合力、多方完善和多维建设,特别需要构建一体化的网络空间大学生社会责任感培育路径和培育体系,将网络空间大学生社会责任感培育贯穿在整个教育过程中,通过一体化的路径统一协调、统筹推进,实现大学生网络空间社会感培育效果的最大化,真正实现对大学生成长成才的指导和引领。

首先,大学生个体的成长需要从大学低年级到高年级甚至连接中学和

小学阶段等培育时间的一体化周期。大学阶段是非常重要的人生发展阶段，也是大学生成长成才的关键时期。在这一时期，大学生的人生观、世界观和价值观逐步形成，他们的人格逐渐健全、优秀的道德品质逐步培育、良好的行为习惯逐步养成，同时也是他们开始更多地接触和了解社会、为走进社会做好各种准备的过渡时期。在这个过渡时期，大学生的"三观"还在形成之中，需要牢固树立正确的"三观"，心理上也在逐渐走向成熟。对大学低年级学生来说，特别是其中一部分曾以考上大学作为中学阶段的奋斗目标甚至是唯一目标的学生来说，进入大学后觉得已经实现了阶段性目标而容易出现懈怠和惝散，再加上需要在生活环境、学习特点、人际关系等方面努力适应与之前不同的全新大学生活而难免自顾不暇，这时难免会出现一个"理想间歇期"。此时，大学低年级的学生一般来说思想上比较开放主动，乐于理解和接受新事物、新观点，大都具有比较清晰的自我意识，在生活和职业规划上一般会有非常现实的目标，思想和行为会具有一定的独立性，但容易受到外界各种因素的影响，表现在思想上便是波动性大、"三观"的可塑性强。随着学习生活的延伸，进入高年级的大学生们适应大学生活后开始全方位地培养和发展自我，学习能力和渴望融入社会的热情日益增强，思想也相对更为成熟和独立，也形成了相对稳定的社交圈。同时通过参加一系列的社会实践活动更多地接触社会、了解社会，在这一过程中也逐渐感受到就业竞争的压力，对社会、家庭的责任感都有增强，对自己、社会和国家都有了正确的认识和判断，能够以积极的热情和高度的荣誉感对待身边的人和事，表现出强烈的社会责任感。由此可见，大学生的成长过程既有低年级到高年级的成长时间周期，也有他们的思想和心智成长的心灵历程，特别是社会责任感的培养也随着他们的大学生活而逐渐完成。因此，我们要坚持一体化的观点来看待大学生社会责任感的培育，当然也包括网络空间的社会责任感培育。这个培育的周期还可以延伸到他们的中学时期和未来的职业生涯，那就更需要用一体化的路径来进行培育，既要瞻前到他们的中学时期，也要顾后到他们的职业生涯。因此，需要构建一体化的路径来更好地加强网络空间大学生社会责任感的培育。

其次，网络空间的社会责任感培育需要学校、家庭和社会多方一体化的合力。作为现实生活的一员,大学生的社会责任感包括网络空间的社会责任感主要表现在作为公民主体的大学生个人身上,体现在个体的社会生活和网络空间行为表现上,但这种社会责任感的培育可不只是大学生个体的事情,而需要多方合力才能更好地实现培育目标,也就是说学校、家庭和社会都是大学生社会责任感培育的重要环节。当然,对于大学生个人主体来说,在社会责任感的培育上负有主体责任,需要他们自身不断认知和完善,并在实践中磨砺而形成稳定的心理品质。然而,在社会责任感的培育过程中,大学生作为行为主体,其自身认知水平、参与的积极性和个体道德素质,都直接决定着社会责任感的培育效果。大学生社会责任感的培育其本身就是一项复杂的系统性的工程,仅有大学生本身的努力还不够,再加上社会责任感的培育和养成也受学校、家庭和社会多方面因素的影响和制约,因此需要多方一体化的合力。

学校教育无疑是大学生社会责任感包括网络空间的社会责任感培育的主阵地,通过系统规划和有效实施社会责任感培育的教育内容、教学方法和评价体系,采用课堂教学、实践教学、活动教育等多种形式,将社会责任感的培育融入教育教学的各个环节。同时要特别注重在学生日常行为规范中得到贯彻和落实,从而让学生更好地理解社会责任感的内涵和具体要求,并在日常生活中以积极的态度和正确的方式来体验和培育自己的社会责任感,正确对待自己和身边的社会事件,实现社会责任感在学校层面的系统培育。家庭在大学生社会责任感包括网络空间的社会责任感培育中具有重要作用。一方面家庭是大学生的人生起点,父母是子女的第一任老师,也是最直接的老师,父母的一言一行都影响着子女的"三观"包括社会责任感的形成和发展,原生家庭的社会责任意识和相关要求深深地烙印在大学生心灵之上,对于他们的成长和后期社会责任感的培育起着十分关键的作用。另一方面家庭也是大学生社会责任感培育的基础单元,家长的社会责任感水平也直接潜移默化地影响着大学生对社会责任感的认识和践行,家长的支持将是大学生社会责任感培育的不竭动力。此外,家风、家教等在大学生的社会责任感培育中也有着非常重要的引导和教育作用,家风家教有助于内化社会责任感的要求和具体化社会责任感的行为,更好地帮助大学生扣好人生的第一粒扣子、更加深刻地认识到要为社会做贡献才是最好的责任和担当,有利于大学生社会责任感的培育。社会对大学生社会责任感包括网络空间的社会责任感的培育也起着非常重要的作用。一是社会的发展和时代的进步,对大学生社会责任感培育提出不同时代的内容和具体要求,以便更好地凝聚力量共建美好社会生活。二是良好的社会环境特别是整个社会的责任氛围和社会责任水平,能够为大学生社会责任感的培育提供良好的舆论氛围和社会基础,引领着大学生社会责任感培育的前进方向和时代潮流,也更加深入地影响着大学生社会责任感的具体培育活动组织和顺利开展。三是社会因素也深刻影响着大学生社会责任感的培育效果,大学生毕竟还没有完全步入社会,因此,社会上的各种因素包括积极的和消极的因素、正面的和负面的因素,都可能影响着大学生社会责任感的培育,也可能直接导致一些大学生在社会责任感培育过程中出现知行背离、知行不一、知易行难等问题,可能会削弱或降低学校、家庭在社会责任感培育上的努力结果。

因此,我们要把大学生社会责任感包括网络空间社会感的培育作为一个动态的系统工程来进行。在开展大学生社会责任感培育的过程中,在发挥大学生主体的主观能动性基础上,充分发挥和凝聚学校、家庭和社会多方一体化的合力,既依靠学校教育的主阵地,又高度重视家庭在大学生社会责任感中的重要作用,还要着力营造大学生社会责任感培育的良好社会环境,将大学生个人的社会责任要求与学校教育、家教家风建设和社会发展要求结合起来,将个人的社会责任感与社会发展、时代担当和国家建设结合起来构建一体化的路径,整合社会、学校、家庭、网络、自我等方面在社会责任感培育方面的有效力量和积极因素,凝聚形成有利于大学生社会责任感包括网络空间的社会责任感培育的强大合力,激励当代大学生积极培育与践行良好的社会责任感包括网络空间的社会责任感,更好地发挥整体效能和协同优势,真正把大学生社会责任感的培育落到实处、收到实效。

最后,网络空间大学生社会责任感的培育需要整合网上网下、宏观微观、他律自律的一体化路径。

网络空间大学生社会责任感主要表现在网络上,也就是我们常说的线上生活之中,其实线上生活与线下生活即现实生活空间的行为是一致的。我们所依存的网络空间从本质上来说是现实生活中各种社会关系和社会生活行为的映射。当我们从现实生活的社会公众转换成网络空间的网民时,就可以发现现实生活空间中各种行为模式、思维方式和情感表达,会以同样的方式表现在网络空间中,也就是网上与网下其实是同频共振的,网民借助信息技术手段在现实生活与网络空间中进行的其实是无边界的来回穿梭,网络与现实、线上与线下实现瞬间切换,并没有任何障碍;网上与网下生活空间也是相互影响的,人们在现实生活中即线下生活中的表现和行为往往也就是在网络空间的线上表现和行为。一般来说,在现实生活中有什么样的行为和社会责任感,那么在网络空间中也就会有什么样的行为和社会责任感。

　　网络空间大学生社会责任感的培育还要实现宏观与微观的一体化推进。在宏观层面,从网络空间社会责任感的道德价值上来说,网络空间的社会责任感是一种大的责任意识和道德要求,是超越个人利益的价值观和人生观。拥有了良好的网络空间社会责任感,就能旗帜鲜明地反对有违网络空间社会责任感的行为和做法,把建设网络空间的美好生活作为自己的行为坐标和价值追求。网络空间社会责任感的培育要求从社会和网络空间发展的长远来制定相应的政策,更好地把握网络空间大学生社会责任感培育的特点和现状、把握其发展和要求,更好地增强网络空间大学生社会责任感培育的针对性和目标性,更好地开阔视野、提升站位,结合社会结构的变动、利益格局的调整和思想观念的变化,从大学生的网络空间生活方式、利益诉求、价值取向等趋势,提出更好地培育方式方法和内容要求,直接引领和影响大学生群体在网络空间社会责任感的培育。在微观层面,网络空间大学生社会责任感要求更多地关注自我、表现自我,强调个人利益和个人愿望,同时也注重从自我的角度出发来加强自身的修养,所关注的是大学生网民个体的心理、行为和价值观念,特别注重的是自我在网络空间的身心愉悦和体验满足,仅考虑到个人的道德要求而无视甚至忽略网络空间的社会群体和社会责任,就会表现出任性、自我的一面,或者出现现实唯唯诺诺、网络重拳出击的双面人格。

网络空间大学生社会责任感的培育作为道德教育和伦理规范的内容,强调更多的是网民主体的个人自律,并且要实现自律与他律的一体化。网络空间相对现实生活是一个更为自由的空间,在此空间里,每个网络行为主体都可以自由地发表言论、进行社交活动。网络空间是以网络行为主体的自由为基础的,因此,网络空间的运行主要依赖于道德主体的自律①。对于大学生来说,这就要求他们在网络空间生活中要有高度的自律意识,自觉地践行现实生活的相应道德规范,能够遵守相应的社会规范和道德原则、伦理要求,有效约束自己的言行和情绪,培育相应的社会责任感,更好地发挥大学生在网络空间的自主性、能动性和创造性,更好地促进网络社会的发展。同时,我们要看到网络空间中自律的不足、他律又相对缺乏,即使有他律也是滞后的,难以及时制止和发生作用。一些网民也包括部分大学生就因缺失社会责任感而产生了一系列的失范行为,也就是说网络空间中他律的缺位、网络空间的法律约束相对弱化、制度他律的相对不足,一定程度上增强了网民在网络空间里行为的自主性和随意性,表现出社会责任感的缺失。这就说明,要加强网络空间的自律与他律,而且这种自律与他律的结合在网络空间社会责任感的培育上显得尤为重要。

二、网络空间大学生社会责任感培育一体化路径的要求

要实现网络空间大学生社会责任感的一体化培育,就要实现学校、家庭和社会培育合力的一体化,实现大中小学在培育内容上的一体化,实现网上网下、宏观微观和他律自律培育体系的一体化。

(一)构建网络空间大学生社会责任感培育的学校、社会、家庭一体化生态圈,实现培育合力一体化

网络空间大学生社会责任感的培育是思想政治教育中社会责任教育的

---

① 李建华:《网络空间道德建设中的自我伦理建构》,载《思想理论教育》,2021 年第 1 期,第 9-14 页。

重要内容,与社会责任教育一样也有相应的生态系统。因此,我们要将网络空间大学生社会责任感的培育作为一个完整的生态系统来对待①,我们要以生态圈的观点来分析和对待其中的各个要素或各个生态因子。在网络空间大学生社会责任感培育系统中,学校、家庭和社会是最重要的影响因子,它们相互联系又相互作用,共同发挥整体的培育功能。因此,我们要从它们在这一生态系统中的地位和作用出发,发挥好促使其充分发挥作用的系统合力,更好地维系和保障整个生态系统良性运转,更好地促进网络空间大学生社会责任感的培育。

首先,要发挥学校在网络空间大学生社会责任感培育中的关键性作用。学校毫无疑问是网络空间大学生社会责任感培育的主阵地,具有关键性的地位。在学校里,除了对大学生开展系统的专业知识培养外,还要通过开设相应的课程开展课程化教学以及组织开展其他的系列教育教学活动,系统地承担起对大学生进行现实生活中社会责任感培育和网络空间社会责任感培育的重要任务。我们还可以开展课程思政、大思政、网络思政等思政教育活动,把网络社会责任感的培育融入其中,更好地促进大学生的成长成才。唯其如此,才能更好地促进大学生自由而全面地发展和成长,特别是要充分利用学校的网络优势,更好引导大学生的网络空间生活,弘扬网络空间的正能量、履行网络空间的社会责任,更好地利用网络空间的积极作用,克服网络空间的消极影响,完成好立德树人的根本任务。

其次,要发挥家庭在网络空间大学生社会责任感培育中的基础性作用。作为人生的第一所学校,家庭在孩子早期成长过程中起着至关重要的作用,特别是父母的言行、家庭的氛围都会深深地影响孩子的成长,这是公认的。但有的观点认为,孩子进入了大学阶段,随着社会交往的扩大、自我生活空间的拓展,大学生与家庭成员联系会逐步减少,家庭的影响和张力似乎也在减少。其实,事实并不是这样的,家庭作为贯穿一个人全生命周期的重要纽带,无论是在孩童时代还是大学阶段乃至成人时期,其作用和影响都是

---

① 赵璐瑶、夏焰:《高校社会责任教育的生态系统:理论、失衡与优化》,载《安庆师范大学学报(社会科学版)》,2021 年第 6 期,第 123-128 页。

不可估量的,并且会相对稳定地发生其作用。因此,作为社会基本组成细胞的家庭,在网络空间大学生社会责任感培育过程中同样起着非常重要的基础性作用。这种基础性作用主要体现在:一是为大学生的成长成才提供物质经济条件和其他保障。大学生最早是在家庭中作为家庭的一员而成长起来的。家庭作为现代社会具有经济政治功能的组成单元,既是大学生个体成长发展的最重要的场所和依托,同时也是大学生成才的现实支撑,无论是从物质到精神还是从经济到政治等方面都全面支撑和促进大学生个体的健康成长,因此也就成为大学生社会责任感培育的最基础单元和最主要场所。二是潜移默化地影响大学生的世界观、价值观和人生观等,原生家庭及家庭的成长环境除对中小学生产生巨大的影响外,对大学生来说,其影响也是非常大的,特别是家庭成员之间的相处模式、各自为人处世的方式方法及其对社会和他人的态度责任等,都会持久地渗透并影响着大学生的思想观念和现实行为。三是在一定程度上决定和影响着网络空间社会责任感的养成和培育。家庭与学校一样,对大学生社会责任感的培育会产生直接效果和重大作用。现在,网络已经成为绝大部分家庭的基本配置和重要生活内容,家庭生活的很多部分也搬到网络上来进行,特别是作为大学生来说,在自己的日常生活及与家庭成员的联系中,更多地依靠网络来进行。那么,在网络空间里的言行及社会责任感其实也就打上了家庭生活的烙印。我们完全可以想象在充满社会责任感的家庭生活氛围中,处在网络空间的大学生肯定会养成良好的社会责任感,并成长为能够履行社会责任的人。

最后,要发挥社会在网络空间大学生社会责任感培育中的支持作用。社会对生活在其中的成员会有效接纳其参与相应的社会活动,并给予物质上和精神上的帮助和肯定,也会让社会成员感受到自己被他人尊重理解、接纳支持,从而在情感上获得良好的体验、在精神上获得更多的动力。大学生本身是现实社会的成员也是网络社会的原住民,他们的社会责任感就是为了建设美好社会而具有的责任意识和情感体验,这种美好的社会追求同时体现在现实社会和网络空间这个虚拟社会之中。在网络空间大学生社会责任感培育的过程中,同样需要获得社会的支持。可见,社会是大学生社会责任感包括网络空间社会责任感培育的重要力量,对网络空间大学生社会责任感培育的支持度与大学生在网络空间所表现出来的社会责任感水平是正相关的,社会支持水平越高,网络空间大学生社会责任感水平就越高。此外,社会的支持也体现在通过制定一系列的政策法规和相关文件来指导和规范网络空间大学生社会责任感的培育,让其沿着正确的轨道前进。因此,要充分发挥这种支持性作用以更好地促进网络空间大学生社会责任感的培育。

网络空间大学生社会责任感的培育需要学校、家庭和社会多方协作,共同发力并且形成有效合力,其中学校是关键、家庭是基础、社会是支持,通过构建三位一体的培育模式,形成多方联动、协同配合的育人合力。对于学校来说,要建好主阵地,特别是把网络空间大学生社会责任感的培育实现课程化,通过课堂教学这个主渠道进行培育,这既是学校的任务,也是最好的抓手,要按照社会和家庭的需要开设好网络伦理这一类的课程,充分发挥课堂教学在网络空间大学生社会责任感培育的主渠道作用,做到春雨润物、潜移默化。同时开展好课程思政,在其他专业课程和相关课程的教学过程中,有意识地强化网络空间大学生社会责任感的培育,将网络空间大学生社会责任感的培育要求与知识技能、拓展研究等纳入人才培养体系和目标要求,在培育过程中做到有机有序,在培育内容上做到有血有肉,在培育方法上做到言传身教。对于家庭来说,要积极参与网络空间大学生社会责任感培育的活动,做好家教家风建设与传承,充分利用网络空间与大学生进行交流讨论,并以网络空间社会生活来教育、引导、纠正大学生在网络空间的失范行为,培养有爱心、有社会责任感的网络达人,培育有技能、有担当精神的网络高手,而不是简单地禁止或限制大学生的上网行为。对于社会来说,要把网络空间大学生社会责任感的培育当作义不容辞的任务,努力营造良好的网络空间氛围,制定相关的政策规定,并将网络空间大学生社会责任感培育作为整个思想政治工作重要内容,经常研究、及时指导、制定措施,积极组织开展好网络空间大学生社会责任感的培育活动,实现学生网络空间社会责任感的教育管理服务工作科学性、系统性和规范性。

因此,我们要构建学校、社会、家庭一体化的生态圈,充分发挥各自的作用,同时不能忽视其中的任何一个因素,并且还要有效调控和解决可能出现的失衡问题等,发挥好整体合力作用,进而促进网络空间大学生社会责任感培育的高质量和可持续性发展。

(二)构建网络空间大学生社会责任感培育的大学、中学、小学一体化教学链,实现培育内容一体化

网络空间社会责任感培育的大中小学一体化教学链是更好地指导和引领网民在网络空间生活的需要。大学生是网络空间的主力军,他们在网络空间的社会责任感需要引起社会的重视,同时中小学的网络空间生活也不容忽视,特别是当前随着网络技术的发展,触网的年龄越来越小,中小学生在网络空间的社会责任感问题也同样需要引起足够的重视。第53次《中国互联网络发展状况统计报告》显示,10岁以下的网民占比为3.8%,10~19岁的网民占比为14.7%,20~29岁的网民占比为13.7%。这大致可以分别对应为小学、中学、大学阶段的网民数,也说明大中小学阶段的网民占比总共达到了相当大的数量。虽然此处统计的网民是指过去半年时间内使用过互联网的6周岁及以上的居民,也就是小学入学之后开始纳入统计范围的,但是实际上今天的大学生很多在没有上小学之前就已经是完全触网了,更进一步说明网络空间的社会责任感培育需要从学龄前抓起,才能更好地引导大中小学的网民遵守和履行网络空间的社会责任感。要培育大学生的网络空间社会责任感,不仅要在他们进入大学后的阶段中开展培育,且要将这种培育活动融入他们之前的中学、小学乃至学前教育阶段,使其成为一种融入他们日常生活的道德要求和行为自律,从而更好地促进大学阶段网络空间社会责任感的培育。网络空间大学生社会责任感培育的大中小学一体化是更好地培养时代新人的需要。当代大学生肩负历史使命、肩负着人民重托,要把自己培养成为立大志、明大德、成大才、担大任的时代新人,除了在现实生活空间中贡献自己的聪明才智,也要在网络空间实践和书写自己的精彩人生。因此,网络空间大学生社会责任感实现大中小学一体化培育不仅是当代青年成长成才的需要,而且也是营造清朗的网络空间、构建网络和谐社会的需要,是更好地培养时代新人的需要。因此,网络空间大学生社会责任感的培育是一个系统工程,虽然从时间和任务来看主要是在大学

阶段来进行,但同样需要在中小学阶段就形成与之有效衔接的培育体系和教学链条,实行网络空间大学生社会责任感大中小学一体化培育是现实的迫切需要。

构建以网络空间社会责任感培育为主要内容的大中小学一体化教学链,并与大中小学的教育教学活动相融合而形成相互衔接的教学体系,需要遵循大中小学生的身心发展和教育教学规律,同时兼顾不同阶段的教育教学目标与教学体系,进行系统规划和统筹考虑。

小学阶段,学生因年龄小,专注力和注意力集中时间较短,6～12 岁小学生的注意力集中时间在 10～30 分钟不等,而且他们更容易被一些有趣味性的、直观形象的事物所吸引。因此,网络空间多姿多彩的内容很容易引起他们的兴趣,特别是网络学习和在线教学,使得他们对互联网的接触和使用更加频繁。这也像是打开了一个潘多拉魔盒,部分小学生因对网络空间认知不够、自制力不强,再加上部分家庭疏于监管等多方面的原因,导致他们在网络空间因道德判断不足而产生网络失范行为,网络空间的社会责任感更是严重缺失,网络安全意识不强、网络使用过度、网络社交失范和网络沉迷成瘾等问题趋于严重,甚至影响他们的心理健康和正常生活。

由于小学生在记忆和思维上更偏向于机械记忆和形象思维,难以进行深刻的理解记忆,特别是对那些抽象的、复杂的概念很难理解接受。因此,在小学阶段的网络空间社会责任感培育问题上,不可能也没必要进行系统的理论灌输,更多的是强调他们在网络空间能有社会责任感的体会和感知,能够通过自己或他人在网络空间的行为看到或感知到需要加强网络空间社会责任感的培育,并且愿意进行类似的培育活动。而且因为小学阶段的学生处于心智迅速发展的阶段,更渴望得到他人的肯定和激励、认同和支持,因此,在组织开展相应培育活动中更应注重给予鼓励和肯定,使他们有更多的成就感。具体来说,学校要开展多种形式的网络素养教育、网络感恩教育等活动来培育其在网络空间的社会责任感。在小学阶段,网络空间社会责任感的培育并不是进行理论阐述,而是重在帮助他们更好地认识和使用网络,提升辨别网络媒介的技巧,做到健康上网、绿色上网,特别要提高他们正确选择和运用网络、避免网络沉迷或网络成瘾的能力,从而达到正确认识网络空间社会责任感的感知和了解。同时还要帮助他们学会运用网络这个平台,如通过网络更好地与家人朋友进行联系,学会网上表达自己的观点,同时积极参与有益的网上社会活动。如网上云游,在网上欣赏各地的风土人情、风景名胜等,也可以参加网络祭奠英烈、网上献花等进行社会责任感的情感熏陶,并让他们在这些活动中得到肯定和表扬,从而对网络空间的社会责任感产生感性认识,明白在网络空间的行为要承担相应的社会责任,从而加深对网络空间社会责任感的感知,培养他们自身的社会责任感。

　　进入中学阶段后,学生正处于理解能力和抽象思维发展的时期,学生的认知能力和理解能力特别是抽象思维能力显著提高,观察认识世界的思维和视野逐渐开阔起来,探索和认识世界的兴趣不断提升,看待问题的角度和立场日益多样化,对事物的认知能够从概念出发加以把握,并且能够进行一定的探究和思考,有更多的独立见解、个人观点。同时由于中学生在心理上还处于发展和转型时期而不够成熟,也会有从众心态,特别是意志品质方面不够坚定,难以做到很好的自律,知情意行还很难达到真正统一。在中学阶段,学生的道德水平也迅速提升,对现实生活中的道德规范和网络空间的伦理要求也会产生逐渐明晰的认识。在网络使用方面,中学生上网人数和网络使用时间明显增多,虽然上网情况会因性别、年级、学校管理和生源地特点等有所差异,但总体上来说,最大的特点就是上网更为普遍,网络虽有用于学习辅助和学习服务,但以娱乐消遣为主,而且娱乐消遣的方式和内容也不一而足,特别是在网络道德认知、情感和意向上表现非常不平衡[①]。网络道德的认知能力不断提高,网络道德认知会高于道德意向,也就说明中学生对网络空间的道德原则和道德规范会因学校的教育而有一定的认识和了解,但在自己的网络空间生活中,知易行难表现突出。还有一点就是由于青春期的叛逆心理,中学生或多或少会表现出一定的逆反,这种逆反心理和逆反行为在网络空间的表现比在现实生活空间的表现更为明显和强烈,在网络空间中更会因彰显个性、反抗家长和教师而不遵守道德规范,更谈不上履

---

　　① 袁晓琳、肖少北:《中学生网络道德的实证研究》,载《教学与管理》,2017 年第 10 期,第 25－27 页。

行网络空间的社会责任感了。

因此,在中学阶段培育网络空间社会责任感的重点是着重提高理性认知和避免失范。这一阶段的网络空间社会责任感培育可以运用一些发生在学生身边的网络事件为例来进行,通过开展课堂教学、专题讲座、警示教育等形式的学习,注重提升学生对网络空间社会责任感的道德原则和行为规范的认识。同时组织一些网络空间的活动来让他们获得更好的道德情感体验,并在履行网络空间社会责任感的行为中得到肯定和褒扬,以帮助他们更好地转化为道德意志,让他们学会改变和调适好自己在网络空间的心理状态,避免网络空间的失范行为。比如让他们明白沉迷网络其实就是对自己的不负责任、对父母家人的不负责任,从而结合自己的网络空间生活来更好地理解和践行网络空间的社会责任。

到了大学阶段,作为大学生来说,他们正处在人生的黄金时期,思想比较活跃,思维敏感性强,具有强烈的求知欲和接受能力,个性较为突出,独立思考能力强,同时也有较强的可塑性。他们已经初步形成了自己的思维方式,愿意进行探索思考而不愿简单地接受传统的灌输式教育,喜欢新鲜事物而不囿于传统的认知模式,更期望能够在互动与实践中进行学习和成长。他们的思维水平已经达到了一定的高度,理解、觉察、推理、想象以及辩证思维能力都在求学的过程中得到了极大发展。他们的世界观、人生观、价值观处于基本形成和趋于稳定的时期,个人心智和道德判断也达到了较高的水平,融入社会、服务社会的过程也表现出一定的社会担当和责任使命意识。

在网络的使用上,相对于中小学生来说,大学生使用网络更为自由,网络终端已全部普及,已经成为互联网的最广大和最重要用户群体。他们把网络空间作为获取信息、人际沟通、表达情感的重要平台,或在网络空间查阅资料、学习知识、关注时事,或在网络空间进行消遣娱乐、人际交流,也可以实现在网络上充分浏览、随意创作、自由表达和多方互动,可以说网络空间已经成为大学生除了现实生活之外的第二生活空间。据统计,每天上网时间超2小时的大学生占九成以上,每天上网超5小时的有四成。对于大学生来说,在网络空间浏览新闻、获取资讯、查阅资料、进行网上知识学习等已成为大学生日常生活很重要的组成部分;网络交往、网络娱乐等也是重要内容,各类网络集群如班级群、同学群等社交圈群让他们的社会交往更加广泛和便利;网络游戏也成为最主要的网络空间生活方式之一,还有在网上听音乐、看电影、看电视剧等也是花费时间较多的方式。还有需要重视的是,网络空间的社会思潮对大学生的影响也是比较大的,各类网络热点事件、各路网络意见领袖都会对他们产生一定的影响,甚至对他们的网络行为产生引导。因此,大学生在网络空间是否具有高度的社会责任感就显得尤为重要了。

对大学生而言,网络空间社会责任感的培育重在践行,强调能够在自己的网络空间生活中承担和履行相应的社会责任以营造清朗的网络空间。要从国家、社会和个人的层面来理解网络空间社会责任感的重要性,能从逻辑上明白如何更好地履行自己在网络空间的社会责任感并且在网络空间以自己的实际行动来承担和履行相应的社会责任。另外,要结合日常生活加强网络空间大学生社会责任感的培育,更好地弘扬网络空间的正能量,以良好的网络言行来为营造良好的网络空间贡献自己的力量。

总之,大中小学不同阶段因学生的认知特点、心智发展情况的不同,在网络空间社会责任感的培育内容上也侧重不同、形式有异,但其主线和目标是不变的,共同致力于网络空间的社会责任感培育,构成一个分阶段、分学段的螺旋上升的教学链。在这个教学链上,小学阶段重在对网络空间社会责任感的体会和感知,从内心深处种下社会责任感的种子,并在上网的活动中得到进一步的认识,做好网络空间社会责任感培育的启蒙和积淀,为信息技术素养的培育打牢基础。中学阶段随着学生认知能力的提升和心智发展的进步,则重在提高对网络空间社会责任感的理性认知,并且能够以自身的行动参与社会责任实践活动,更主要的是能够从理论和实践上认识到网络空间社会责任感的重要性,能够识别和避免网络空间社会责任感缺失的行为,实现自身在网络空间的思想和行为的发展优化、完善提升。大学阶段则重在培育和引导网络空间社会责任感的践行,大学生在网络空间不仅要有高度的社会责任感,以自己的实际行动来承担相应的社会责任,而且要直面网络空间社会责任感缺失的行为,与之做相应的斗争,为营造清朗的网络空间贡献大学生的青春力量。由此可见,大中小学各阶段目标与总体目标是一致的,我们要把网络空间大学生社会责任感培育的总体目标和内容与中学、小学甚至学龄前各阶段的培育目标和内容相结合,这不仅仅是大学生成长成才过程中的小学、中学和大学三个成长阶段的时间联系,还是网络空间社会责任感培育系统的有机衔接。我们要按照系统论的相关要求,结合培育对象、培育目标、培育内容、培育方法和培育力量等多方面因素,依据各个年龄段、学龄段学生的个性与需求,做好一体化的设计与实行,注重将网络空间社会责任感的培育纳入相应的教学计划和教学安排,融入学生的日常生活和学习之中,形成一体化的培育内容,更好地促进网络空间大学生社会责任感的培育。

(三)构建网络空间大学生社会责任感培育的网上网下、宏观微观、自律他律的一体化同心圆,实现培育体系一体化

网络空间大学生社会责任感虽然体现在大学生的网络生活之中,但绝不是孤立存在的,这种社会责任感的培育必须在网上网下、宏观微观和自律他律一体化的体系中系统进行,构建起同心圆式的一体化培育路径。

网络空间大学生社会责任感主要体现在大学生的网上行为中,但与现实生活即网下生活是一体联动的,网络空间大学生社会责任感培育要实现网上网下的一体化,要做到网上学与网下教一体、网上做与网下行一体、网上改与网下评一体,实现网上网下联动,在两个空间里相互协同、融为一体共同促进以实现培育目标。具体来说,一是要充分发挥网下教育的优势,将网下也就是现实生活中对社会责任感的要求,有效延伸和拓展到网络空间,如将网下社会责任感培育的文字、图片、视频等发布在网上,让大学生在网络空间更好地践行,增强网下培育活动的影响力以进一步提高培育效果。二是利用大学生在网络空间的各种生活形式开展社会责任感的培育,如网络空间的自我责任展示、网络热点事件的自由讨论、网络空间生活感受的即时交流互动等,让大学生在网络空间生活中,对自己的行为进行更加正确全面的认知和正确践行。同时在网络空间充分了解他们的思想动态及疑惑,必要的时候组织网下培育的活动,以实现网上网下融合协调、促进网络

空间大学生社会责任感的培育,促进大学生网络空间生活健康发展。在网上网下联动一体化培育社会责任感的过程中,要做到并行推进、各尽所长。三是在网下夯实社会责任感培育的思想认识基础,通过课程化、生活化等方式,把网络空间社会责任感的培育融入学生课堂、日常管理、社会实践、服务育人的工作中,最终落实在网络空间的社会责任感培育上,实现网上网下两个方面并行推进、有机融合,以网络空间社会责任感的培养全面提升大学生的思想政治素养。

大学生个人微观层面的自我修养要与社会管理宏观层面的政策制度结合进行,实现宏观促进微观、微观落实宏观。从个人微观层面来说,要切实增强政策敏感性、社会责任感培育的紧迫性,在提高认识、落实行动之外,更重要的是打通宏观与微观的路径,更好地融入社会宏观管理层面,从全局战略、长远发展及和谐共生的高度不断加强自身在网络空间的社会责任感培育。一是要从实现中华民族伟大复兴的中国梦的宏观视野来看待和加强网络空间大学生社会责任感的培育,只有在网络空间和现实空间都弘扬和培育良好的社会责任感,才能更好地促进和谐社会的建设。二是加强网络空间社会责任感的舆论宣传,营造良好的网络空间社会责任感氛围,做好网络空间社会责任感正能量的弘扬,用真实的案例来引导大学生更好地培育网络空间的社会责任感。三是进一步加强和完善相应的政策和管理规定,为网络空间大学生社会责任感的培育提供政策依据和现实标准。目前已经出台的《互联网信息服务管理办法》《中华人民共和国反电信网络诈骗法》等一系列法律法规,已经进行了一系列的诸如"清朗""净网""护苗"等专项整治行动,在加强了网络综合治理的同时也促进了网络空间大学生社会责任感的培育。四是加强对网络空间失范行为的打击,并做好相应的警示教育。如网络安全宣传周活动的开展、对网络诈骗行为的打击等,从宏观层面对网络空间的综合治理和源头治理方面的制度措施,都为网络空间大学生社会责任感的培育提供了有力有效的法治保障。

此外,自律与他律同样是网络空间大学生社会责任感培育的重要路径。自律是指大学生在网络空间中能够按照社会责任感的要求来进行自我约束、自我监督,靠自己的意志行为和自觉行动履行社会责任,这是网络空间大学生社会责任感形成的必备条件和关键因素,也是网络空间大学生社会责任感培育的最高境界。他律则是网络空间大学生社会责任感培育的重要条件和外部因素。他律来自学校的教育教学以及学校、家庭、社会环境的共同影响,从而促使大学生形成正确的责任认知并强化自己的责任行为。① 这种他律在网络空间也同样甚至更为重要,除了形成强大的教育合力外,对在网络空间表现出强烈的社会责任感的行为和事件进行表扬或褒奖、对社会责任感不强甚至缺失的行为或事件进行批评或惩罚,并在一定范围内的网络空间或校园环境中予以褒扬或公布,充分发挥监督和批评的作用,就能够在客观上形成强大的舆论力量。同时加强相应的制度建设、加强网络空间相关政策法规的制定执行,从而更好地发挥他律的作用。在自律和他律的关系上,我们认为是自律践行他律、他律促进自律、他律也会走向自律,两者共同作用于网络空间大学生社会责任感的培育,协同统一而有效形成合力。

三、网络空间大学生社会责任感培育一体化路径的注意事项

网络空间大学生社会责任感培育的一体化路径有其现实需要,同时也是一项系统工程,需要协调各方面的因素、融合各方面的力量,特别是在大中小学一体化的过程中,时间延续长、年龄跨度大,因此,在实施过程中,我们要注意做到协调各方、统筹推进,以实现整体、有序进行。

第一,要系统配合,凝聚一体化思想共识,最大限度地形成培育合力。网络空间大学生社会责任感的培育,虽然重点在大学生个人主体及高校阶段,但涉及很多方面,必须做好统筹推进,要通过统一思想、达成共识,才能更好地协调合作,发挥各方的优势,从而实现有序平稳培育,产生最大的教育合力,促成培育目标的实现。无论是学校、家庭、社会的培育生态圈,还是大中小学教学链或者说网上网下、宏观微观、自律他律等组合拳,既需要大

---

① 陶金花:《他律与自律:大学生责任感教育的路径》,载《学校党建与思想教育》,2020 年第 10 期,第 50-52 页。

学生个人的全身心投入,也需要相应各方的协同开展、密切配合。虽然整体目标是统一的,但在各具体目标上会有所不同、在内容上要有连接、方式方法还要有所侧重,从而在整体上形成一套科学合理的、完善的、行之有效的一体化培育路径,并且要能够形成一定的长效机制,才能更好地提高网络空间大学生社会责任感培育的实效性。如果各方不是真正融合为一体而只是简单地拼接凑合,那就会出现割裂,不仅会抵消培育的合力,而且会让大学生在网络空间中产生无所适从的感觉,其培育效果自然不理想。

第二,要循序渐进,做到全过程一体化培育,最大限度地实现培育目标。网络空间大学生社会责任感的培育,虽然重点是落在大学阶段,但不可能一蹴而就或毕其功于一役,通过一次两次活动或一小段时间的培育是很难达到理想效果的。因此,我们要坚持循序渐进,把网络空间社会责任感的培育贯穿在大学生成长成才的全过程,实现全过程一体化培育。网络空间大学生社会责任感的一体化培育是一条系统化的路径,我们要做好一体化培育的顶层设计,比如大中小学一体化教学内容的合理配置问题,就要根据社会责任感培育规律、大中小学各阶段学生的认知发展规律,从小学阶段的体会感知到中学阶段的理性认识再到大学阶段的自觉践行,其侧重点各有不同,因此需要根据系统思维的要求,遵循学生的认知发展规律、成长规律和教育教学规律,依据大中小学阶段的要求确立好教育教学内容的安排,从而实现网络空间社会责任感培育的螺旋式上升,更好地推进网络空间大学生社会责任感的培育和发展。

第三,要营造良好的一体化培育氛围,反对网络空间社会责任感的失范行为,着力提升培育效果。在网络空间大学生社会责任感一体化培育的过程中,需要多重融合、多措并举,特别需要营造良好的培育氛围,以实现大学生对网络空间社会责任感的正确认知与自觉践行,让越来越多的大学生更好地遵守网络伦理,提升网络空间社会责任感水平,以强烈的网络空间社会责任感指引和规范自己的网络行为,打造更加清朗的网络空间,为建设网络强国贡献自己的力量。要营造网络空间大学生社会责任感一体化培育氛围,除了大学生的主体自觉外,更要以一体化培育路径为抓手,以网络为阵地,以学校、家庭和社会为阵营,立体式开展网上网下的舆论宣传,同时还要有舆论宣传部门、网络监管部门以及社会各界的监督和推动。在网络空间大学生社会责任感的培育氛围上,学校要把它纳入校园文化建设的范畴之中,通过校园文化的建设,充分发挥校园内各舆论阵地,包括公众号、自媒体等的覆盖力和影响力,建立健全网络培育阵地,更好地培养大学生在网络空间的社会责任感,使大学生成为具有高度责任感的网络公民。

第七章　网络空间大学生社会责任感培育的教学实践

大学生是互联网和信息技术的原住民和主力军,网络空间已经成为大学生日常生活的第二空间。习近平总书记于2016年在全国高校思想政治工作会议上指出:高校学生既是网络新媒体的受众,也是改善网络生态的重要力量。要发挥高校学科优势和人才优势,鼓励学生利用所知所学,正面发声、理性思辨,唱响网上好声音,传播网络正能量,澄清是非、伸张正义,不做沉默的大多数。作为高校思政课教师,为正确引导和教育大学生更好地遵守网络空间的社会公德,特别是更好地承担网络空间的社会责任、加强网络空间社会责任感的培育,我们在教学方面进行了多年的实践探索。

第一节　网络空间大学生社会责任感培育的教学准备

随着互联网"校校通"工程的实施,各高校纷纷开通了互联网;大学生基本上都实现了登录上网,开启了网络空间的生活。于是,大学生在网络空间的生活状况引起了学界的关注;同时,大学生在网络空间的表现以及与现实生活中的反差也引起了注意,特别是大学生在互联网络使用中已暴露出来一些伦理方面的问题引起了社会的广泛关注。作为信息类职业院校的思政课教师,我们也关注这个问题并投入理论研究和实践探索,并逐步明确了网络空间大学生社会责任感培育教学实践的基本思路和具体做法。

对网络空间大学生社会责任感的培育问题,我们认为应结合从大学生个人的自律、网络本身的特点,密切关注大学生在网络空间责任意识缺失的现象与原因,在此基础上构建宏观—微观、网上—网下、他律—自律的三维培育课程教学模式,做好网络伦理与社会责任课程的开发与建设,并由此开展相应的教学活动,实现从点到面、从虚到实的教学探索。

我们认为网络环境下大学生的网络行为之所以出现各种道德伦理问题,主要还是由于大学生自律性不高。马克思主义指出道德的基础是人类精神的自律[①],这是在康德自律思想基础上充分肯定人的主体性,把自律作为人类精神的自我本质表现和内在制约。道德自律就是道德主体通过对自然、社会规律以及现实生活条件的认识,自觉自愿地认同社会道德规范和要求的内容,结合自我的实际情况在生活中自觉践行这些道德规范和要求,从而把外在的道德要求和行为规范转换成为自我内在的自觉的行动,并纠正不合乎道德规范和要求的行为。我们认为大学生在网络空间的行为能否合乎道德、能否遵守网络伦理,主要还在于大学生的自律要求和自律品质,特别是在意识到网络造福于人类的同时,也引发了诸如道德失范、信仰危机、价值观念错位和道德情感冷漠等道德问题,而在网络环境中,他律对于这些道德问题的教育面临着相应的困境,而自律应是大学生网络道德教育的着力点[②]。

在自律的基础上,为何现实生活中没有道德失范问题的大学生到了网络上就会产生一些这样那样的道德失范问题呢?这显然与网络空间的特性有关。网络空间道德问题所产生的场域是网络这个特定的虚拟空间,这个虚拟空间具有与现实生活中的道德规范和要求不同的地方。由此,我们便开始探求网络空间本身的特点,试图从网络空间本身的特点上寻找网络空间大学生道德教育的有效方法和合适路径,于是转向网络空间的特性和网络空间大学生道德状况的分析,试图收集数据、分析原因而探寻到培育路径。

我们认为网络空间中大学生社会责任感和责任意识缺失的表现主要有

---

① 中共中央马克思恩格斯列宁斯大林著作编译局:《马克思恩格斯全集(第1卷)》,人民出版社,1995年版,第119页。

② 曾黎:《"自律"是大学生网络道德教育的着力点》,载《教育探索》,2007年第5期,第95~96页。

学业求知的冷淡漠视、个体自我的膨胀放大、价值取向的摇摆不定、行为自律的松懈偏离等,造成这种缺失的原因主要有网络主体的观念错误、社会监管的相对缺失、责任教育的缺位乏力等。我们认为要加强网络空间大学生社会责任感和责任意识的培育,需要吸收传统伦理思想以加强网络社会中的道德教育,需要结合网下思政工作以加强网络社会中的责任教育,需要结合网络行为他律以加强网络社会中的自律教育,需要结合宏观社会环境以加强网络社会中的监管力度。在此基础上,我们构建了网络环境下大学生社会责任感的三维培育模式,即宏观—微观、网上—网下、他律—自律三维结合模式。在宏观和微观两个空间范围构建社会责任感的培育环境,也就是从整个社会层面和学校、家庭层面,大力倡导个人美德和社会公德,弘扬传统美德,净化网络资源,为高职学生社会责任感的培育提供良好的外部环境,并进行跟踪和了解,及时对缺乏社会责任感的行为进行正确的引导。加强网上与网下的社会责任感培育,加强网络使用中的道德规范建设和管理,并注重道德教育和人格培养。同时加强他律和自律教育,通过网络技术架构、市场规制和网络伦理道德的自我修养,自觉践行社会责任感,从而真正实现网络环境下社会责任感和社会责任意识的培育。

在此后的研究中,我们注意到作为网络社会的主力军的大学生,他们中的小部分在享受网络带来的快感时,很少甚至没有考虑过应当为自己在网络上的行为及其后果担当相应的责任,上网成瘾、网络谩骂、浏览色情暴力网站、网络群体极化甚至网络犯罪等现象层出不穷,更谈不上对网络行为的道德思考和价值判断。这就引发我们思考和研究为什么大学生会在网络社会中更容易发生失范行为和不负责任的行为、在大学生思想政治教育工作中又该如何引导大学生在网络环境下正确践行责任伦理等问题,这些都促使我们对网络环境下大学生的责任伦理问题进行研究。

我们也注意到网络空间大学生社会责任感和网络伦理责任的缺失与网络自由的异化直接相关联。网络自由包括信息资源的自由共享、网络行为的自由选择和言论观点的自由表达。由于大学生对网络自由没有足够清醒的认识和把握,甚至会认为网络社会是绝对自由的空间,网络自由就是无约束的自由,再加上现实社会中的伦理道德规范在虚拟的网络空间中几近失效,他们在网络社会中极度挥洒自由,不顾约束、为所欲为的现象层出不穷,不断出现种种网络恶性事件。这种极端的网络自由其实是自由异化的形态,走向了网络自由的反面,因而也就导致了网络空间责任伦理的丧失。

要加强网络空间责任伦理的教育,对教育教学工作来说就需要系统地开展网络伦理培育,而借助课程教学应该是最直接有效的方式。于是,我们就开展了网络伦理的课程开发与建设。首先,明确了网络伦理课程开发与建设的意义。一是有利于计算机类专业人才的培养。计算机类专业大学生在较为系统地掌握计算机技术外,更应具备优秀的网络道德,恪守网络伦理,并以高度的社会责任感来运用计算机技术造福社会。在进行专业技术教育的同时,应进行相应的网络伦理与社会责任教育,促进计算机类人才的健康成长。二是有利于引导大学生"绿色上网",通过健康正确的方式参与网络活动。大学生在数字构筑的虚拟世界学习、娱乐、表达、社交,甚至逐渐生发出全新的具有网络时代特色的生活模式与意识形态,就需要我们在现实和理论研究的基础上,开发和建设相关课程对大学生科学参与网络活动予以引导。三是有利于计算机专业从业人员的道德教育和社会责任感的培养。随着计算机技术的广泛运用,计算机专业人员拥有影响世界的力量与日俱增,如果这种巨大的力量一旦为利益或某种邪恶势力所控制并滥用,其后果是不堪设想的。计算机专业人员伦理原则的制定和专业责任建立是构建良好社会的重要因素。开发和建设相关课程,培养计算机专业从业人员的道德义务和社会责任具有重要价值。四是有利于促进大学生的健康成长,有效避免大学生的网络失范行为,有效减缓大学生网络成瘾等问题。其次,我们明确了网络伦理课程的建设目标与任务,即通过对国内外该课程建设研究成果的分析,结合当前大学生网络道德和社会责任的现状和特点,根据课程需求,拟定课程大纲,撰写网络伦理通识教材,制定标准的多媒体教学课件、案例库以及其他教学参考资料。

第二节 网络空间大学生社会责任感培育的教学探索

网络空间大学生社会责任感的教学实践,到目前为止我们经历了两个阶段,一是公共选修课程开设阶段,二是专业选修课程开设阶段。

一、公共选修课的开设与主要教学内容

2008 年,经学校审批同意,我们开设了"信息伦理与社会责任"的公共选修课,确定了相应的教学标准、实施方案,并自编教案,围绕大学生在网络空间生活中可能遇到的伦理问题、社会责任问题进行专题式讲解,设计 10 个专题共 20 学时的教学内容,开始以课堂教学的方式加强对大学生的网络伦理和网络空间社会责任感的培育。当时学生选修人数比较多,大约 1200 人次/学期,满意度达 95%。在教学内容上,我们确定了课程学习内容与方法,围绕信息技术简史讨论、信息技术的社会环境和道德责任、计算机系统的风险和责任讲授、知识产权、隐私和公民自由、计算机犯罪及对策、相关的社会与经济问题讨论等专题开展教学,侧重于向学生介绍和灌输网络空间的主要伦理道德问题和应该采取的态度,以理论教学为主,逐渐拓展到实践教学和问题展示,从教学内容和结构上逐渐形成了比较好的范式。

在公共选修课教学阶段,我们的主要目标是让学生能够比较充分地认识互联网,了解网络技术史和互联网在中国的发展历程等相关知识,理解互联网的价值负荷、责任伦理道德意义和价值意义;通过网络谣言、网络交往、网络舆论及大数据、人工智能伦理等专题分析和讨论,正确掌握登录上网、网络参与和网络表达等技能,有效避免网络失范行为,从而培养正确的网络责任伦理观和道德价值观,并能自觉地践行网络伦理与社会责任,成为高素质的大学生网民。

教学内容上则以专题式教学为主,结合相应的案例,以理论灌输为主,掺入少量的学生个体体验内容,共设置 10 个专题,具体目标和内容如下:

专题一是认识互联网,主要介绍互联网的发展,从阿帕网的产生到互联网在中国的发展历程,互联网所带来的生活便利及其对大学生生活的改变,分析网络的优势如了解时事、学习知识、与人沟通、休闲娱乐等,也包括获取便捷高效网络信息、开展健康的网络交往等;同时也让学生认识到网络可能带来的负面影响,如网络游戏沉迷、网络成瘾症,以及网络空间所存在的很多伦理失范行为。通过以上内容,主要是让大学生能够对网络形成比较全面的认识。

专题二是网络伦理的基本知识,主要让学生了解伦理的基本内容和要求,掌握计算机技术和互联网技术的发展对伦理带来的变化和冲击,认识到计算机和互联网专业人士或从业人员所应遵循的网络社会伦理规范和要求,结合网络伦理事件进行讲解,从而让学生坚定信心,为营造风清气正的网络空间而努力。

专题三是正确上网、文明上网,主要讲解上网的基本方式和要求,让学生了解当代大学生上网的现状和应注意的问题,了解不文明上网的相关案例和严重后果,对上网的利弊形成比较完整清晰的认识,从而有效提升文明上网意识,做到文明上网,提高网络道德意识。

专题四是网络娱乐与道德,通过讲解网络娱乐的现状,分析网络娱乐的案例,引发网络娱乐利弊的讨论与思考,学会正确对待网络娱乐,从而更好地了解当代大学生网络娱乐的现状和应注意的问题,分析和思考网络娱乐不当的案例和后果,并对网络娱乐的利弊形成比较完整的认识,从而有效提升文明上网意识,做到文明上网、提升网络道德意识。

专题五是网络隐私及保护,主要讲解网络隐私泄露的现状和存在的问题,分析和讨论网络隐私泄露的原因与后果及其伦理问题,结合案例和网络空间生活实际情况,介绍有效保护自我网络隐私的20条措施,更好地了解网络隐私相关案例和后果,对网络隐私与保护形成比较完整的认识,有效提升文明上网意识和网络隐私保护意识。

专题六是网络谣言及道德,通过分析和讨论当前流行的网络谣言案例,把握网络谣言的现状与成因等,分析和思考网络谣言产生和传播的原因、特点,掌握对待网络谣言的正确态度和有效对策,学会分辨网络谣言,提高网络谣言识别意识,提升网络素养。

专题七是网络人际交往,通过分析网络人际交往相关数据和网络人际交往的相关案例,让学生了解网络人际交往的兴起、类型和特点,分析和思考网络人际交往中存在的主要问题,掌控对待网络人际交往的伦理要求、基本原则和具体要求,有效提升网络道德素养。

专题八是网络舆论,通过分析网络热点事件所引发的网络舆论案例,讨论如何当好一个网络热点事件的绿色围观者,分析网络舆论的概念、特点、原因和利弊,思考网络舆论的伦理问题,做绿色的网络舆民。

专题九是大数据伦理,在讲解大数据的概念、特点和利弊、变革与创新基础上,开展大数据伦理思考、分析和探讨大数据伦理原则,讨论如何应对大数据时代及大数据杀熟、大数据傲慢等伦理问题,更好地理解大数据伦理要求而有效提升网络素养。

专题十是人工智能伦理,通过案例分析和讨论人工智能的定义及发展状况,讲解人工智能所带来的五个方面的主要伦理问题,加深对人工智能伦理的理解和分析,讲解人工智能伦理的应对,理解和掌握如何应对人工智能伦理,进一步提升网络伦理素养。

此后,学校每年都开设了此门选修课程,选课学生人数均保持在1000人左右,课程考核成绩均能达到合格以上,优秀率在30%左右,学生满意度都在90%以上。在"信息伦理与社会责任"选修课程基础上,2012年,我们将选修课更名为"网络伦理与社会责任",其间就组织编写了相应的讲义,积累了相应的教学资料和教学素材。根据课程开设和课题研究的情况,强调网络空间大学生社会责任感培育方面的教学内容,着重进行了网络空间大学生社会责任感培育方面的教育教学。

二、专业选修课程教学实施与教学内容

随着大数据、云计算、人工智能、区块链技术的融入,网络(包括互联网、移动互联网、物联网等移动通信在内的网络平台)技术已经充分融入我们社会生活的方方面面,加强自上而下的网络伦理和网络空间社会责任感的培

育已经尤为重要。于是,学院在 2018 年进行教学改革时把本课程纳入人才培养方案,将之前的"网络伦理与社会责任"更名为"网络伦理",制定了相应的课程标准和教学实施方案,作为计算机类专业学生的必选修课程和其他各专业的公共选修课程,每年选修课程的人数在 2000 人以上。

在课程性质上,作为信息素养选修课开设,其中计算机类专业学生则作为专业必选课来开设。课程定位为计算机类岗位群所需职业技能对应的基础课程,也是作为高素质大学生或网民所需具备的基本素质教育课程。在课程设计上,紧密结合互联网技术的发展和技术使用所带来的伦理失范行为,切合学生网络实际中遇到的现实困惑,通过对分课堂将学生遇到的实际问题进行呈现和讨论,有针对性地引导学生使用伦理分析工具剖析网络现象,从而自觉遵守网络道德规范和法律规定,培育高度的网络空间社会责任感,争当新时代合格的网民,共同构建明朗清新的网络空间。

在课程目标上则明确为通过本课程学习,让高校大学生充分认识互联网,包括网络技术史和互联网中国发展史等;理解互联网的价值负荷、责任伦理道德意义和价值意义;培养大学生在互联网空间的社会责任感、责任伦理观和道德价值观,正确掌握登录上网、网络参与和网络表达等技能,有效避免网络失范行为,做到能自觉地践行网络伦理与社会责任,培养成为高素质网民。在教学过程中,将思想政治教育、社会责任感培育与大学生网络生活紧密结合在一起,在充分贯彻课程思政的基础上,将职业伦理与专业学习紧密联系,确保专业人才培养的方向。

在教学案例选择上,涵盖近五年大学生网民广泛关注和热议的网络事件,紧跟大学生网络空间生活实际情况,调动学生积极参与教学讨论,注重案例剖析和体验教学法等多种教学方法的综合运用。选择国内互联网上所发生的重大影响事件作为案例,借鉴学者、媒体对事件的思考和观点,进行种种假设和推演,以获取相应的伦理场景、道德困境应对能力;深入分析针对网络事件不同声音背后的网络伦理问题,引导学生透过繁杂的争论去正确认知网络伦理规范,从而自觉遵守网络道德规范和法律规定,培育和提升网络空间的社会责任感,同时注重提升学生的道德体验、发散性思维和创新思维水平。

教学内容选择上则分为六大板块,第一部分是网络伦理学概论,主要讲解互联网的起源和发展、互联网定义及其价值、互联网的基本特征及其伦理等方面,以使学生更好地认识互联网;对网络伦理学进行简介,掌握网络道德发生原因、网络伦理原则和所应当使用的网络伦理分析工具。通过本部分内容的学习,学生能在了解互联网起源和发展的基础上,理解互联网的含义、基本特征、互联网精神,在把握网络道德如何发生的基础上领会网络伦理的原则,掌握网络伦理分析工具并运用这些工具来剖析相应案例。第二部分是 Web 1.0 及其伦理,讲解 Web 1.0 的特征与创新,引导学生学会进行 Web 1.0 的相关伦理分析,把握隐私与网络安全、知识产权等方面的网络伦理和社会责任感,帮助学生在了解 Web 1.0 的技术发展和特征基础上,利用分析工具对隐私与网络安全、知识产权等问题进行深入分析。第三部分是 Web 2.0 及其伦理,讲解 Web 2.0 的特征与创新及 Web 2.0 的相关伦理分析,特别是对网络表达和网恋中的伦理把握,在了解 Web 2.0 的技术发展和特征基础上,掌握其相应的伦理意蕴和社会责任要求,利用分析工具对网络表达、网恋等问题进行深入分析,明确把握网络表达、网络交际及网恋等主要网络生活方式的伦理要求和社会责任要求,掌握相应的网络伦理以更好地提升网络素养。第四部分是 Web 3.0 及其伦理,通过讲解 Web 3.0 的概念特征,分析 Web 3.0 与 IT 创新及其伦理意蕴,使学生在了解 Web 3.0 技术发展的基础上,掌握相应的伦理意蕴,对案例进行分析和讨论,明确把握大数据、人工智能等伦理要求,掌握相应的网络伦理规范,提升网络素养。第五部分和第六部分则分别是大学生网络失范行为和专业伦理。通过大学生网络失范行为和专业伦理相关知识的学习,使学生在了解大学生网络失范行为和中国互联网发展的基础上,掌握相应的伦理意蕴,对最新案例进行分析和讨论,明确大学生的网络失范行为及对策、掌握计算机专业人员的伦理困境、伦理责任和网络企业的伦理责任,提升网络素养,提高专业伦理道德。

从以上可以看出,本课程在对互联网的发展、特征及网络伦理学理论及其分析工具的一般性分析基础上,阐释了 Web 1.0、Web 2.0 和 Web 3.0 技术创新及其主要伦理问题,分析了大学生的网络失范行为,探讨了计算机及互联网从业人员的专业伦理与社会责任,旨在引导大学生更好地理解互联网的价值负荷、伦理意义,提升网络素养和社会责任意识。

本教程在教学中,理论与实践相结合,注重理论灌输与实践教学的融合。每章教学内容包括"技术(史)""相关伦理""案例分析讨论"和"拓展阅读"四个模块,其中"技术(史)""相关伦理"模块侧重知识目标,"案例分析讨论"和"拓展阅读"模块侧重能力目标。在学习专业知识和伦理分析工具基础上,强化网络环境和网络技术场景应对能力训练和培养。本课程在教学上不再纯粹从专业技术角度出发去强调技术规范,而是将互联网技术发展与网络伦理分析有机结合在一起,在历史脉络中进行价值引领;同时,针对职业教育对象应用性思维习惯和能力特征,强化分析工具的运用训练。本课程教学不再简单停留在对场景和问题的伦理分析和规范讨论上,而是给学生提供解决问题的钥匙,学会对不断变化的技术及其各种应用场景进行伦理分析并做出正确的抉择。

本课程的过程考核包含课堂考核、平时表现与综合过程考核三部分。其中课堂考核指对应教学任务书中考核内容的考核情况(一学期对每个学生至少有两次以上的考核情况记载);平时表现指学生出勤、上课纪律、课堂参与度和课后作业完成情况等;综合过程考核指对全班学生同时实施的以小组为单位以案例展示为主的过程考核。采用实操考查的方式,主要考核学生在网络空间的伦理道德和社会责任感的状态,特别关注大学生在网络空间的社会责任行为表现和能力提升,将学生的实践环节自评、互评和教师评价相结合。关键点是考查学生在课程学习中或经过课程学习后,其网络空间社会责任感是否有质的提升,能否在网络空间表现自己的社会责任感和责任行为,同时对一些网络事件能否从社会责任感角度展开分析等,结合学习平台相关情况进行综合评定。本课程学习完成后,学生的最终成绩按照过程考核占60%、综合考核占40%的比例设定,并确保每班学生本课程成绩呈正态分布。

三、课程教学资源建设与教学效果

为了更好地促进"网络伦理"课程教学和网络空间大学生社会责任感的

培育,我们进行了课程教学资源的建设,主要包括编著了具有特色的、填补了高职院校网络伦理教育空白的教材 1 部,建设了相应的网上课程资源,也取得了相应的教学效果和社会效益。

在教材建设方面,我们根据审批后的课程标准和教学实施方案,在 2018 年编著了《网络伦理教程》一书作为教材先行试用,试用一年后做了相应修改完善,于 2019 年 10 月由西安电子科技大学出版社出版,并在学习通平台建设了配套教学资源。该教程共分为六章,各章主要内容分别是:网络伦理概论、Web 1.0 及其伦理、Web 2.0 及其伦理、Web 3.0 及其伦理、守护网上精神家园和专业伦理。每章大致包括“技术(史)”“相关伦理”“案例分析讨论”和“拓展阅读”四个模块。其中,“技术(史)”模块尝试对互联网技术形成和发展过程中内化的文化与价值属性特征进行叙述,来展现网络空间环境与道德责任、网络技术(史)与伦理的不可分离性,揭示其蕴含的伦理和价值取向。如第一章介绍互联网产生发展的历史、特征及其伦理,行文中蕴含的伦理话题:互联网是什么? 互联网可以做什么? 意图讨论如何应用互联网,善待互联网问题。“相关伦理”模块分别就网络伦理的概念、发生和基本原则做了一般性探讨,旨在诠释网络伦理学科属性,思考“我们应该如何应用互联网”。特别是结合网络安全与隐私、知识产权、网络表达、网络交际、网恋、信息爆炸、大数据和人工智能等话题,讨论网络失范行为和大学生网络失范行为的四种样式:网络成瘾、黑客、网络暴力、制作和传播计算机病毒等。最后探讨了计算机专业伦理的价值和原则以及社会责任。“案例分析讨论”模块中的“案例”一般选择国内发生的有影响力的互联网事件;“分析”汇集了学者、媒体对事件的思考和观点;“讨论”在事件基础上进行假设,供读者思考。如果是运用教学(培训),我们建议学生(学员)在预习同时,运用网络伦理分析工具撰写一份“讨论发言稿”。最后的“拓展阅读”模块是对每章讨论主题的补充和拓展。

《网络伦理教程》教材首先是实现了伦理和技术融合的结构性目标。互联网发展史既是科学发展和技术创新的历史,也是技术祛魅、价值显现的历史。互联网架构中的价值沉淀、Web 1.0 到 Web 3.0 的人本化推进、软件作为一种重要的表达工具、算法的意向和不确定风险、人工智能伦理凸显和奇点理论、互联网商业主义……网络技术和伦理"你中有我,我中有你"交织所构筑的技术-伦理场景事实必然以相应的教程逻辑结构呈现。我们尝试通过互联网和万维网技术发展史揭示出网络技术自身蕴含的伦理,用网络架构和 IT 技术本身来诠释网络伦理"应该"的价值取向,实现教程结构上伦理和技术的有机融合。其次是强化了网络伦理或网络空间大学生社会责任感培育的应用性目标。随着互联网应用的日益发展和普及,网络已经深远地、不可逆转地改变了我们的世界和生活。一方面,我们要从其日新月异的应用变化中寻求恒常的互联网应用的价值和伦理;另一方面,将理论界形成共识的网络伦理理论成果迅速转化为教程内容,帮助学生在不同的网络场景做出合理的价值判断和道德行为抉择。最后是实现了教学法目标。考虑到教程使用对象的特殊性,教程编著从内容和结构上为"案例教学"和"体验式教学模式"做了铺垫,案例选择不仅仅是作为一种对理论的注释,更多考虑案例的拓展性、可思辨性以及网络技术的具体应用场景及其困境。

教学资源建设与应用方面,2019 年开始课程资源建设并开设了课程教学网站,共有视频资源 23 个,累计时长 145 分钟,累计页面浏览量达到 18 万人次以上,发布课堂活动 57 个,话题互动超过 5 万人次。

教学效果方面,我们在教学的过程中紧紧围绕学生如何上网、如何正确对待网络行为及如何有效避免网络失范行为等主题,采用理论与实践并重、操作与体验并行、讲授与讨论并行的方式,利用多媒体展示网络事件以增强学生的直观了解、利用学生的手机进行上网以增加亲身体验。学生有一定深度的参与,同时也就他们在网络空间的现实问题进行交流和讨论,开阔了眼界、增加了见识、提升了网络素养和网络空间的社会责任感。一方面对网络空间的伦理道德要求和社会责任感及网络空间的失范行为有了明确的认识和了解,能够自主辨别和有效抵制网络空间的社会责任失范行为;另一方面对网络上的言行有了更多的辨别能力,提高了网络安全意识和自我保护意识,能够真正有效地提高自己的网络信息能力和网络道德素养。特别是有效提升了大学生网络空间的社会责任感,能够确保自己在网络空间不发生失范行为和社会责任缺失行为。在教学过程中,学生出勤率保持在 95%以上,能积极参与教学过程,按要求完成过程考核和综合考核,所有选修了该门课程的学生都达到了既定的教学目标,考核成绩都在合格以上,没有低于60分的现象。通过课程化的教学,在培育网络空间大学生社会责任感上取得了明显成效。调查结果显示,98.5%以上的学生认为通过本课程的学习有效提升了自己的网络伦理与网络空间的社会责任感。通过课程化的教育,提升了大学生的网络素养和网络空间的社会责任感,毕业生的职业素养过硬,无论是在实习还是就业中都受到用人单位的好评。云研科技调查数据显示,用人单位对我院毕业生的满意度保持在99%以上,学生在各项技能大赛中纷纷获奖,在课堂教学实践中表现活跃,课程学习前后的调查数据对比显示培养成效明显。

教研相长方面,我们就网络空间大学生社会责任感的培育进行了多年的研究探讨,也取得了一系列成果。2008年6月,"网络环境下大学生社会责任感的培育研究"(编号08D094)获湖南省教育厅科技项目立项。通过这个项目的研究,我们对大学生在网络环境下社会责任感的现状进行了调研,现场随机抽样走访和调查了湖南省内4所高校(2所本科、2所高职)的620余名大学生,对调查结果进行了认真统计,并结合访谈和座谈的结果,形成了相应的调查报告;提出了消除网络环境对大学生社会责任感负面影响的对策,并在研究中进行了相应的验证和进一步的讨论,认为网络环境对大学生社会责任感的负面影响可以有效消除;构建了网络环境下大学生社会责任感的三维培育模式,即宏观—微观、网上—网下、自律—他律的综合培育模式。此后,便在此基础上不断拓展和深入,开始了系列研究,也获得了系列项目的立项,分别是2011年湖南省教育科学规划项目——网络环境下大学生责任伦理问题研究(编号XJ011CDY014);2011年湖南省教育厅科研项目——网络社会中大学生责任意识的培育研究(编号11C0939);2013年湖南省职业院校教育教学改革研究项目——高职"网络伦理与社会责任"课程开发和建设(编号ZJB2013020);2017年湖南省社会科学成果评审委员会课题——以雷锋精神引领大学生社会责任感培育的研究与实践。这一系列的项目研究,让我们在大学生的社会责任感培育,特别是网络空间的社会责任感培育问题上取得了一些研究进展和研究成果,先后在《教学与管理》《教育与职业》《当代教育论坛》《教育现代化》等刊物上发表《网络自由的产生、异化和规制》《网络社会中青少年学生责任意识的缺失与培育》《论以雷锋精神引领网络空间大学生社会责任感培育》《高校开设网络伦理与社会责任课程探讨》等论文 10 余篇。

2021 年,在前期研究成果和教育教学实践的基础上,我们以《高职学生信息社会责任培养的研究与实践》为题(本人主持)获得了 2021 年湖南省职业教育省级教学成果三等奖。这既是对我们这些年来在网络伦理和网络空间社会责任感培育上所做工作的肯定,也是多年在此领域不断探索的回报。在此成果中,我们主要针对对网络空间社会责任认识定位不够的问题,如普遍认为信息社会强调的是个体自由,信息社会责任的培养不重要、不需要或不是教学问题,不需专门培养,通过项目搭台、理论探讨和实践分析,明确信息社会责任培养是课程思政的重要内容,要进行"三化融合"育人培养,解决对其定位不准、认识不足的问题。同时还针对教学载体缺失和教书育人脱节等问题,通过编著《网络伦理教程》,解决了没有系统科学的教学内容体系和教学载体的问题,提供了相应教材和科学的教学内容编排,相应教学文件和教学资源可资借鉴;并把课堂教学与育人活动相结合,理论教学与学生日常管理、辅导员工作相联系,解决了信息社会责任培养的碎片化问题,解决教了书但不育人或者育人不教书等学用脱节、理论与实践两张皮的问题。我们明确了高职学生信息社会责任培养的课程化、通识化和生活化"三化融合"育人理念,即有效融合课程教学、通识教育和日常在线生活,推行课程化、通识化和生活化相互融合,做到史论结合、理论与实践相结合、教书与育人相结合,提升信息素养和履责能力,以指导学生在不同信息技术应用场景中做出合理的价值判断、选择正确的责任行为,实现教书与育人相统一,促进成长成才;明确网络伦理是信息素养的公共选修或必修课程,作为课程思政的主要落实课程,纳入相关专业人才培养方案和系统教学中,明确相应的教学课时、学分、课程标准和教学实施方案,组织教学,实现课程化;坚持"马魂中体西用",把信息社会责任培养理论知识与信息技术发展史教学有机融合,做到史论结合,构建适合高职学生的信息社会责任培养教学架构和内容,实现通识易学、好懂实用;改进教学方法,实行生活化,结合高职学生的日常在线生活场景和育人活动环节,改进教学方法,采用任务驱动、体验教学等方法,组织学生走进社区、中小学校开展实践,开展网络知识宣讲、志愿服务活动、问卷调查等系列实践活动,普及信息技术知识,培养和弘扬信息社会责任。

在教学中,我们指导学生在实践中深入学校、社区指导老年人使用智能手机、开展网络安全教育、进行知识宣讲等,得到社会肯定认可和各大媒体的宣传报道。本课程的开设得到了很多兄弟院校的肯定和认可,也在此基础上纷纷推出了相应的课程,特别《网络伦理教程》教材出版后,得到了很多兄弟院校的认同,总体反映很好。

参考文献

［1］中共中央马克思恩格斯列宁斯大林著作编译局. 马克思恩格斯全集(第1卷)［M］.北京:人民出版社,1995.

［2］中共中央马克思恩格斯列宁斯大林著作编译局. 马克思恩格斯全集(第42卷)［M］.北京:人民出版社,1979.

［3］中共中央马克思恩格斯列宁斯大林著作编译局. 马克思恩格斯文集(第1卷)［M］.北京:人民出版社,2009.

［4］习近平.习近平谈治国理政(第二卷)［M］.北京:外文出版社,2017.

［5］习近平.论党的青年工作［M］.北京:中央文献出版社,2022.

［6］中共中央党史和文献研究院.习近平关于网络强国论述摘编［M］.北京:中央文献出版社,2021.

［7］本书编写组.习近平总书记教育重要论述讲义［M］.北京:高等教育出版社,2020.

［8］本书编写组.思想道德与法治(2023年版)［M］.北京:高等教育出版社,2023.

［9］伍安春.当代大学生社会责任感培养研究［M］.北京:中国社会科学出版社,2020.

［10］杨晓华.大学生社会责任感培育路径研究［M］.上海:上海交通大学出版社,2020.

［11］魏海苓.责任与担当:大学生社会责任感养成机制研究［M］.北京:知识产权出版社,2016.

［12］魏进平,魏娜,张剑军.全国大学生社会责任感调查报告［M］.北京:中国书籍出版社,2015.

[13]周兴生,朱理鸿,陈艳芳.网络伦理教程[M].西安:西安电子科技大学出版社,2019.

[14]罗军强,周兴生.大学生互联网使用状况研究[M].海口:南方出版社,2013.

[15]周兴生.青年网络伦理[M].北京:光明日报出版社,2013.

[16]郭玉锦,王欢.网络社会学[M].北京:中国人民大学出版社,2017.

[17]肖川.教育的理想与信念[M].长沙:岳麓书社,2008.

[18]崔欣伟.学校责任教育论纲 M].北京:中国社会科学出版社,2012.

[19]包雅玮,程雪婷.青年大学生社会责任感培育研究[M].北京:中国社会科学出版社,2017.

[20]黄四林.大学生社会责任感研究[M].北京:北京师范大学出版社,2019.

[21]刘峰.当代大学生社会责任感培育实证性研究[M].北京:中央编译出版社,2019.

[22]王贤卿.道德是否可以虚拟[M].上海:复旦大学出版社,2011.

[23]刘怀元.网络交往与大学生道德修养研究[M].北京:中国社会科学出版社,2017.

[24]林瑞青,范君.异化与重塑:网络社会责任生存研究[M].北京:九州出版社,2020.

[25]徐莹晖:陶行知论生活教育[M].成都:四川教育出版社,2010.

[26]陶行知.陶行知全集(第3卷)[M].成都:四川教育出版社,1991.

[27]陶行知.陶行知全集(第4卷)[M].成都:四川教育出版社,1991.

[28]华中师范学院教育科学研究所.陶行知全集(第2卷)[M].长沙:湖南教育出版社,1984.

[29]董宝良.陶行知教育名篇选[M].北京:人民教育出版社,2012.

[30]高慎英.体验学习论[M].桂林:广西师范大学出版社,2008.

[31]冯继宣.计算机伦理学[M].北京:清华大学出版社,2011.

[32]赵兴宏.网络伦理学概要[M].沈阳:东北大学出版社,2008.

[33]徐云峰.网络伦理[M].武汉:武汉大学出版社,2007.

[34] 田秀云,白臣.当代社会责任伦理[M].北京:人民出版社,2008.

[35] 陈清锋.习近平青年社会责任思想研究[D].漳州:闽南师范大学,2018.

[36] 郑士鹏.当代中国青年社会责任感及其培养研究[D].北京:北京交通大学,2014.

[37] 董丹婷.大学生网络社会责任感问卷编制与初步应用[D].金华:浙江师范大学,2017.

[38] 孟佳琳.大学生网络空间道德教育研究[D].沈阳:辽宁大学,2020.

[39] 陶俊汝.思想政治教育理论灌输法运用中存在的问题及对策研究[D].牡丹江:牡丹江师范学院,2017.

[40] 汲明竺.陶行知"生活即教育"思想及其当代价值研究[D].长春:吉林大学,2022.

[41] 刘红.网络社会责任伦理缺失及对策研究[D].济南:中共山东省委党校,2019.

[42] 闪云.大学生网络社会责任培育研究[D].湘潭:湖南科技大学,2013.

[43] 艾楚君,宋新.大学生社会责任感生成机理及培育路径研究[J].湖南科技大学学报(社会科学版),2017(1):179-184.

[44] 方兴东,钟祥铭,彭筱军.全球互联网50年:发展阶段与演进逻辑[J].互联网天地,2019(7):4-25.

[45] 陈建功,李晓东.中国互联网发展的历史阶段划分[J].互联网天地,2014(3):6-14.

[46] 方兴东,陈帅.中国互联网25年[J].现代传播,2019(4):1-10.

[47] 孙海峰.网络空间的三重内涵[J].国际新闻界,2006(12):63-66.

[48] 邓晔,阳永恒."网络空间"新论[J].法制与社会,2013(6):182-183.

[49] 龚振黔.网络社会与现实社会内在关系的哲学审视[J].贵州大学学报(社会科学版),2019(6):6-12.

[50] 蒋文学.论柏拉图《理想国》中的责任思想[J].西华师范大学学报(哲学社会科学版),2005(3):72-73.

[51] 况志华,叶浩生.西方学界关于责任起源的三种构想及其比较[J].教育

研究与实验,2007(4):53-58.

[52]聂海洋.责任内涵的新阐释[J].东北师大学报(哲学社会科学版),2009(1):52-55.

[53]宋晔.责任生成的道德内涵及其实现机制[J].南京师大学报(社会科学版),2003(4):89-90.

[54]沈晓阳.责任的伦理学分析[J].湖州师范学院学报,2005(3):56-57.

[55]叶浩生.责任内涵的跨文化比较及其整合[J].京师大学报(社会科学版),2009(11):102-103.

[56]沈国祯.浅析责任的涵义、特点和分类[J].江西社会科学,2001(1):54-57.

[57]荀明俐,苗壮.责任概念的语义与特质疏解及其公共性价值[J].学术交流,2016(3):57-58.

[58]彭定光.论大学生社会责任感的培养[J].现代大学教育,2003(3):41-44.

[59]蒋国勇,应小丽.大学生社会责任感培养原则及实践[J].中国高教研究,2004(3):76-77.

[60]朱理鸿.社会责任感的内涵探析[J].教师,2016(12):8-9.

[61]陈文华.责任伦理视域下大学生网络伦理的现状、成因及纠偏策略[J].中国成人教育,2022(8):37-41.

[62]张婧.改革开放以来道德教育的嬗变[J].五邑大学学报(社会科学版),2020(8):74-78.

[63]陈铭.论当代大学生责任教育的必要性及对策[J].中国成人教育,2011(6):60-62.

[64]彭向阳.马克思主义视域下的青年责任担当[J].泉州师范学院学报,2020(2):2-7.

[65]卢斌典,周金凤.新时代马克思主义青年观探析[J].北京青年研究,2019(1):22-27.

[66]马建青,陈曾燕.习近平关于青年社会责任的重要论述解析[J].毛泽东邓小平理论研究,2016(10):18-22.

[67]李曦.陶行知生活教育理论中的生命教育思想简析[J].教育探索,2013
　　(2):6-8.

[68]张华.陶行知生活教育观:内涵、价值和境界[J].中华文化论坛,2017
　　(2):54-60.

[69]张宇.论角色认同的重新定位[J].求索,2008(3):68-69.

[70]唐雪梅,张梅琳.终身学习视域下成人学习者角色认同研究:一项基于
　　访谈的调查分析[J].天津电大学报,2023(3):71-76.

[71]谢玉进,胡树祥.多样态的网络自我及其认同困境[J].教学与研究,
　　2018(7):76-84.

[72]彭兰.数字化与数据化:数字时代生存的一体两面[J].人民论坛,2023
　　(9):42-47.

[73]袁佩媛,于涛.技术赋权与主动建构:"数字青年"的出场理路、样态透视
　　与发展考量[J].理论导刊,2023(3):78-84.

[74]赵英臣.角色伦理视角下公民社会责任意识培育研究[J].思想教育研
　　究,2020(9):122-127.

[75]程志超,王斯宁.基于角色认同的虚拟社区用户活跃行为综述[J].北京
　　航空航天大学(社会科学版),2017(3):78-81.

[76]朱晓林.青年生活方式网络影响因素及其建构的伦理反思[J].中学政
　　治教学参考,2021(5):6-9.

[77]严耕.论培养大学生的社会责任感[J].高等教育研究,1988(4):
　　60-63.

[78]梅萍,林更茂.浅析当代大学生社会责任感的二重性[J].青年探索,
　　1992(5):47-49.

[79]虞亚君,张奇勇,周炎根.我国大学生社会责任感20年研究综述[J].扬
　　州大学学报(高教研究版),2014(6):48-51.

[80]王永明,夏忠臣.论社会责任感的内涵[J].人民论坛,2013(2):24-25.

[81]陈翔,李金和.新时代大学生社会责任感培育理路研究[J].学校党建与
　　思想教育,2022(14):36-37.

[82]周明星.当代大学生社会责任感培养的五个维度研究[J].思想政治教

育研究,2018(12):155-158.

[83]丁凯,刘志成.网络对大学生社会责任感的负面影响及对策[J].湖南农业大学学报(社会科学版),2007(2):85-86.

[84]谢静娴,李刚,张晔,等.网络亚文化视域下大学生社会责任感培育路径探析[J].大学,2023(8):136-139.

[85]邹燕矫,史姗姗.大学生社会责任感养成的网络"正能量"[J].学校党建与思想教育,2016(11):51-53.

[86]薛春梅.网络正能量之于青年学生社会责任感的解构与重塑[J].中学政治教学参考,2017(7):75-76.

[87]邹燕矫.互联网对大学生社会责任感养成的双重影响及实现路径[J].湖北社会科学,2017(9):186-189.

[88]陈小花.网络对大学生社会责任意识形成的影响及对策[J].教育探索,2013(2):102-103.

[89]曹爱琴,段宏亮.论当代大学生的网络责任感[J].唐都学刊,2006(5):42-45.

[90]刘丽萍,邓琼莉.大学生网络社会责任感培育研究[J].湘南学院学报,2022(4):117-120,125.

[91]朱理鸿.论以雷锋精神引领网络空间大学生社会责任感培育[J].中国多媒体与网络教学学报,2019(7):237-238.

[92]解登峰.情感教育视角下青少年网络社会责任感培养[J].中国教育学刊,2017(6):97-98.

[93]朱理鸿.网络社会中青少年学生责任意识的缺失与培育[J].教学与管理,2012(9):59-60.

[94]冯建军,蒋婷.让青少年成为网络社会的责任主体[J].中国教育学刊,2017(11):89-90.

[95]燕荣晖.大学生网络素养教育[J].江汉大学学报,2004(1):83-85.

[96]王睿,黄斌,杨馨宇.大学生网络素养现状调查及教育对策研究[J].内江师范学院学报,2022(8):113-119.

[97]李政涛.现代信息技术的"教育责任"[J].开放教育研究,2020(4):

13-26.

[98]杨咏,冯锐,李亚娇.大学生网络社交现状与学习方式的变化探索[J].远程教育杂志,2014(6):65-71.

[99]王延隆.网络空间社会主义意识形态的本质、逻辑与引领[J].湖北社会科学,2020(8):27-28.

[100]薛永龙,郝立新."网络空间意识形态熄灭论"的话语策略及其批判[J].内蒙古社会科学,2022(9):8-14.

[101]张七妹,闫成松.新时代马克思主义灌输理论应用研究[J].齐齐哈尔大学学报(哲学社会科学版),2019(7):52-55.

[102]余斌.马克思主义经典作家关于"灌输"的论述及其启示[J].思想政治教育研究,2014(2):25-26.

[103]阳黔花.网络条件下高校马克思主义理论灌输的新思考[J].学校党建与思想教育,2014(4):72-73.

[104]王琴,董春辉,应万明.基于角色理论的大学生社会责任感培养体系探究[J].内蒙古师范大学学报(教育科学版),2019(1):20-25.

[105]刘世保.重新认识理论灌输的科学性[J].哲学研究,2003(6):20-21.

[106]王灿明.体验学习解读[J].全球教育展望,2005(12):14-17.

[107]朱理鸿.体验学习与高职思想政治理论课程实践教学探讨[J].教育教学论坛,2015(12):224-225.

[108]王继军.论大学生社会实践与社会责任感的培养[J].河北师范大学学报(教育科学版),2009(2):79-81.

[109]杨修平.论"课程育人"的本质[J].大学教育科学,2021(1):60-70.

[110]顾志芳.生活化教学三要义[J].教学与管理,2016(12):50-51.

[111]韩志宏.高校思想政治教育生活化的实现路径探析[J].学校党建与思想教育,2014(3):78-80.

[112]李传庚.场景思维:一种新的教育连接方式[J].人民教育,2016(20):52-54.

[113]舒佳馨,林依静.场景思维在移动互联网时代的价值和场景构建方式[J].新闻研究导刊,2020(3):1-4.

[114]王璐.大学生网络语言"生活化"调查研究:以浙江财经大学的在校生为例[J].苏州教育学院学报,2016(6):117-121.

[115]李建华.网络空间道德建设中的自我伦理建构[J].思想理论教育,2021(1):9-14.

[116]赵璐瑶,夏焰.高校社会责任教育的生态系统:理论、失衡与优化[J].安庆师范大学学报(社会科学版),2021(6):123-128.

[117]袁晓琳,肖少北.中学生网络道德的实证研究[J].教学与管理,2017(10):25-27.

[118]陶金花.他律与自律:大学生责任感教育的路径[J].学校党建与思想教育,2020(10):50-52.

[119]曾黎."自律"是大学生网络道德教育的着力点[J].教育探索,2007(5):95-96.

[120]刘少杰.中国网络社会的发展历程与时空扩展[J].江苏社会科学,2018(6):19-26.

[121]刘少杰.中国网络社会的交往实践和发展逻辑[J].学术月刊,2022(8):105-117.

[122]宁文英,吴满意.学界网民问题研究述评[J].重庆邮电大学学报(社会科学版,2017(3):82-87.

[123]朱理鸿.高校开设网络伦理与社会责任课程探讨[J].新课程研究,2015(1):42-43.

[124]张嫣娟.马克思主义"灌输理论"的守正创新基本内涵与思政教学价值[J].内蒙古财经大学学报,2022(2):50-55.

[125]王乐生.社会实践对大学生社会责任感提升的作用及路径[J].教育与职业,2014(8):75-76.

[126]赵泽霖,韩文民.体验学习论:知识构建的科学向度[J].理论月刊,2010(7):103-105.

[127]韩志宏.高校思想政治教育生活化的实现路径探析[J].学校党建与思想教育,2014(3):78-80.

[128]陈晴,董宝良.陶行知"真人"教育的基本内涵及其育人价值[J].教学

与管理,2015(3):4-7.

[129]艾媒网.互联网行业数据分析:2021中国45.8%大学生日均使用手机时长为3—6小时.[EB/OL].(2021-10-20)[2023-12-18].https://www.iimedia.cn/c460/81551.html.

[130]人民日报.调查:超八成大学生存手机依赖 日均使用5.2小时.[EB/OL](2018-04-17)[2023-04-22].https://baijiahao.baidu.com/s?id=1597969937956525561&wfr=spider&for=pc.

[131]麦可思研究."2021年度最热网络用语"出炉!大学师生交流必备[EB/OL].(2021-12-14)[2023-05-20].https://baijiahao.baidu.com/s?id=1719115216320113140&wfr=spider&for=pc.